Wilhelm Stolze

Der deutsche Bauernkrieg

Untersuchungen über seine Entstehung und seinen Verlauf

EHV
HISTORY

Wilhelm Stolze

Der deutsche Bauernkrieg

Untersuchungen über seine Entstehung und seinen Verlauf

ISBN/EAN: 9783955642839

Auflage: 1

Erscheinungsjahr: 2013

Erscheinungsort: Bremen, Deutschland

EHV
HISTORY

DER

DEUTSCHE BAUERNKRIEG

UNTERSUCHUNGEN
ÜBER SEINE ENTSTEHUNG UND SEINEN VERLAUF

VON

WILHELM STOLZE
DR. PHIL.

PRIVATDOZENT FÜR GESCHICHTE AN DER UNIVERSITÄT KÖNIGSBERG I. P.

HALLE A. S.

VERLAG VON MAX NIEMEYER

1907

Inhaltsverzeichnis.

Vorwort.

Der deutsche Bauernkrieg von 1525 gilt heute allgemein als eine soziale Bewegung. Auch wo man nichts mehr von den Voraussetzungen wissen will, unter denen ihn noch die letzten zusammenfassenden Werke über die Geschichte der Reformationszeit betrachteten, meint man noch in gewissen Klassengegensätzen die treibenden Kräfte jener Bewegung erkennen zu sollen.

In den Untersuchungen, die ich unter dem Obertitel des deutschen Bauernkrieges hier vorlege, wird man eine andere Ansicht vertreten finden, die, daß der Bauernkrieg eine kirchlich-religiöse Bewegung war, die, hervorgerufen durch die prinzipiellen Erörterungen, die die Reformation heraufführte, ihren leidenschaftlichen Charakter nur durch den religiösen Gegensatz erhielt, der in ihm wirksam ward. Mit der Erkenntnis, daß die eigenartigen Erfahrungen der süddeutschen Geschichte in den letzten Jahrhunderten, weiter die Ideen, die mit und seit der französischen Revolution auf die deutschen Verhältnisse appliziert wurden, und schließlich die modernsten Kategorien, die mit dem vordringenden Kapitalismus im wirtschaftlichen Leben erst entstanden, daß alles das seinen Einfluß auf die Betrachtung des Bauernkriegs ausübte, war mir die Aufgabe gestellt, mich nicht auf die Darlegung der Geschichte des

Bamberger Bauernkrieges zu beschränken, von der meine
Studien ausgingen, sondern vielmehr rückwärts die Bewegung soweit zu verfolgen, als zur Erklärung der Ereignisse des Jahres 1525 notwendig war, d. h. bis in die
ersten Anfänge, bis ins Jahr 1524 hinein. Die Form der
Untersuchung, die übrigens mit der der Darstellung aufs
engste verknüpft ist, war eben damit gegeben.

Auf weitere Erörterungen mich einzulassen, habe ich
keine Veranlassung. Nur das Eine will ich noch hervor-
heben, weil es methodisch von Bedeutung ist, und weil
dazu sonst die Gelegenheit fehlte. Die Ansicht vom
Bauernkriege, die ich vorfand, stützte sich im Großen und
Ganzen auf die Beschwerdeartikel, die Beschwerdeschriften
meine ich, die wie die berühmten 12 Artikel im Verlauf
der Erhebung auftauchten. Auch meine Studien über die
Vorgeschichte des Bauernkrieges waren aus diesen heraus-
gearbeitet. Wie die exakte Untersuchung des Verlaufs
der Ereignisse beweist, haben die Beschwerdeartikel jedoch
als Erkenntnisquelle für die Absichten der Bauern auszu-
scheiden. Vorgetragen erst in einer Zeit, wo die Bauern
Herren der Lage waren, konnten sie damals alles als
Beschwerde hinstellen, was sie bis dahin kaum als eine
solche empfunden hatten, und was sie vor allem niemals
zur Erhebung veranlaßt hätte. Wer die Beschwerden —
nicht zur Darlegung der Verfassungs-, Verwaltungs- und
Wirtschaftsverhältnisse, wo sie, weise benutzt, mancherlei
Belehrung geben konnten, sondern für die Geschichte des
Bauernkrieges verwerten wollte, durfte das nie tun ohne
Rücksicht auf ihre Geschichte, über der jedoch zumeist ein
dichter Schleier gebreitet liegt. —

Unsere Geschichte, die einen so unvergleichlichen
Verlauf nahm, ist also durch keine soziale Revolution

bisher entstellt. Gott gebe, daß auch fernerhin davon die Historie nichts zu melden hat. —

Zum Schluß möchte ich den verschiedenen Archivverwaltungen und Bibliotheken meinen Dank abstatten, die mich immer wieder bereitwilligst unterstützten.

Königsberg i. Pr., 18. September 1907.

W. Stolze.

I.

Die Unruhen vom Mai 1524 bis zum März 1525.

Erstes Kapitel.

Der Beginn der Unruhen. Gründe für ihre Ausdehnung.

———

Die Anfänge der Unruhen liegen in ein gewisses Dunkel gehüllt. So bestimmt man an allen leitenden Stellen im Reiche im Gefolge der religiösen Bewegung, die sich an Luthers Namen knüpfte, Unruhen befürchtete, die, die an den Südabhängen des Schwarzwalds im Gebiete der Abtei von St. Blasien und unter den Bonndorfer Untertanen des Landgrafen von Stühlingen, im Mai resp. im Juni 1524 ausbrachen, hielt man zunächst für zu unbedeutend, um sich eingehender über sie zu unterrichten. In dieser Einschätzung liegt z. T. der Grund, daß eine Reihe von Zeitgenossen und die von diesen abhängigen Schriftsteller die Bewegung im südlichen Schwarzwald während des Jahres 1524 der Erwähnung kaum für wert erachteten. Für sie beginnt der Bauernkrieg erst mit den Unruhen in Oberschwaben, also mit dem Jahre 1525. So mag zu erklären sein, daß die Quellen darüber nur spärlich fließen.[1]

———

[1] Diese sind verstreut in den Publikationen von Mone, Schreiber, Baumann, Hartfelder u. a. Außerdem hat Arnold Elben in seiner Schrift: Vorderösterreich und seine Schutzgebiete im Jahre 1524 (Stuttgart 1889) verschiedentlich ungedrucktes Material aus Württembergischen Archiven beigebracht.

1*

Nicht auf jede Frage können wir direkten Bescheid er-
hoffen. Das gilt gleich von der, ob die Bonndorfer, da sie
Ende Juni ganz ähnliche Forderungen verlauten ließen, wie
die Untertanen des Abts von St. Blasien im Mai erhoben
hatten, von diesen beeinflußt wurden. Die Frage, ob der
Anstoß von einem geistlichen Territorium ausging, ist wie
wir sehen werden, nicht ohne Interesse. Weiter möchte
man wohl genaueres über die Motive der Bauern erfahren.
Sie sperrten sich — nur das ist uns überliefert — plötzlich
gegen einzelne Leistungen, die sie bis dahin willig erfüllt
hatten, und wünschten Brief und Siegel zu sehen, daß
die Herren solche mit Recht heischten. Bei den Bonndorfern
ahnen wir, daß ihr Herr, der Landgraf Sigismund von Lupfen,
nicht gerade zu den rücksichtsvollen Herren gehörte. Die
Erzählung allerdings, daß seine Frau während der Ernte-
zeit von den Bauern verlangte, Schneckenhäuschen zu
sammeln, damit sie Garn darauf winde, trägt, um wahr zu
sein, zu sehr den Stempel der Anekdote, wie sie denn auch
erst später auftaucht.[1]) Doch nennt Valerius Anshelm
Lupfen geradezu einen Feind der Bauern, und im November
1524 mußte ihn seine Oberbehörde, der Innsbrucker Hofrat,
mahnen lassen, sich solcher Worte zu enthalten, wie er
sie seinen Untertanen gegenüber brauchte.[2]) Auch die

---

[1]) In der Berner Chronik des Valerius Anshelm (Band VI, 298),
ferner in den Abschriften von Heinrich Hugs Villinger Chronik von
1495—1533 (vgl. die Ausgabe von Chr. Roder = Bibliothek des Literar.
Vereins in Stuttgart, Band 164, Tübingen 1883, 98 Anm. 2). In der
Zimmerischen Chronik (ed. Barack, 2. Aufl.) Band II, 523 wird die
Schuld auf die „scharfen und grimmen" Amtsleute des Grafen geschoben.

[2]) Anshelm a. a. O.; Baumann, Akten zur Geschichte des deutschen
Bauernkriegs aus Oberschwaben, (Freiburg i. B. 1877) 24, Nr. 42. Vgl.
auch Schreiber, Der deutsche Bauernkrieg. Gleichzeitige Urkunden

Beschwerdeartikel, die die Stühlinger Bauern insgesamt im Frühjahr 1525 übergaben, lassen darauf schließen.[1]) Aber mit alledem ist nichts über das gesagt, was in erster Linie wissenswert erscheint.

In der Literatur begegnet man zumeist der Behauptung, die ersten Bauernerhebungen trügen ein rein mittelalterliches Gepräge. Von einem Einfluß der Reformation sei nichts zu bemerken. Das Schlagwort vom „göttlichen Recht", das im Dezember 1524 auftauchte[2]) und wie man meint, zum erstenmal eine Anteilnahme der Bauern an der religiösen Bewegung verrate, hätte nur ganz allmählich weitere Kreise für sich gewonnen. In der Tat trifft die Feststellung zu, daß sich bis zu jenem Termin keinerlei Äußerungen derart unter den Bauern finden lassen. Aber einmal sind uns überhaupt so gut wie gar keine Äußerungen aus diesem Lager in dem ganzen ersten Halbjahr der Unruhen bekannt. Und dann sollte man doch meinen, daß solch Schlagwort, wenn es plötzlich in eine Bewegung hineingeworfen wird, deren Ziele sich mit den von ihm angedeuteten nicht deckten, allgemeines Aufsehen erregen müßte. Das ist hier nicht der Fall. Und zwar aus dem Grunde nicht, weil sich die Forderungen, die die Bauern

---

(Freiburg i. B. 1863 = Urkundenbuch der Stadt Freiburg i. B. N. F.) Band I, 92 und 96/7, Nr. 57 und 62.

[1]) Gedruckt bei Baumann a. a. O., 188—208.

[2]) Vgl. Elben 123, 126, 128 etc. Die von Elben 121 zitierte Stelle der Villinger Chronik ist mir nicht beweiskräftig genug. Zu Elbens Deutung dieser Stellen (156 ff.) vgl. A. Stern, Über die 12 Artikel der Bauern und einige andere Aktenstücke aus der Bewegung von 1525 (Leipzig 1868) 102 ff., dem ich mich anschließe. Wenn auch schon in den Bewegungen vor 1524 das göttliche Recht der Ausgangspunkt ist, so war es doch nie und nimmer bis zu dieser Zeit von so zwingender Gewalt, daß die weitesten Kreise davon ergriffen wurden. Das war erst Folge von Luthers Auftreten.

unter diesem Titel Ende des Jahres erhoben, von denen
nicht unterschieden, die bereits früher aufgestellt waren.
Auch diese Bauern wollten keine Dienste und Fronen mehr
leisten, keine Fälle und Gelässe weiterhin reichen. Daneben kannten sie allerdings noch andere Beschwerden,
wie die Leibeigenschaft, das Sonderrecht der Herren zu
fischen und zu jagen, Beschwerden, die den St. Blasiern und
Bonndorfern im Mai und Juni nur z. T. zum Bewußtsein
gekommen waren, zwei Monate später aber schon allgemein
als solche galten.[1]) Wird schon durch diese Bemerkungen
jene Behauptung erschüttert, so scheint sie mir ihre Grundlage völlig zu verlieren, wenn man einer Tatsache gedenkt,
die wohl bekannt doch nicht genug beachtet wurde. Soweit die Autorität der österreichischen Regierung reichte
— sie herrschte damals außer in Württemberg und in der
Landgrafschaft Oberelsaß auch in dem größten Teil des
südlichen Schwarzwaldes —, aller Orten waren die neugläubigen Prädikanten in diesen Monaten vertrieben. Kein
Zweifel, daß die Terminologie der bäuerischen Forderungen
eben deshalb direkte Anklänge an die Schlagworte der
religiös bewegten Zeit vermissen läßt. —

Von hervorragendster Bedeutung sind die Beziehungen
Vorderösterreichs zu der Schweiz. Sie sind in diesem Zusammenhang noch nie recht gewürdigt worden. Nicht nur

---

[1]) Vgl. das Schreiben Lupfens vom 25. August 1524 an Freiburg
(Schreiber 15, Nr. 15) mit den früheren Akten. Vortrefflich hat, wie
mit den Wochen die Zahl der Beschwerden stieg, der „Schreiber des
Truchsessen" berichtet (Baumann, Quellen zur Geschichte des Bauernkriegs in Oberschwaben [Bibl. des Literarischen Vereins in Stuttgart,
Band 129, Tübingen 1876] 527). Daß mit der Zeit auch Klagen über
die Besetzung der Gerichte etc. auftauchen, kann nicht zu einem ab-
fälligen Urteil über die Rechtsprechung der Zeit Anlaß geben. Sie
werden immer entstehen, wenn Fragen von prinzipieller Bedeutung
ausgetragen werden sollen.

waren gewisse Landstriche die Kornkammer für die Nord-
schweiz; weshalb diese an ihrer materiellen Wohlfahrt in
hohem Grade interessiert war. Überall saßen auch Schweizer
Bürger. Schaffhausen gehörten Dörfer und Höfe in der
Landgrafschaft Stühlingen, Züricher und St. Gallener hatten
Viehheerden auf dem Walde,[1]) mit Bürgerrecht waren weite
Kreise z. B. Zürich verbunden. Nichts ist bei solcher Lage
der Verhältnisse gewisser, als daß von den reformatorischen
Bewegungen, die an Zwinglis Auftreten anknüpften, Wellen
auch in den südlichen Schwarzwald hinüberschlugen. Man
wird dabei nicht an eine Propaganda durch Prädikanten
denken dürfen. Jenseits der Grenzen einiger weniger
schweizerischer Kantone gab es für diese in ruhigen Zeiten
keinen Unterschlupf mehr, seitdem sich die Mehrzahl der
Eidgenossen und Ferdinand von Österreich gegen jede
Reform im lutherischen Sinne ausgesprochen und ihren
Willen gezeigt hatten, eventuell mit Gewalt dagegen ein-
zuschreiten. Aber es gab reichlich unzufriedene Leute
sonst in Zürich, Männer, denen selbst ein Zwingli noch
nicht genug tat. Nicht jeder ward durch seine Interpretation der heiligen Schrift befriedigt.[2]) Wenn einmal
für gewisse Anschauungen der Zeit das Evangelium das
Kriterium sein sollte, dem gemäß sie beibehalten wurden
oder nicht, so sah der gemeine Menschenverstand schwer
ein, warum das nicht ebenso der Fall für Dinge wäre, die
ihm nach Sinn und Zweck schon längst nicht recht verständlich waren, ohne daß sie doch unleidlich erschienen.
Beschwerden wurden laut. Aber nicht alle wurden be-

---

[1]) Schreiber 32.
[2]) Zu dem lebendigen Bildungseifer, in dem Zürich jener Tage,
vgl. Furrer, Rudolf Collin, ein Charakterbild aus der schweizerischen
Reformationsgeschichte, Halle 1863.

seitigt; wie viele mochten das im Ernst für möglich halten!
Doch wurden sie sämtlich — dafür sorgte Zwingli — an
dem Evangelium und dem gemeinen Nutzen als der zweiten
Instanz geprüft; wenn was Anlaß dazu gegeben hatte
weiter beibehalten wurde, so wußte der ruhige, nur religiös
interessierte Bürger, daß es notwendig war. Es ist nun
sehr beachtenswert, daß fast alle die Forderungen, die die
deutschen Bauern in den Anfängen des Bauernkrieges
äußerten, schon zuvor in der Schweiz Gegenstand der Auseinandersetzung gewesen waren. Wer sich die Mühe gibt,
die Aktensammlungen für Geschichte der schweizerischen
Reformation durchzusehen, kann sich eine Fülle von Bei-
spielen notieren. Auch für jene Zumutungen, die die Bauern
im Mai und Juni stellten, lassen sich solche erbringen.
Am 25. Jannuar desselben Jahres hatte die Gemeinde zu
Embrach dem Züricher Rat unter anderem vorgetragen,
daß sie Fälle und Lässe nicht mehr reichen, von der Leibeigenschaft nichts mehr wissen wolle. Sie habe zwar keine
bestimmte Klage gegen ihren Propst und das Kapitel,
„doch seien sie alle merklich beschwert“.[1]) Die Antwort
des Züricher Rates ist nicht bekannt. Sie ist hier gleich-
gültig. Genug, daß man sieht, wie die Untertanen des
Abts von St. Blasien und ebenso die des Landgrafen von
Stühlingen, da sie derartige Forderungen erheben, in gewisser Weise von der Schweiz her beeinflußt erscheinen.[2])

---

[1]) Egli, Aktensammlung zur Geschichte der Züricher Reformation
in den Jahren 1519—1533 (Zürich 1879) 213 f., Nr. 490. Vgl. sonst
Strickler, Die eidgenössischen Abschiede aus dem Zeitraum von 1521
—1528 (Der amtlichen Abschiedesammlung Band IV, Abt. 1 a, Brugg
1873), 450, Nr. 189, Bullingers Reformationsgeschichte, Band I (Frauenfeld 1838), 221.

[2]) Fr. L. Baumann, Die Eidgenossen und der deutsche Bauernkrieg
(Sitzungsberichte der philosophisch-philologischen und der historischen

Die Reformation Luthers, die besondere Art des Bibel-
studiums, wie sie in der freien Schweiz betrieben wurde,
hatte zu solchen prinzipiellen Auseinandersetzungen aufgefordert. Beschwerden materieller Natur, d. h. solche un-
erträglicher Art lagen ihnen nicht zu Grunde.[1])

Die Bewegungen in den Jahrzehnten vor 1524/5 waren
immer lokal begrenzt gewesen, wie sie denn wohl zumeist
in der persönlichen Unbeliebtheit eines rücksichtslosen
Herrn ihren Grund gehabt hatten. Denn schließlich waren
die Verhältnisse hier wie dort dieselben; Beschwerden, auch
erheblichere, konnten überall entstehen. Aber nicht immer
führten sie zum Aufruhr. In den meisten Fällen mochten
die steigenden Anforderungen, die infolge der neuen politischen Lage an die sogenannten „armen Leute" gestellt
werden mußten, ein Korrelat in dem Vertrauen haben, daß
die Herren damit nicht ihrer Willkür frönten. Jetzt war
das anders. Zwar nicht sofort. Wenn man nach einem
zeitgenössischen Schriftsteller behauptete, daß sich zu gleicher
Zeit mit den Bonndorfern Untertanen des Abts von St. Blasien
erhoben hätten,[2]) so hat man übersehen, daß dieser Chronist

---

Klasse der k. B. Akademie der Wissenschaften zu München, Jahrgang
1896) 113—141 versucht den Nachweis, daß von der Schweiz her auch
nicht der geringste Einfluß zu bemerken sei. Ein solcher, wie ihn —
übrigens nur nach Baumann — andere Forscher behauptet haben, allerdings nicht. Von dem hier angedeuteten spricht Baumann nicht, obwohl die Behauptung Luthers und seiner Anhänger, daß der Bauernkrieg eine Folge der schwärmerischen und sektiererischen Bewegungen
sei, zu denen sie bekanntlich auch die Schweizer Reformation rechneten,
zum mindesten die Untersuchung auch nach dieser Seite hätte lenken
sollen.

[1]) Vgl. hierzu die neuerlichen Untersuchungen zur Vorgeschichte
des Bauernkrieges, von mir in Schmollers staats- und sozialwissenschaft-
lichen Forschungen, Band XVIII, 4 (Leipzig 1900), und von F. Kiener
in der Zeitschrift für Gesch. des Oberrheins, N. F. XIX, 479—508 (Heidelberg 1904).

[2]) Elben 15 nach Hugs Villinger Chronik.

über den Beginn der Unruhen stark zusammenfassend und
oberflächlich berichtet. Die Akten geben keinen Anhalt
dafür.[1]) Aber sehr bald erhielten die Bonndorfer Zuzug
durch andere Untertanen des Grafen von Lupfen. Im
Oktober und erst recht vom November 1524 ab waren die
Unruhen weit über die Grenzen der Landgrafschaft Stühlingen hinausgegangen.

Über die Gründe hierzu haben die Chronisten mannig-
fache Vermutungen geäußert. Während der eine meinte,
daß das Beispiel der Bonndorfer ansteckend wirkte,[2]) wies
ein anderer auf die Besorgnis eben dieser Bauern hin, daß
sie allein den Handel gegen ihre Obrigkeit nicht durchführen könnten; Hilfe zu gewinnen, hätten sie ihre Nachbarn angesprochen.[3]) Und ein dritter machte gar dafür

---

[1]) Aus einem Schreiben des Innsbrucker Hofrats vom 27. Juni und
Ferdinands vom 11. Juli 1524 (Baumann, Akten 2, Nr. 4 und Schreiber 3,
Nr. 3) hören wir von Versammlungen der Bauern im Hegau und Klett-
gau. Da hierüber keine weitere Nachricht vorliegt, auch die Chroniken
schweigen, darf man wohl annehmen, daß sie entweder Gebilde der auf-
geregten Phantasie waren, oder keine Bedeutung, jedenfalls andere
Gründe wie die Versammlungen der Stühlinger hatten. Vgl. auch
Elben 51, Anm. 1.

[2]) So der St. Gallener Johannes Keßler (Sabbata [edid. Egli und
Schoch 1902] 173). Er fand nicht wunderbar, da die Bauern im Schwarzwald von ihren Halsherren „so ganz unterdrückt und beschwert lägen",
daß ein jeder Bauer den andern zum Ungehorsam bewegte, „über-
kommend, so lange nichts mehr zu geben, bis ihnen durch solche An-
forschung Brief und Siegel gezeigt und wie dem Recht Genüge geschehn
dargelegt sei." Ähnlich sagt der sogenannte „Schreiber des Truchsessen
Georg von Waldburg", des späteren Feldhauptmanns gegen die Bauern,
dem zur Abfassung seines Berichts Quellen in Menge zu Gebote standen,
die Hegauer Bauern hätten sich erhoben, weil sie sahen, daß denen in
der Landgrafschaft Stühlingen ihre Handlung vor sich ging (Baumann,
Quellen 529).

[3]) So der Abt Caspar von St. Blasien (Stiftungsbuch von St. Blasien,
vom Abte Caspar I. in Mones Quellensammlung zur badischen Landesgeschichte, Bd. II, Karlsruhe 1854, 61): Die Lupfischen Hintersassen
hätten besorgt, daß sie allein den Handel gegen ihre Oberkeit mit Ge-

einen einzigen Mann verantwortlich; wenn man es recht bedenke, so sei der Waldshuter Prediger Balthasar Hubmaier der Anfänger und Aufwieger des ganzen bäurischen Krieges.[1])

Forscht man in den Akten nach, so wird man keine dieser Ansichten verwerfen dürfen. In der Tat mag das Beispiel, welches die Stühlinger gaben, viele zu ähnlichem Unternehmen angelockt haben. Denn weder sie noch die St. Blasier wurden von vornherein derart abgewiesen, daß andere nicht zu ähnlichem Verlangen hätten Mut schöpfen können. An eine gewaltsame Unterdrückung konnte Lupfen nicht sofort denken. Einmal war er durch jenes Ansinnen völlig überrascht, und dann war, selbst wenn er den Beistand seines obersten Herren, des Erzherzogs Ferdinand von Österreich, in dessen Schutz und Schirm er stand, hätte erwarten können, ein Krieg grade hier gefährlich. Denn bunt durcheinander mit seinen Bauern saßen, wie bereits bemerkt, Schweizer Bürger. Ein offener Kampf hätte also hier zu den unliebsamsten Weiterungen führen können. Andererseits hatte der Graf zum Nachgeben keine Veranlassung. Denn es war sein Recht, was ihm plötzlich bestritten wurde. Er erbot sich daher zum rechtlichen Austrag, und die Bauern nahmen das an, um alsbald zu erkennen, daß ihnen damit nicht gedient sei. Lupfen ging von seinem Standpunkt nicht ab, ja er gab die deutlichsten Zeichen, daß er ihn, wenn nötig, mit Waffengewalt verteidigen werde. Es ist uns überliefert, daß er sich noch

---

walt nicht erhalten könnten und hätten deshalb andere Umsässen angesprochen.

[1]) Andreas Lettsch, der sich in den Diensten des Klosters St. Blasien schon 1525 befand und spätestens Anfang der dreißiger Jahre seine Chronik schrieb (in Mones Quellensammlung 46).

vor dem 1. August mit Geschütz zu versehen suchte, und
daß er um tatkräftige Unterstützung seine Nachbarn an-
ging.[1]) Bei den Bauern haben diese offenkundigen Beweise
einer ablehnenden Haltung die Überzeugung wachgerufen,
daß sie ohne Weiteres nicht durchsetzen könnten, was sie
wollten. Erst jetzt, im August 1524, hören wir von ihrer
Organisation unter einem Hauptmann, als den wir Hans
Müller von Bulgenbach, einen ehemaligen Landsknecht
kennen lernen; diesem Hauptmann waren Fähnrich und
Waibel zur Seite gesetzt.[2]) Und erst in diesen Wochen
werden sich die Bonndorfer bei den anderen Hintersassen
Lupfens um Hilfe umgesehen haben; der Graf meldet in
einem Schreiben vom 25. August, daß die Aufständischen
andere seiner Untertanen, die ihm gern nach ihrem Eid
gehorsam geblieben wären, zu sich gezwungen und ihnen
eingeredet hätten, daß er wider Recht tun wolle.[3]) So hat
die Drohung mit Gewalt schon hier zu dem Gegenteil von

---

[1]) Baumann, Akten 6, Nr. 10; Schreiber 11 und 12. — In dem
Augsburger Stadtarchiv (Literalien 1524—1525) ist ein Schreiben Lupfens
d. Stuhlingen, Zienstag nach Assumptionis Mariä 1524 (15. August) erhalten, in dem er den Schwäbischen Bund um Zusendung von 60 Pferden
und 300 Knechten bittet und zwar in Fürstlicher Durchlaucht = Ferdinands
Namen, da Stühlingen angegriffen werden solle und in Österreichs Schutz
stehe. Schon in diesem Schreiben wird erwähnt, daß die Bauern Herzog
Ulrich von Würtemberg behilflich und rätlich sein wollten.

[2]) Elben 27 meint die Organisation bereits in den Juli setzen zu
müssen, doch ohne in den Quellen einen Anhalt zu haben. Der Bericht
des Konstanzer Vikars Ramming über ein Lager bei Thiengen vom
19. Juli 1524 (Schreiber 6, Nr. 5) ist kein Beweisstück; dieses Lager,
von dem wir nur hier hören, sollte wohl nur den Bauern, die sich zu
den in Thiengen stattfindenden Verhandlungen nach Elbens (a. a. O.
Anm. 7) ansprechender Vermutung eingefunden hatten, als Unterkunft
dienen.

[3]) Über die Zahl der Bauern in den ersten Monaten sind wir ungenügend unterrichtet. Vgl. Elben 27. Gewiß ist, daß sie im September im Vergleich zum Juni stark zugenommen hatte.

dem geführt, was damit beaesicht war. Und ebenso war es später, Ende September und Anfang Oktober nicht minder wie im Dezember, als auf die Kunde von dem An-rücken von Truppen die Schwarzwaldbauern das Zierhelden-geschrei ertönen ließen.

Aber alles das, weder die Macht des Beispiels und die Hoffnung auf Erfolg, noch die Propaganda, die im Augen-blick einer wirklichen oder eingebildeten Gefahr einsetzte, erklären zur Genüge, warum seit Anfang Oktober die Un-ruhen so ganz andere Dimensionen annahmen und in rascher Folge den Hegau, den Kletgau, das Gebiet der Abtei St. Blasien und andere Striche Vorderösterreichs ergriffen. Ein Chronist, der, der in nächster Nähe die Dinge beobachten konnte, bürdet, wie bereits zu bemerken war, die Verant-wortung dafür dem neugläubigen Prädikanten in Waldshut, Balthasar Hubmaier, auf.[1])

Vielleicht ist keine Angabe, außer etwa der, daß am 24. August in jener Schwarzwaldstadt eine evangelische Brüderschaft zwischen den Anhängern Hubmaiers und den Bauern gegründet worden sei, so heftig bestritten worden wie eben diese. Die moderne Anschauung, nach der der Bauernkrieg der Versuch einer sozialen Revolution ist, will hiervon durchaus nichts wissen.[2]) Und doch hat sie,

---

[1]) Über die Schicksale Waldshuts und Hubmaiers in diesen Jahren unterrichtet vortrefflich ein Aufsatz von Loserth: Die Stadt Waldshut und die vorderösterreichische Regierung 1523—1526 (Archiv für öster-reichische Geschichte, Band 77 [1891], 1—149), zu dem das reichhaltige und wohl noch nicht genug benutzte Statthaltereiarchiv in Innsbruck neben Schweizer Archiven ausgebeutet werden konnte. Auf die Bauern-erhebungen geht L. nur nebenbei ein; er eignete sich hier ganz die Elbenschen Forschungen an. Zu den Beziehungen Waldshuts und der Bauern vgl. auch noch immer Stern a. a. O., 62–89.

[2]) G. Frhr. von der Ropp hat in seiner Rektoratsrede „Sozial-politische Bewegungen im Bauernstande vor dem Bauernkriege" (Mar-burg 1899) darauf hingewiesen (14—15), daß hinsichtlich der agrarischen

bei unbefangener Prüfung der Quellen, in gewissem Sinne
recht. Nur ist sie allerdings etwas zu modifizieren, und
vor allem ist die Tendenz, die sie verfolgt, abzuweisen.
Seit geraumer Zeit wurden überall im südlichen Schwarz-
walde und am Rhein bis in die Schweiz hinein Prädikanten
wie Laien, die nicht strikt am Alten hielten, mit den
härtesten Strafen je nachdem an Geld oder am Leib verfolgt, unbescholtene so gut wie bescholtene. Zu gemein-
samer und desto wirksamerer Bekämpfung der neuen Lehren
hatten sich sogar verschiedene schweizerische Kantone mit
dem Hause Österreich verstanden. Während aber in der
Schweiz trotz alledem einzelne Kantone, namentlich Zürich,
ihrer anderen Überzeugung getreu blieben — die Gründe
dazu sind hier nicht zu erörtern —, gelang in Vorderösterreich die Unterdrückung nach verhältnismäßig kurzer Zeit
fast vollkommen. Wie schwer das auch so manchem werden
mochte, es wagte sich hier niemand mehr zu dem neuen
Glauben zu bekennen. Nur an einer einzigen Stelle traf
die Regierung auf Widersetzlichkeit. Die Stadt Waldshut
hatte den Mut, allen Mandaten zu trotzen, pochend auf
ihre oft erprobte Treue, die sie auch jetzt nicht verletzt,
wo sie die Predigt des Evangeliums nach seinem lauteren
und klaren Inhalt geduldet habe, und vielleicht nicht ohne
Hoffnung auf Unterstützung von Seiten Zürichs, wenn diese
auch bei den Verhältnissen in der Eidgenossenschaft nur

Forderungen, weiter „in dem Absehen von jedem Angriff auf das kirchliche Dogma und in der Fürsorge für den Pfarrer" die Bauernartikel
mit den Ausführungen der sogen. Reformation Sigismunds, hinsichtlich
der Forderungen der christlichen Freiheit dagegen mit denen der
Hussiten übereinstimmen. Selbst das zugegeben, so ist damit doch für
die Massenbewegung des Bauernkrieges nichts gesagt, jedenfalls kein
Beweis erbracht, daß diese mit der Reformation Luthers in nicht dem
geringsten Zusammenhang stehe.

schlecht begründet war. Die Unterdrückung hatte nur
einen Sinn, wenn sie vollständig war. Fehlte die Kraft,
sie ganz durchzuführen, so war das Werk überhaupt gefährdet. Denn nichts mußte größeres Aufsehen machen,
als wenn den ernstlichsten Verboten an einem Punkte
Widerstand begegnete. Erst dann mußte die sittliche
Kraft, die hinter ihm stand, den weitesten Kreisen zum
Bewußtsein kommen und an sich Beifall finden. Als alle
gütlichen Mittel zum Ziel zu gelangen, wenn auch
nicht erschöpft, so doch angewandt waren, ließ der Erzherzog Ferdinand darum zu einem Zuge gegen Waldshut
rüsten. Hubmaier eilte nach Schaffhausen, in die nächste
Schweizer Stadt, die, wenn sie auch nicht rücksichtslos
wie Zürich für den neuen Glauben eintrat, doch immerhin
eine Neigung dazu in allem verriet.[1]) Die Bahn war frei
für eine Aussöhnung Waldshuts mit der Regierung. Die
altgläubigen Prädikanten, die sich um Pfingsten nach
St. Blasien fortbegeben hatten, waren bereits zurückgekehrt.
Aber alle Verhandlungen blieben ohne Ergebnis. Auf der
Gegenseite wollte man von einer Bestrafung nicht absehen.
Und in Waldshut hatte Hubmaiers Predigt doch solche
Kraft entfaltet, daß die Stadt sich nicht schuldig bekennen
mochte. Die österreichische Regierung setzte die Rüstungen
fort.[2]) Um den ersten Oktober 1524 war die Gefahr für
Waldshut so groß wie noch nie. Bereits mußten seine Ge-
sandten die übermütigsten Worte hören.

---

[1]) In Betreff des Datums, an dem Hubmaier Waldshut verließ,
kann ich mich Loserth 30 im Hinblick auf Baumann, Akten 9, Nr. 17
nicht anschließen, sondern muß die alte Anschauung festhalten, daß
das Datum der 17. (nicht 31.) August war.

[2]) Vgl. hierzu K. Walchner, Geschichte der Stadt Ratolphzell
(Freiburg 1825) 91 f., 287/9.

Es wäre sehr erwünscht, wenn wir über den Eindruck,
den diese Vorgänge in den bäuerlichen Kreisen machten,
genauer unterrichtet wären. Korrespondenzen aus diesem
Lager sind für das erste Halbjahr nicht vorhanden. Das
erste Schreiben eines Bauernhaufens, das wir kennen,
stammt aus dem Dezember 1524.[1]) Vielleicht gab es in
dieser Zeit eine solche Korrespondenz auch nicht, wie denn
der Charakter, den die Bewegung bis dahin hatte, die Annahme zu verbieten scheint, daß sich die Bauern bereits
einen Schreiber verpflichtet hatten. Aber wir können doch
aus bestimmten Tatsachen ziemlich sichere Schlüsse auch
auf die Stimmung der Massen ziehen. Einmal war ihr
Führer, Hans Müller von Bulgenbach, entschieden dem
neuen Glauben geneigt, wenn nicht ihm schon gewonnen,
wie aus allem hervorgeht, was wir von ihm wissen. Was
das aber zu bedeuten hat, weiß jeder, der den Einfluß der
Religion auf das Volk kennt, und der sich erinnert, daß
die Neugläubigen für die Sache der Religion gegen eine
Kirche einstehen zu müssen glaubten, in der von Religion
wenig mehr zu finden sei. Aus einer zweiten Tatsache ist
weniger leicht ein Rückschluß möglich. Immerhin darf sie
nicht unbeachtet bleiben. Ende Juli schlugen die Bauern
als Schiedsrichter zwischen sich und ihren Herren neben
fünf anderen einen Vertreter der Stadt Waldshut vor.
Wenn nun auch ein solcher grade anwesend war, dieser
Vorschlag also nicht notwendig als Beweis für die Sympathie der Bauern mit dieser Stadt zu deuten ist, so mußte
doch die Zurückweisung grade dieses Mannes als parteiisch[2])

---

[1]) Schreiber 182, Nr. 96 (vgl. S. 180).
[2]) Ebenso wurden zwei „vom Wald" zurückgewiesen, doch wohl
Untertanen des Abts von St. Blasien, die seit dem Mai mit ihrem Herrn
in Unfrieden lebten.

berechtigtes Aufsehen erregen und Bauern, die über das Verhältnis ihres Unternehmens zu der neuen Lehre nicht im Gewissen waren, darüber in unerwünschter Weise aufklären. Viel deutlicher spricht der berühmte Zug der Bauern unter ihrem Hauptmann nach Waldshut, gelegentlich der Kirchweih, etwa am 24. August 1524.[1]) Beide Parteien fühlten sich bedroht, wenn auch bei weitem nicht in dem Maße wie einen Monat später. Aber weder hatte Waldshut im Augenblick so viel zu befürchten, daß es nach Hilfe Ausschau halten mußte — sogar mit der Instandsetzung seiner Verteidigungsmittel begann es erst später[2]) —, noch bedurften die Bauern schon einer Zufluchtsstätte. Eben zu dem 24. August war eine neue Verhandlung mit ihrem Herrn anberaumt. Der Zug läßt sich nur als Manifestation erklären. Wenn die Bauern auch keine evangelische Brüderschaft mit den Anhängern ·Hubmaiers schließen wollten — sie konnten es schon ihrer Herren wegen nicht, mit denen sie sich noch immer zu vertragen gedachten —, sie wollten wenigtens zeigen, daß sie der Stadt ihren moralischen Beistand liehen, und daß sie eine gewaltsame Unterdrückung nicht leiden würden. Ein Bündnis kam zu stande, sich in der Not einander gegenseitig zu retten und zu schirmen. — Vorerst war dieser Fall der Not noch nicht da. Die Stühlinger ließen sich deshalb im September auf neue Verhandlungen ein, die Schaffhausen vermittelte. Zwar konnten sie sich nicht zur Annahme der harten Bedingungen entschließen, ohne deren Erfüllung Lupfen von

---

[1]) Zum Datum vgl. Elben 31, Anm. 1.
[2]) Schreiber 72 (Schreiben vom 16. September 1524). In einer Entschuldigung, die die Stadt Waldshut 1525 ausgehen ließ, setzte sie diesen Termin sogar noch weiter hinauf (Archiv für österreichische Geschichte, Band 77, 119).

einer völligen Aussöhnung nichts wissen wollte. Es konnte
fraglich erscheinen, ob sie je dazu zu überreden waren.
Aber die Mehrzahl begab sich an die Arbeit und in ihr
Heim zurück. Ende September war Waldshut fast[1])
isoliert, und es war zugleich wie bemerkt gefährdeter
denn je.

Der Anfang Oktober 1524 ist ein bedeutungsvoller
Termin in der Entwicklung des Bauernkriegs nicht minder
wie in der Geschichte der katholischen Reaktion in diesen
Gegenden. Nicht nur in Vorderösterreich drängte alles
zur Entscheidung. In der Schweiz war es ähnlich. Wenn
ich nicht sehr irre, kann man in diesem Herbst beobachten,
daß der Einfluß Zürichs immer mehr geschwächt, daß diese
Vorkämpferin des Evangeliums in ihrer politischen Betätigung mehr und mehr gehindert wurde. Dafür legen Zeugnis
ab die Vereinbarungen der Tagsatzungen mit Österreich,
ferner die Tatsache, daß Zürich die unschuldigen „Ursächer“
jenes bedauerlichen Sturmes auf das Kloster Ittingen nicht
vor der Todesstrafe bewahren konnte. In solcher Lage
waren die Anhänger des neuen Glaubens in beiden Gebieten
ganz besonders eng aufeinander angewiesen.[2]) Es war
gegeben, daß zunächst die weniger bedrohte Stadt der
anderen zu Hilfe eilte. Der Rat Zürichs hat zwar immer
eine offizielle Unterstützung Waldshuts in Abrede gestellt.
Es war jetzt keine Zeit, eine auch noch so weitsichtige
Stadtpolitik für sich allein zu treiben. Aber auch ohne
seine Erlaubnis waren genügend Bürger in Zürich bereit,
für das Evangelium Leib und Leben zu wagen. Am
3. Oktober zog eine beträchtliche Schar von ihnen in

---

[1]) Vgl. Schreiber 69.
[2]) Vgl. zu dem Folgenden namentl. Eidgenössische Abschiede
516/8 ww, 525 h, i, l, 526 o und die dazu gehörigen Akten.

Waldshut ein, zum Jubel ihrer Glaubensgenossen. Doch dabei konnte es nicht bleiben. Wir wissen, daß Schaffhausen, auch sie eine der Reformation geneigte Stadt, bei jenen Verhandlungen, die sie selbst zwischen Lupfen und seinen Hintersassen vermittelt hatte, die Bauern zur Ablehnung der Bedingungen ermunterte, die die Herren verlangten.[1]) So lieb ihr anfänglich sein mochte, den Krieg in ihrer Nähe vermieden zu sehen, so erwünscht mußte ihr jetzt sein, wenn die Unruhen nicht aufhörten. Dieselben Absichten verfolgte Zürich gegenüber den Kletgauer Hintersassen des Grafen Rudolf von Sulz. Diese waren von den Stühlingern, ihren Nachbarn, gebeten worden, ihnen gegen einen Überzug zu helfen. Sie wandten sich daraufhin an Zürich, dessen Schutz, Schirm und Burgrecht sie mit ihrem Herrn zusammen genossen, und fragten hier um Verhaltungsmaßregeln an. Die Antwort des Züricher Rates ist viel berufen worden. Je nachdem man der Reformation und religiösen Motiven oder rein weltlich materiellen Gesichtspunkten Einfluß auf die Bewegungen dieser Monate zuschrieb, wurde sie gelobt oder als ungehörig verdammt. Der Rat legte den Abgesandten der Kletgauer die Gegenfrage vor, ob sie seinen Mandaten Statt tun wollten oder nicht, also, daß sie die offene und freie Predigt des Gottesworts und des Evangeliums sowie alles dessen zuließen, was man mit der Bibel und dem Neuen Testament beweisen könne, und ob sie dem rechten wahren Gotteswort, wie es jetzt vorgelegt sei, anhängen wollten, bis daß man mit den wahren Schriften beider Testamente eines Besseren berichtet würde. Denn der Aufruhr komme allenthalben zum guten Teile wegen des

---

[1]) Schreiber 68. Vgl. übrigens dazu Schreiber III, 78, Nr. 409.

Gottesworts und der heiligen Evangelien auf.[1]) Darauf
große Freude bei den Kletgauern; sie wollten sehr gern
diesen Mandaten nachleben und zu dem Evangelium mit
Gottes Gnade Leib und Gut setzen. Und als ein Vertreter
des gräflichen Vogts natürlich sehr erstaunt über solche
Frage erklärt, auch er habe bisher dem Gotteswort nach
seinem Vermögen angehangen, zur endgültigen Beant-
wortung müsse er die Frage jedoch erst an seinen Auf-
traggeber gelangen lassen, da gibt der Rat zum definitiven
Bescheid: da man erwarte, daß der Graf von Sulz wie
seine Amtleute und die ganze Grafschaft das wahre Gotteswort einhalten und keinen Prediger desselben, wie es
anderwärts geschehe, vertreiben und durchächten würden,
so wolle er an die Stühlinger die Weisung ergehen lassen,
die Kletgauer nicht zu beunruhigen. Es kann kein Zweifel
sein, wie diese Antwort zu verstehen ist.[2]) Der Züricher
Rat wußte ganz genau, daß der Graf von Sulz als einer
der höchsten Beamten Ferdinands die religiöse Politik
seines Herrn nicht durchkreuzen könne, und daß er mit
seiner Frage an die Kletgauer und mit seinem Bescheid
den Keim zum Unfrieden säte. Eben dahin ging seine
Absicht. Und sie wurde erreicht. Kurze Zeit darauf
brachen auch in dieser Landschaft die Unruhen aus. Man
beschloß, dem Züricher Mandat statt zu geben mit Leib

---

[1]) Egli 252, Nr. 583, Schreiber 115, Nr. 81 (hier vom November
datiert statt vom 11. Oktober). Vgl. auch zur Erhebung der Kletgauer
Baumann, Akten 23, Nr. 40, Schreiber 184, (42).

[2]) Elben, der in seiner Anschauung von der Bedeutung der Reformation für den Bauernkrieg von Baumann abhängig ist, weiß hiermit
so wenig etwas anzufangen wie mit dem Auftauchen des Schlagwortes
göttliches Recht in Vorderösterreich. Vgl. 103 f. und 156 ff. Vgl. auch
v. Bezolds Geschichte der deutschen Reformation (Berlin 1890) 467,
Baumann, Eidgenossen 129, dem ich mich natürlich in dem nicht anschließen kann, was er daraus folgert.

und Gut, und man sperrte genau so wie es im Juni die
Stühlinger getan hatten dem Herrn die Dienste und andere
Leistungen, wofern er keine Briefe und Kundschaften darüber habe. — Waren diese Bauern mehr die geschobenen,
wußten sie, als sie im Anfang Oktober bei Zürich an-
fragten, vielleicht nicht, um welche Dinge es sich handle,
bei den Hegauern, die sich in den ersten Tagen desselben
Monats verbündeten, scheint ein Bewußtsein davon vorhanden gewesen zu sein. Auf das Ansuchen Lupfens hatte
sich die österreichische Regierung um Mitte September bei
dessen Nachbarn um Pferde und Knechte beworben, also
gerade im Hegau und Kletgau, um gegen die Stühlinger
vorgehen zu können, die den soeben geschlossenen Vertrag
nicht annehmen wollten.[1]) Vielleicht war dabei auch schon
von dem Zuge gegen Waldshut die Rede. Es ist nun bei
den Werbeverhältnissen der Zeit klar, daß damit die
Hintersassen des Hegauer Adels vor die Frage gestellt
waren, ob sie an ihrem Teil zur Unterdrückung jener
Nachbarn mitwirken wollten. Wie ihr Benehmen zeigte,
waren sie nicht der Meinung. In kürzester Frist — schon
am 23. September wird davon gemeldet — hatten auch sie
bereits eine heimliche Konspiration miteinander, daß sie
ebenfalls in den Ungehorsam treten und ihren Herren
keinen Zins noch Gülten mehr reichen wollten. Die Streife
auf die Stühlinger unterblieb, wohl eben aus dem Grunde,
weil man den allgemeinen Aufstand befürchtete, dem man
seit Beginn der Unruhen Sorge getragen hatte zu begegnen.[2]) Genügend Truppen dazu waren — aus dem

---

[1]) Schreiber 69, Nr. 47. Vgl. dazu auch oben S. 15, Anm. 2.

[2]) Die Angst vor Unruhen in Folge der lutherischen Reformation
ist älter als die Unruhen selbst, und kam auf die erste Kunde von dem
Ausbruch derselben zum Ausdruck.

Württembergischen — schon vorhanden.[1]) Jedoch der Zug gegen Waldshut wurde ins Werk gesetzt. Fiel diese Stadt, so war den Bauern der Rückhalt genommen. Wir wissen leider nicht direkt, wie weit auf der Hilzinger Kirchweih, die am 2. Oktober trotz aller Bemühungen der Herren sie zu verhindern stattfand, hiervon die Rede war. Aber es ist nach allem übrigen sicher, daß man davon nicht schwieg. Auch die Hegaubauern kündigten nun den Gehorsam.[2])

Als Anfang Oktober die österreichische Regierung jetzt endlich in Waldshut die Anhänger des neuen Glaubens ausrotten wollte, wie es ihr bisher überall sonst in ihren Landen gelungen war, sah sie plötzlich in den weitesten Kreisen den Aufruhr aufflammen. Neue Aufgaben waren da, zu denen die vorhandenen, nicht allzu reichlichen Mittel vorläufig nicht hinlangten.

Die Bauern hatten nicht als Anhänger Luthers oder Zwinglis ihre Forderungen gestellt. Immerhin war das sogenannte Formalprinzip der Reformation, die Rückkehr von der Tradition zum Evangelium, für sie — wie für so viele Geistliche und Laien der Zeit — der Anlaß gewesen, was sie nach Sinn und Absicht in dem politischen Leben nicht verstanden, in Frage zu ziehen. Aber die freie Aussprache darüber, wie überhaupt jede Hinneigung zur neuen Lehre ward ihnen verwehrt. Eben deshalb erhoben sie

---

[1]) Elben 73, Anm. 1. Diese Tatsache scheint mir sicher. Hält man sich das vor Augen, so wird man zur Erklärung des energielosen Verhaltens der österreichischen Regierung den Stühlingern gegenüber auf das oben angeführte Motiv gebracht.

[2]) Es sei hier auf die Bemerkung des Villinger Chronisten hingewiesen, wonach an der Empörung der Bauern im Hegau die Rüstung der Herrschaften schuld gewesen sei.

sich; sie meinten sich nicht ohne weiteres mundtot machen lassen zu sollen, sie sperrten, wozu sie nach dem Evangelium nicht verpflichtet zu sein glaubten. Die Forschung hatte also recht, wenn sie bei der Erhebung der Stühlinger religiöse Motive leugnete, aber sie hatte unrecht, daß sie nun auch jeden Einfluß der Reformation in Abrede stellte, daß sie Ferdinand und seinen katholischen Zeitgenossen Verleumdung nachsagte, wenn sie die Unruhen der lutherischen Sekte, d. h. doch eben nichts weiter als Anhängern der neuen Lehre zuschrieben. Nur nebenbei sei daran erinnert, daß auch Luther und seine Gesinnungsgenossen ähnlich urteilten, nur daß sie in den Schwärmern die Schuldigen sahen, zu denen bekanntlich der deutsche Reformator bis auf die Zeit der Unionsverhandlungen auch Zwingli zählte. Schon diese Bewegungen gehören also in den engsten Zusammenhang mit den großen religiös-kirchlichen Strömungen der Zeit. Wenn den Bauern auch vielfach dieser Zusammenhang nicht ganz klar war — Mitläufer gibt es bei solchen Gelegenheiten immer —, eben weil dem so war, war eine Verknüpfung mit der rein religiösen Waldshuter Angelegenheit möglich. Den Bauern, die kein wahrhaft evangelischer Prediger, wie der Schweizer Johannes Keßler einmal sagt,[1] von der Wahrheit wohl unterrichten und von dem fleischlichen Verstand des Evangeliums auf den geistlichen zu Geduld und Sanftmut ziehen

---

[1] Sabbata 171. — Ganz ähnlich sprach sich Hans von Schwarzenberg aus, in seiner Schrift: „Beschwörung der alten Teufelischen Schlangen mit dem göttlichen Wort", die wohl Ende 1524 geschrieben, 1525 in Nürnberg erschien: der Aufruhr der Bauern sei nicht durch die Predigt von der christlichen Freiheit, nicht durch Luther veranlaßt worden. „Die größte Aufruhr und Unordnung kommt davon, daß die Päpstischen wahrhaftige evangelische Prediger verjagen, und die Irrung des Volks viel lieber als die evangelische Wahrheit gedulden wollen." (E. Herrmann, Johann Freiherr zu Schwarzenberg 84.)

und vermahnen konnte, wurde ebenso wie der Stadt Waldshut und aus demselben Motiv heraus das Recht ihres Vorgehens bestritten. So wurden die beiden Parteien zu-
sammengeführt. Die Verknüpfung war also nicht Sache
des Mutwillens. Dafür sorgte vielmehr die katholische
Reaktion, ohne die jene bäurischen Erhebungen nicht zu
denken sind, und die den Trotz des evangelischen Waldshut brechen wollte. Nur im Zusammenhang mit dieser
Reaktion sind die Ereignisse im Herbst 1524 zu verstehen.
Jener Chronist hat in gewissem Sinne das Richtige getroffen, wenn er am letzten Ende Hubmaier als Urheber
des Bauernkriegs bezeichnete, aber es liegt Tendenz in
der Behauptung, daß dieser die Schuld und die Verant-
wortung dafür trägt. Nicht die neue Lehre an sich,
sondern der Widerstand, der ihr begegnete, der Versuch,
sie mit Gewalt zu unterdrücken, hat die Unruhen weiter
um sich greifen lassen.

Momente der Fortentwicklung der Unruhen. Kräfte des Widerstandes.

Die ersten Wochen des Oktober 1524 waren nicht nur insofern von Bedeutung, als in ihnen der Aufruhr an Ausdehnung zunahm. Jetzt wie vor- und nachher gab sich die große Masse der Bauern gern zufrieden, wenn sich die geringste Aussicht auf ein Entgegenkommen zeigte. Zu irgendwelcher kraftvollen Aktion ließ sie sich, wohl im Hinblick auf die Macht der Habsburger, die sie kannte, nicht hinreißen. Aber an eben diese Zeit konnte anknüpfen, wem es auf den Nachweis ankam, daß die Gegensätze unversöhnbar seien, daß die Herren gar nicht daran dachten, sich auch nur in ernstliche Diskussion mit ihren Untertanen einzulassen. In jenen Oktobertagen erfolgte wahrscheinlich der erste bewaffnete Zusammenstoß; er hatte zwar keinen blutigen Ausgang, aber die Bauern wußten nun, woran sie waren. Das Feuer schwelte also immer weiter. Je mehr die katholische Reaktion von sich reden machte, desto rascher breitete es sich aus. Und die Gegensätze vertieften sich dabei. In der Schweiz, wo die Lage für die evangelisch gesinnten Kantone immer bedrohlicher ward, dachte Zwingli im Spätherbst an einen Krieg gegen die Waldstätte und das Haus Habsburg zugleich.[1]) In Vorderösterreich verschwand in der zweiten Hälfte Oktober nach den Anständen von Riedheim und Ewatingen unter dem Druck anderer gleich zu berührender Geschehnisse die Gefahr, die soeben noch so nahe gewesen war. Hubmaier kehrte deshalb nach Waldshut zurück. Und nun begann unter seinen Auspizien eine immer stärkere Abwendung vom römischen Katholizismus. Bald konnte selbst die radikalste Richtung, die der Wiedertäufer, hier sich eines Anhangs rühmen. Eben um diese Zeit fand Thomas Münzer den Boden in diesen Grenzgebieten vorbereitet genug, den Samen seiner giftigen Predigt auszustreuen.[2]) Naturgemäß setzte mit alledem zugleich eine religiöse Propaganda ein, deren Spuren bald sichtbar wurden. Noch die Bauern im Hegau und die Untertanen des Abts von St. Blasien, die im November ihrem Herrn die Leibeigenschaft mit all den Gefällen und Leistungen aufsagten, die ihm daher gebührten, verlangten nur, daß man sie bei Recht bleiben lasse, worunter sie eben Befreiung von jenen Pflichten begriffen.[3]) Seit dem Dezember

---

[1]) Vgl. Strickler, Aktensammlung 328, Nr. 957. Vgl. auch L. F. Heyd, Ulrich, Herzog zu Württemberg. Band II (Tübingen 1841), 150: „Zwingli hat — Ende November oder Anfang Dezember — eine Predigt gehalten, wie man kriegen soll."

[2]) Es mag hier auf eine Stelle aus Münzers Aussage während seines peinlichen Verhörs im Schlosse Heldrungen hingewiesen werden, die man wohl auch für die Beziehungen des südlichen Schwarzwalds zur Schweiz in dieser Zeit verwerten könnte. Nachdem sich Münzer gegen den Vorwurf verwahrt hatte, im Kletgau und Hegau Empörung gemacht zu haben, fuhr er fort: Oecolampadius und Hugefeldus haben ihn des Orts geweiset zu predigen zum Volke, da er dann gepredigt, da ungläubige Regenten, wäre auch ungläubig Volk, daß daselbst ein Rechtfertigung werden solt (Heinrich Schreibers Historisches Taschenbuch für Geschichte und Altertum in Süddeutschland 1840, 173).

[3])˙Als der Adel im Hegau Ende September Truppen sammelte, klagten plötzlich seine Bauern, sie könnten vor ihm nicht zu Recht

aber taucht unter den Bauern des südlichen Schwarzwalds
jenes Schlagwort vom göttlichen Recht als Bezeichnung
für eben diese Forderungen auf. Es wird berichtet, daß
einige Pfaffen die Bauern in ihrem Vorhaben stärkten.[1])
Und nun bemerken wir auch, zum erstenmal, eine gewisse
Antagonie gegen die Klöster, schüchtern vorläufig, aber
schon so charakteristisch genug. Als jene Züricher Schar
sich in Waldshut aufhielt, läuft plötzlich in den benachbarten Landstrichen das Gerücht um, die Waldshuter
wollten zusammen mit den Eidgenossen das Gotteshaus von
St. Blasien überfallen. Das Gerücht war ebenso unbegründet wie unsinnig. Aber es fand Glauben. Die Hintersassen des Gotteshauses taten sich zusammen und begehrten
Einlaß in das Kloster, um es zu schirmen. Der Abt
mußte sie aufnehmen, aber weit davon entfernt, sich dieses
Eifers erfreuen zu können, mußte er zusehen, wie sie sich
an dem Klostergut, wenn auch nur an dessen Kellern vergriffen. Ebenso, vielleicht nur ein wenig gewaltsamer,
ging es wenige Wochen darauf in der Abtei zu St. Trutpert
im Münstertale zu, wohin soeben der Aufruhr gedrungen
war.[2]) Die Ehrfurcht vor den Klöstern war sogar in

---

kommen, und erhoben dieselben Beschwerden wie früher die Stühlinger.
Elben 77. Zu St. Blasien vgl. Schreiber 122. In demselben Aktenstück einige Notizen über die Propaganda, die von Waldshut ausging.
Vgl. auch Schreiber 146, Nr. 110: Freiburg schreibt 12. Dezember an
einzelne Gemeinden, die, welche die neue Empörung verursachen, gäben
vor dem armen gemeinen Volke nichts anderes an, denn man solle
ihnen zu Recht helfen; ferner Schreiber 170, Nr. 135: in Heitersheim
haben sich einzelne Leute verständigt, daß sie einander zu Recht verhelfen wollten.

[1]) So soll im Hegau nach einem Schreiben Ferdinands vom
11. November 1525 der Pfarrer zu Hattingen „alles Übels Aufwiegler"
gewesen sein (Loserth 123; vgl. dazu Walchner und Bodent, Biographie
des Truchsessen Georg III. von Waldpurg, Konstanz 1832, IX).

[2]) Vgl. dazu Elben 132/3.

diesen Landstrichen im Schwinden. Erst infolge des
Widerstands, auf den die Bauern bei ihrem Vorhaben ge-
stoßen waren, war das religiöse Gefühl, das sie bisher geboten
hatte, an dem Gegenstande seiner Verehrung irre geworden.

Es hat wenig Wert für die Gesamtanschauung, dem
Auf und Ab der Unruhen und ihrer weiteren Ausdehnung
in diesen Gegenden bis ins Einzelne nachzugehen. Neue
Gesichtspunkte ergeben sich dabei nicht,[1]) und zudem kann
man wohl die Frage aufwerfen, ob das schwelende Feuer
jemals zur offenen verzehrenden Flamme geworden wäre,
wenn sich die Unruhen hätten auf den südlichen Schwarzwald beschränken lassen. Wenn auch bisher aus Gründen,
die wir gleich kennen lernen werden, die genügende Waffen-
macht zu ihrer Unterdrückung noch nicht zur Stelle war,
auf die Dauer sollte man meinen konnte es dem Hause
Habsburg daran nicht fehlen. Aber eben diese Beschränkung war unmöglich. Wie die Unruhen an dem Punkte
ausbrachen, wo sich die altgläubige Richtung, repräsentiert
in dem nächsten Anwärter auf den Kaiserthron, dem Evangelium am schroffsten widersetzte, während dieses zugleich
in nächster Nähe eine politisch aktive Kraft wie sonst
nirgends fand, so gaben sie den Gegnern der Habsburger
erwünschten Anlaß, die vielen Schwierigkeiten zu vermehren, die sie soeben zu überwinden hatten. Die Unruhen wurden von ihnen benutzt und ausgebeutet. Die
weitere Ausdehnung derselben, ihre Entwicklung zum
Bauernkriege ist nur im Zusammenhang mit der hohen
Politik der Zeit zu verstehen, von der nun ein Wort zu

---

[1]) Außerdem hat sich K. Hartfelder in seinem Werke: Zur Geschichte des Bauernkrieges in Südwestdeutschland (Stuttgart 1884)
dieser Aufgabe auf Grund von gedrucktem und ungedrucktem Material
unterzogen.

sagen ist. Es bedarf dabei nur einer kurzen Erinnerung.
Denn im Allgemeinen sind diese Dinge bereits bekannt.
Nur ihre Beziehungen zum Bauernkriege sind hier und da
noch mehr ans Licht zu stellen.

Im Jahre 1524 erfolgte der große Angriff der habsburgischen Macht auf das eigentlich französische Gebiet.
Nachdem Karl V. in den Vorjahren geglückt war, den Ansprüchen seines Hauses und seines Titels in Italien wieder
volle Geltung zu verschaffen, unternahm er jetzt den gut
vorbereiteten Versuch, mit Hilfe des mächtigsten Vasallen
seines Gegners die imperatorische Gewalt auch in Südfrankreich von neuem aufzurichten. Eben darauf hatte
auch Ferdinand bis in den September des Jahres sein
Augenmerk richten müssen. Wie bekannt, scheiterte das
Unternehmen am Widerstande von Marseille. Nicht nur
mußten Karls Truppen über die Alpen zurück, die Franzosen drängten nach. Ende Oktober konnten sie sogar
das feindliche Heer in Pavia einschließen. Sie schienen
Herren von ganz Italien. Das Waffenglück hatte sich
völlig gewandelt.

Das war ein Augenblick, wie ihn vor allen Ulrich
von Würtemberg schon lange erhofft hatte. Wenn je so
mußte jetzt gewagt werden, den Habsburgern die Beute des
Jahres 1519, sein angestammtes Land Würtemberg, wieder
abzujagen. Bereits im September 1524 kamen nach Wien
und Innsbruck täglich bedrohlicher klingende Nachrichten
von seinen Rüstungen, von den Vorbereitungen, die er an
der Schweizer Grenze, auf dem Hohentwiel traf. Vergeblich ließ Ferdinand die Eidgenossenschaft auffordern,
das nicht zu dulden. So gern die Majorität der Kantone
mit den Österreichern in der religiösen Frage zusammenzugehen bereit war, in dem großen Kampfe zwischen

Frankreich und Österreich, in dem diese Angelegenheit nur eine Episode war, waren zum mindesten die Sympathien auf Frankreichs Seite. Wenn auch die Gefahr für Vorderösterreich zunächst noch nicht sehr dringend war, da Ulrich erst in einigen Monaten hoffen konnte, zu jenem Zuge genügend Streitkräfte zusammenzuhaben, so mußte doch Ferdinand eben in Erwartung derselben sein Möglichstes tun, in seinen Landen wieder Ruhe zu schaffen. Jeder Weg mußte ihm recht sein, der ohne Blutvergießen zu diesem Ziele führen konnte. So ist zu erklären, daß sich in dem Moment, wo österreichische Truppen zum Angriff stark genug und vorbereitet waren,[1]) die Regierung geneigt zeigte, die Vermittlung der Stadt Überlingen anzunehmen und den Verträgen oder Anständen zuzustimmen, die diese mit ihren Untertanen bei Riedheim und Ewatingen zuwege brachte.

Aber wie noch nie Kompromisse Bestand gehabt haben, wenn der äußeren Form nicht die Gesinnung entsprach, so traten auch die Mißverständnisse, kaum daß sie beseitigt waren, in verschärfter Weise bei der Frage nach der Leistung der Frondienste und der Reichung der Zinsen und Gülten wieder hervor. Der Friede war nichts weniger als gesichert, und eben deshalb war für Ulrich reichlich Gelegenheit zum Eingreifen vorhanden. Die Radikaleren, an der Spitze Hans Müller von Bulgenbach und Cläwi Meyer von Griessen, der zu Thomas Münzer in Beziehungen stand, kamen ihm mit offenen Armen entgegen.

---

[1]) Nach Baumanns Ansicht (Eidgenossen 121) ist das Mißtrauen der österreichischen Regierung gegen die Schweizer, das 1524 nie beseitigt werden konnte, Schuld daran gewesen, daß ein Angriff auf die Bauern nicht erfolgte. Die Beweise für diese Behauptung fehlen bei ihm wie bei seinen Vorgängern. In der betr. Anmerkung sind sie nicht erbracht.

Ulrich, dessen Vergangenheit ihn nicht gerade als einen Bauernfreund erscheinen ließ, empfahl sich ihnen nicht nur als der geschworne Feind der Habsburger. Auch er war bereits dem evangelischen Glauben gewonnen. So wenig das sub specie aeterni gesehen für diesen Fall besagén mochte, diesen gewiß nicht klaren Köpfen war damit zweifelsohne eine weitere Garantie für das Bündnis gegeben, und Ulrich wußte diese Überzeugung auszunutzen. Wenn man sich seine Erfolge in den ersten Wochen auch nicht zu groß denken darf, vom November ab, als sich die Lage immer mehr verschärfte, werden weitere Kreise seinen Lockungen gefolgt sein. Versprach er doch außer Geld, aber eben erst jetzt,[1]) die Bauern aller Eigenschaft, Dienstbarkeit und Beschwerden gänzlich zu erlassen, die Klöster abzutun und mit ihren Einkünften den Staat zu verwalten.[2]) Welche Perspektiven nicht nur für die Würtemberger, die solcherlei von ihrem jetzigen Herren nimmermehr erwarten konnten, sondern auch für alle jene zahlreichen Hintersassen der Klöster in den eigentlich vorderösterreichischen Gebieten!

---

[1]) Nach einer Erzählung Wolf Dietrichs von Pfyrt, den Ulrich in Basel zu sich zur Tafel geladen hatte, wehrte sich Ulrich gegen die Meinung, daß er mit dem Bundschuh wieder in sein Land kommen wolle; „darinn geschehe im onrecht, dann wiewol er lyden möcht, wer ime zu sinem vatterland helpf durch stiffel oder schuch, verhoffe er doch mit mer eern darzu zu komen" (Bericht der Stuttgarter Regierung nach Ulm vom 9. November 1524 bei Lina Beger in ihren Studien zur Geschichte des Bauernkrieges [Forschungen zur deutschen Geschichte, Band XXI, 1881] 584). Vgl. auch das Werk von Heyd über Ulrich, Band II, 148—155.

[2]) Lina Beger a. a. O. 591 (Bericht Veit Sutors an das Regiment zu Stuttgart vom 3. Dezember über Ulrichs Verhandlungen in Zürich). Nach einem Schreiben Rudolfs von Ehingen nach Stuttgart vom 15. Dezember begehrte Ulrich in Schaffhausen „auch des göttlichen Rechten, wie die meineidigen Bauern" (H. Vochezer, Geschichte des fürstl. Hauses Waldburg in Schwaben II [Kempten 1900], 509).

Für Ferdinand war mit alledem eine Lage geschaffen, so ernst wie er sie bisher noch nicht kennen gelernt hatte. Es hieß für ihn jetzt sein Möglichstes nach jeder Richtung tun. Am wenigsten brauchte er sich um den Gang der Dinge auf dem italienischen Kriegsschauplatz zu sorgen. Ein Kampf gegen den Franzosen war seit Jahrzehnteh in Deutschland populär. Seine Bemühungen, gegen ihn Truppen aufzubringen, mußten also auf jeden Fall von Erfolg gekrönt sein. Natürlich benutzte er die Gelegenheit, möglichst viel von den unruhigen Elementen aus dem Süden Deutschlands hierfür zu werben, und daß ihm das in gewissem Umfang geglückt ist, steht außer allem Zweifel. Bei weitem seine größte Sorge mußte sein, in seinen vorderösterreichischen Landen wieder geordnete Verhältnisse herbeizuführen, und das war unendlich schwer. Bisher hatten ihn allerdings die Unruhen noch nicht direkt berührt. Noch hatten seine Immediatuntertanen nichts von solchen Forderungen verlauten lassen, wie die Hintersassen seines Adels nun schon seit über einem Vierteljahr vortrugen. Aber einmal war in jedem Augenblick zu gewärtigen, daß auch sie dem lockenden Rufe folgten, und dann war er den Herren zu Schutz und Schirm verpflichtet. Von Unterhandlungen mit den Bauern ließ sich nichts erwarten. Wenn seine und seiner Adligen Meinung dahin ging, in keinem Punkte nachzugeben, so hatten ihn die bisherigen Erfahrungen belehren können, daß die Bauern diese Meinung teilten. Weder Güte noch die Drohung mit Gewalt hatte sie vermocht in die früheren Zustände zurückzukehren. Im Gegenteil hatten sie immer neue Beschwerden angebracht, und ihre Zahl war fortgesetzt im Steigen. Aber dennoch, trotz dieser Erkenntnis der Dinge mußte sich Ferdinand vorerst doch noch auf neue Verhandlungen einlassen. Wir sehen die letzten Monate des Jahres damit erfüllt. Nicht der Erzherzog ergriff die Initiative; die Verantwortung für sie trug er also nicht. Aber er litt, daß die verschiedensten Parteien, das Reichsregiment, der Markgraf Ernst von Baden, seine vorderösterreichischen Stände und schweizerische wie deutsche Städte sich immer wieder an ihnen versuchten. Einen Erfolg hatten sie nicht; ein solcher wurde wohl auch von keiner Seite, am wenigsten der der Herren, ernstlich erwartet. Die Dinge standen also, da ein anderer Weg für Ferdinand bei seiner Gesinnung nicht mehr gangbar war, auf der Schneide des Schwerts. Der Erzherzog mußte dem Bunde Ulrichs mit den Bauern gegenüber die größten Anstrengungen machen, und er hat sie nicht gescheut, wie man wohl behauptet hat. Es lag nicht an ihm, wenn sie erst sehr spät zu greifbaren Ergebnissen führten.

Am sichersten konnte sich Ferdinand auf seine vorderösterreichischen Stände verlassen, namentlich auf den Adel und die Städte; die Prälaten mußten schon vorsichtiger sein. Zwischen ihnen und den drei Regierungen im Oberelsaß, in Vorderösterreich und in Württemberg wurde ein Verstand getroffen, der bezweckte, künftigen Empörungen vorzubeugen.[1]) Nur einige wenige schlossen sich davon aus, so der Hegauer Adel, der seine Häuser auch nicht für Tage von Knechten entblößen mochte.[2]) Wie die Zukunft zeigte, war damit ein wirksames Mittel gefunden, einzelne Bewegungen schon im Keime zu ersticken. Aber die bereits vorhandenen Haufen zu zerstreuen, dazu reichten diese ständischen Truppen um so weniger hin, als sie eine

---

[1]) Schreiber 110/1, Nr. 76. Vgl. dazu 120/1, Nr. 85; 127, Nr. 89; Baumann, Akten 29, Nr. 52.
[2]) Baumann, Akten 85; vgl. auch 89.

natürliche Scheu hatten, das Blut ihrer Nachbarn zu ver-
gießen. Ferdinand mußte also auch Fremde heranziehen.
Solche zu gewinnen, hat er nichts unversucht gelassen.
Aber eben hier lagen die Schwierigkeiten. Man hat diese
wohl auf finanziellem Gebiet gesucht. Jedoch zu Unrecht.
Denn sowohl die Stände, allen voran Freiburg i. Br., wie
die großen deutschen Banquiers streckten ihm Geld vor.[1]
Eben mit diesem werden die dänischen Knechte geworben
worden sein, die Ende Dezember 1524 allenthalben an-
rückten.[2] Die Schwierigkeiten lagen vielmehr auf dem
Felde der Politik. Zwar erboten sich württembergische
Truppen gegen Ulrich zu kämpfen. Denn nicht alle ehemaligen Untertanen des vertriebenen Herzogs durften seiner
Rückkehr mit Freuden entgegensehen.[3] Auch für den
Adel dieser Landstriche bot seine ganze Vergangenheit im
großen und ganzen Gewähr gegen jede Hinneigung zu
Ulrichs Partei. Aber sonst zeigte sich wenig Bereitwillig-
keit. Ferdinand hatte Hilfegesuche nach allen Seiten
gerichtet, doch nur ein einziger, sein nächster Nachbar in

---

[1] Selbstverständlich soll damit nicht geleugnet werden, daß für
Tage einmal Geld fehlte. Aber der Kredit Ferdinands war nie so ge-
sunken, wie Elben und vor ihm Baumgarten (in der Geschichte Karls V.)
es darstellten.

[2] Elben 151.

[3] Vgl. Strickler, Akten 824, Nr. 941. Die Württembergische Regierung setzte bei Ferdinand durch, daß dieser die Provisioner des
Herzogtums Württemberg nicht nach Italien aufbot, sondern, Ulrichs
wegen, im Lande ließ (J. Vochezer, Gesch. des fürstl. Hauses Waldburg
in Schwaben. II [Kempten 1900], 179). Nach Ulrich Arzt VI, 329, Nr. 56,
waren gegen Ulrich gerade die „vermügenlichst leut" bereit zu ziehen;
„die wollen als antzeigt wirdt, Ir leyb unnd gut darstreckenn, damit
der Hertzog nit in das lannd kom"; im ganzen waren im Februar 1525
4000 Württembergische Knechte gegen Ulrich aufgeboten. Vgl. auch
354, Nr. 106, wonach das Fußvolk der Landschaft bei Truchseß Georg
doch nicht soviel Vertrauen fand, daß er die Württembergischen Städte
damit besetzte.

Vorderösterreich, Ernst von Baden, war wie es scheint gesonnen ihm ohne weiteres zu entsprechen.[1]) Die übrigen lehnten allerdings nicht ab, aber sie machten ihre Leistung abhängig von dem, was der Schwäbische Bund tun würde. Nur wenn dieser Ferdinand nicht unterstützte, wollten sie ihm Truppen senden. Also auf den Schwäbischen Bund, auf seine Haltung kam alles an. Es ist notwendig hierbei einen Augenblick zu verweilen.

Wer die neuere deutsche Geschichte kennt, weiß wie oft Bayern und Österreich, die Wittelsbacher und die Habsburger sich gegenüberstanden, wie sie nie aufhörten, sich gegenseitig Schwierigkeiten zu bereiten. Sie folgten damit einer Tradition, die so alt ist wie die österreichische Geschichte. Es ist der Forschung nichts Neues, daß auch im Bauernkriege dieser Widerstreit hervortrat, aber es ist ihr bisher unbekannt geblieben, daß er schon in der Phase der Entstehung desselben bemerkbar ist, die wir gerade beobachten. Die Schuld daran trägt der Historiker, der uns die Publikation von Akten des Schwäbischen Bundes während dieser Zeit geliefert hat.[2]) Weiß man bereits seit einer Reihe von Jahren, daß sie sehr unzuverlässig gearbeitet

---

[1]) Vgl. das Schreiben Freiburgs an ihn vom 15. Dezember 1524 (Schreiber 154, Nr. 119).

[2]) Wilhelm Vogt, der die Korrespondenz des schwäbischen Bundeshauptmanns Ulrich Artzt von Augsburg in der Zeitschrift des historischen Vereins für Schwaben und Neuburg veröffentlichte: VI. Jahrgang (1879) 281—400, VII (1880) 121—260, IX (1882) 261—610. Vgl. die Besprechung dieser Publikation durch Druffel in den Göttingischen Gelehrten Anzeigen 1885 403—415. Ein wichtiges Aktenstück aus der betreffenden Augsburger Sammlung habe ich in der historischen Zeitschrift Band 91, 41/2 veröffentlichen können. Leider war mir bei einem kurzen Aufenthalt in Augsburg nicht möglich, alle Fehler, Auslassungen etc. etc. zu notieren. Am besten wäre ein Neudruck vieler nicht ganz aufgenommener und auch anderer Stücke, dem ein Abdruck der fortgelassenen anzuschließen wäre.

ist, so konnte man doch ohne Nachprüfung des archivalischen
Materials nicht ahnen, daß sie soviel Fehler und Lücken
oft an den wichtigsten Stellen enthält. — In dem Schwäbischen Bund waren Bayern und Österreich vereinigt. Als
Landfriedensbund gedacht und ursprünglich nur auf jene
schwäbischen Landstriche berechnet, die im ganzen deutschen
Vaterland die weitgehendste politische Zersplitterung auf-
wiesen, hatte er sich allmählich außer über die fränkischen
Gebiete auch über die der Wittelsbacher, Bayern und die
Pfalzen ausgedehnt. Seitdem die habsburgische Macht so
bedrohlich gewachsen war, war er für die Bayern das
eifersüchtig bewachte Instrument geworden, die Habsburger
wenigstens nicht im Westen an Kraft und Einfluß gewinnen
zu lassen. Jetzt, wo in Italien in Franz I. den Habsburgern
ein überaus gefährlicher Gegner gegenüberstand, wo Ulrich
rüstete und die Unruhen Ferdinand ebenso Sorge und
Kosten verursachten, war ein Augenblick da, ihn nicht nur
ihre Macht fühlen zu lassen, sondern ihn eventuell auch
für längere Dauer zu schädigen. Bei den übrigen Bundes-
mitgliedern durfte Leonhard von Eck bei dieser seiner
Politik wenn auch nicht auf dieselbe Antipathie gegen den
nirgends beliebten Ferdinand rechnen, so doch auf die nie
sehr große Neigung, ihre durch den Bund schon reichlich
in Anspruch genommenen Kräfte in Angelegenheiten der
hohen Politik verwendet zu sehen.

Jedoch, diese allgemeinen Bemerkungen genügen nicht,
das Verhalten des Bundes ganz verständlich zu machen.
Er sowohl wie Bayern hatten im Hinblick auf die Politik
im Jahre 1519 ein gegründetes Interesse Ulrich nicht wieder
in den Besitz seines Landes kommen zu lassen. Dem entsprach, daß bereits im August 1524 der Bund von sich aus,
unaufgefordert, soweit wir sehen, eine Mobilmachung im

Falle einer Erhebung Ulrichs für notwendig erklärt hatte.[1]) Es gilt also der Politik desselben im einzelnen nachzugehen.

Der Beschluß vom August hatte keine Folgen. Die Gefahr eines solchen Anfalls auf Württemberg trat zurück. Auch als Franz I. seinerseits zum Angriff auf seinen Gegner überging, schien sie zunächst nicht dringend, da die Vorbereitungen dazu noch weit im Rückstand waren. Immerhin war Anlaß genug, schon jetzt an ernstliche Maßnahmen zu denken und Kräfte bereitzustellen. Die Ereignisse im Februar 1525 beweisen, wie recht Ferdinand hatte, als er vom Ende September 1524 ab immer von neuem darauf drang. Aber der Bund versagte sich. Auf dem Bundestage, der zum 28. Oktober 1524 berufen wurde, erhielten zwar die drei gemeinen Hauptleute Vollmacht, im Fall der Not zusammen mit den sechs Räten den 3., 4. oder 5. Teil der Bundeshilfe einzufordern, aber erstens war der Fall der Not ein flüssiger Begriff, ein terminus, um so ärgerlicher für Ferdinand, als er um sofortige Hilfe „nach Vermögen der Bundeseinung" gebeten hatte, und sodann war die Hilfe, die hier beschlossen wurde, für einen anderen Zweck bestimmt, als ihn der Erzherzog gedacht hatte. Nach seinem Begehr hatte sie gegen Ulrich verwandt werden sollen und gegen die Untertanen, die sich diesem anschlossen.[2]) Schon während der Tagung selbst, die sich sehr lang hinzog,[3]) waren die

---

[1]) J. E. Jörg, Deutschland in der Revolutionsperiode von 1522—1526 (Freiburg 1851) 402/3; Elben 98, Anm. 2.

[2]) Vgl. K. Klüpfel, Urkunden zur Geschichte des schwäbischen Bundes, 2. Teil (Stuttgart 1853) 280; Baumann, Akten 13/14, Nr. 25; Elben 99/100.

[3]) Noch am 10. November meldete Ulrich Artzt, bisher sei nichts Fruchtbares ausgerichtet worden. Vogt Nr. 7. — Da aus dem Regest dieses Aktenstückes wie es bei Vogt vorliegt („des Hauptmanns halben hätten die Österreicher große Einsprache erhoben") nicht hervorgeht,

österreichischen Gesandten davon abgegangen, wahrscheinlich, weil sie merkten, daß mit dieser Instruktion nichts durchzusetzen sei. Sie heischten darauf die Hilfe gegen alle die Untertanen, die sich erhoben hatten; in ihrem Vortrage[1]) fehlt nicht der Hinweis, daß wenn dieser Aufruhr nicht gestraft werde andere ein böses Exempel daran hätten. Aber auch davon ist in dem Abschiede nicht die Rede, der vielmehr ganz allgemein von Maßnahmen gegen Empörungen spricht, die eintreten könnten. Statt sich mit dem konkreten Fall zu beschäftigen, der ernst genug war, hielt die Versammlung es für angemessener, die theoretische Frage zu erörtern, wer in jenem Falle den Hauptmann über die zusammentretenden Truppen stellen müsse, eine Frage, auf die die Antwort wenigstens den Österreichern selbstverständlich schien; die anderen gaben nach langen Erwägungen[2]) ihr Gutachten dahin ab, daß das Sache des anrufenden Standes sei. Das dilatorische Vorgehen des

---

um welche wichtigen Dinge es sich dabei handelte, sei hier ein genaueres Excerpt darüber gebracht. Es heißt nach jenem oben aus Vogt mitgeteilten Satze: „man geht um mit der eilenden Hilfe". Sie ist noch nicht beschlossen. Die österreichischen Räte waren ungehalten darüber, daß nicht mehr wie bisher der Hauptmann vom Hause Österreich gestellt werde. Es wurde ihnen darauf bedeutet, daß die „ylennde hilf Aussrhalb und neben der Aynung gestellt und die Aynung das nit Innhallten sey". Der Artikel in der Einung, wonach der Hauptmann von den Österreichern gestellt werden solle, solle unberührt bleiben. Eventuell wolle man das auf dem nächsten Bundestage austragen. Vgl. auch Druffel a. a. O. 404.

[1]) Bei Klüpfel II, 284—285. Wann dieser Vortrag stattfand, läßt sich nicht genau bestimmen. Wahrscheinlich erst nach dem 12. November. Vgl. das bei Elben 100 angeführte Schreiben von diesem Tage. Vgl. auch die Anm. 3 bei Elben.

[2]) Der Bundesabschied kann nicht am 28. Oktober (so Vogt und Elben 99—101) erfolgt sein, zu welchem Tage ja erst die Versammlung berufen war. Vgl. S. 37 Anm. 3. Wahrscheinlich ist er nicht viel vor dem 21. November zustande gekommen, worauf mir das von Vogt 8 mitgeteilte Ausschreiben von diesem Tage hinzudeuten scheint.

Bundes ist nicht zu verkennen. Man wollte Ferdinand
nicht helfen, man hoffte, daß seine Kräfte noch ganz anders
in Anspruch genommen würden; eine Unterstützung in
einem späteren Augenblick konnte so manchen Vorteil mit
sich bringen, wenn sie überhaupt notwendig wurde, — was
bei den Wechselfällen der Politik nicht abzusehen war.
So geschah es, daß bis in den Februar 1525 hinein das
Haus Österreich in der bedenklichsten Lage, in der es sich
seit langem befand, trotz aller Anmahnungen und dring-
lichen Vorstellungen keine Unterstützung erhielt. Wir
werden sehen, daß auch dann nicht die Bedrängnis, in die
Ferdinand der wirklich erfolgte Losbruch Ulrichs versetzte,
einen andern Entschluß diktierte. — Jörg hat einst sein Buch
über Deutschland in der Revolutionsperiode von 1522—1526
zu dem Nachweis geschrieben, daß Bayerns Haltung während
dieser kritischen Jahre Deutschlands Rettung im Bauernkriege gewesen sei. Man könnte fast das Gegenteil behaupten. Wenn der Schwäbische Bund, hinter dem Bayern
stand, in dieser Phase der Unruhen seine ganze Macht
gezeigt hätte, die Bauern in diesem oder jenem Territorium
hätten sich wohl gehütet sich zu erheben, und Deutschland
wäre vielleicht von den Greueln des Bauernkrieges verschont geblieben.[1]) —

---

[1]) In seiner Publikation hat Vogt unter Nr. 11 ein Schreiben Ulrich
Artzts an den Rat zu Augsburg mitgeteilt, datiert vom 1. Januar 1525,
wonach der Bund um die Jahreswende Ferdinand 3000 Knechte und
300 Pferde gegen seine Untertanen zur Verfügung gestellt hätte, womit
jedoch die österreichischen Räte nicht zufrieden gewesen seien. Da wie
leicht zu ersehen ist dieses Schreiben mit der im Text gegebenen Darstellung nicht zu vereinigen ist, seien hier die Gründe angeführt, die
mich zwingen, dasselbe zum 1. August 1525 zu verweisen (in dem
Original des Augsburger Stadtarchivs [Literalia 1524—1525] ist als
Datum genannt: Ulm, den Ersten Tag anni etc. 1525). 1. wird hier
von einem Aufstand im Sundgau und im Elsaß gesprochen. Daran war

Bei dieser Lage der Dinge — da Ferdinand und seine
Stände zwar alle Maßnahmen trafen die Bauern gewaltsam
zu unterdrücken, aber noch nicht stark genug waren, sich
daran schon wirklich zu versuchen, — kann nicht Wunder
nehmen, daß der Aufruhr immer weiter um sich griff. Aufgestanden in dem unklaren Gefühl, daß ihnen die neue
Lehre die Abstellung dieser oder jener Pflicht verheiße,
für die sie schon lange nach der Begründung suchten,
waren die Untertanen weder eines Besseren belehrt worden,
noch hatte man ihnen das geringste Entgegenkommen
bewiesen. Im Gegenteil fühlten sie bald einen Widerstand,
dessen Berechtigung ihnen zum mindesten zweifelhaft sein
mußte. So ward zur Propaganda Lust gemacht. Hatte

Ende 1524 noch kein Gedanke. 2. berichtet Artzt von dem Beschluß des
Bundes, zu Ulm und zu Kempten je 100 Pferde und ein Fähnlein
Knechte liegen und die Reisigen streifen zu lassen, wo die Bauern sich
rottieren wollten. Dieser Beschluß hatte Ende 1524 keinen Sinn. Weder an
diesem oder jenem Orte gab es bis dahin Anzeichen von Unruhen. Dagegen paßt er trefflich zu der Zeit nach dem Heereszuge des Bundes
gegen die Allgäuer Bauern im Juli 1525 und zu den Maßnahmen, die
der Bund überall nach Zersprengung der Haufen traf. 3. habe Jörg
Truchseß von Ferdinand Befehl erhalten, Stadt und Schloß Füssen im
Namen des Bundes besetzt zu halten. Wie kommt Ferdinand Ende 1524
in diese bischöflich augsburgische Stadt? Bekanntlich hat er sie erst
im Juni 1525 und zwar in seinem Namen besetzen lassen. Der Bund
und ebenso Bayern, die damals dagegen nichts tun konnten, legten
später Protest ein. Als das bündische Heer im Allgäu war und Ferdinand sich gegen den Aufruhr in den Vorderlanden die bündische Unterstützung sichern wollte, hat er, wie wir aus diesem Schreiben erfahren,
seinen Truppen in Füssen Befehl erteilen lassen, die Stadt fortan im
Namen des Bundes besetzt zu halten (W. Vogt, die bayrische Politik
im Bauernkrieg und der Kanzler Leonhard von Eck, das Haupt des
schwäbischen Bundes, (Nördlingen 1883), 266—271 weiß davon nichts).
Die Nachricht, daß Ferdinand die Bundeshilfe gegen seine vorderösterreichischen Untertanen damals angerufen habe, paßt sehr gut zu sonstigen
Meldungen von Rüstungen Ferdinands aus dem Ende Juli und Anfang
August 1525, die denselben Zweck hatten (vgl. Baumann, Akten 327,
Nr. 894; vgl. auch Nr. 896; Artzt Nr. 631, 644).

diese schon bisher gute Erfolge erzielt, mit denen im Winter von 1524 auf 1525 waren sie nicht zu vergleichen;[1]) die eigenen Gebiete des Hauses Österreich selbst wurden jetzt in Mitleidenschaft gezogen. Zugleich erhielt naturgemäß der Radikalismus unter den Aufständischen eine wachsende Zahl von Anhängern; der Geistlichen erschienen immer mehr in ihren Reihen. Und damit wiederum gewann das Prinzip an Bedeutung; der Gegensatz zwischen altem und neuem Glauben trat immer deutlicher hervor. Nur nebenbei mag dazu bemerkt werden, daß auch hieran die römische Kirche nicht ganz ohne Schuld war. Im Januar verbreitete sich das Gerücht von der Tatsache, daß der Papst den Kaiser in seiner Not verlassen und zur französischen Partei übergetreten sei.[2]) Man weiß, wie sich die Ideale der Nation in den ersten Jahren der Reformation vielfach aufs engste mit Luthers Gestalt verbanden. Jetzt glaubte wohl so mancher einfache Mann, an den Klöstern diesen Abfall rächen, das Fremde im heimischen Staat damit treffen zu sollen.

Zunächst jedoch, im Jahre 1524, äußerten sich solcherlei Regungen noch in bescheidenerer Form. Wir hören von Äußerungen des Übermuts, wie sie wohl nie bei undisziplinierten Massen fehlen, die sich plötzlich im Besitz der Macht wähnen, Äußerungen, die dann auf der Gegenseite besonders stark zu verletzen pflegen. Man möchte wohl wissen, was Ferdinand sagte, als sich sogar die Waldshuter zu dem trotzigen Hohn auf dem Rheinfeldener Tag (Anfang November) verstiegen, statt ihre Unterwerfung anzubieten vom Hause Österreich volle Entschädigung für die Kosten

---

[1]) Aus dieser Zeit stammen die ersten Korrespondenzen aus bäurischem Lager.
[2]) Elben 134, Anm. 3.

zu verlangen, die ihre Opposition bisher verursachte. Das
war jedoch alles! Obwohl wir über die Ereignisse des
November und Dezember 1524 sehr genaue Nachrichten
haben, ist uns nichts von irgendwelchem gewaltsamen Vorgehen der Bauern überliefert. Man müßte denn dahin
rechnen, daß sie nicht immer leiden mochten, wenn einzelne,
Bauern aber auch Gemeinden, sich ihrem Werben ver-
schlossen. Namentlich die Bauern in dem eigentlich österreichischen Gebiet scheinen soviel energischer gewesen zu
sein, als ihre Nachbarn, die hinter dem Adel saßen. Davon,
daß Klöster oder Schlösser angegriffen oder ausgebrannt
wurden, wie im Jahre 1525 in der Regel geschah, ist auch
nicht die geringste Andeutung vorhanden.

Schon solches Auftreten aber genügte, das Blut bei
den Herren und den Anhängern Ferdinands in Stadt und
Land in stärkere Wallung zu bringen. Es war nur eine
kleine Truppenmacht, die am 14. Dezember von Villingen
gegen den sogenannten „neuen Haufen" auszog. Da die
Herrenpartei damals überhaupt noch nicht über stärkere
Truppenkontingente verfügte, und da die Bauern, kaum daß
sie Männer in Waffen gegen sich ausziehen sahen, schon
Fersengeld gaben, so wäre es ein Gebot der Klugheit gewesen Blutvergießen zu vermeiden. Es kam trotzdem dazu;
zum ersten Mal mußten Bauern ihren Unverstand mit dem
Leben büßen. Wer weiß, was das bedeutet, der ahnt, wie
mit diesem Tage sich ein Abgrund zwischen beiden Parteien
auftat. Nun war vorderhand an eine Versöhnung nicht
mehr zu denken.

Bleiben wir einen Augenblick hierbei stehen, um zu
überlegen, mit welchen Kräften Ferdinand zu rechnen hatte,
um dem Aufruhr zu begegnen. Daß die materiellen noch
sehr schwach waren, war bereits zu erwähnen. Aber auch

die ideellen zeigten sich gerade in diesen Dezembertagen
über Erwarten geringfügig. Ferdinand durfte annehmen,
daß ihm wie der Adel so auch die von der Landschaft
gestellten Truppen Gefolgschaft leisten würden. Er hatte
sich darin sehr getäuscht. Es sollte ihm klar werden, daß
der Adel seine einzige sichere Stütze sei.[1]) Anfang Dezember hatten sich die Bauern um das Kloster St. Trutpert
im Münstertal erhoben. Von ihrem pietätlosen Schalten
daselbst war bereits die Rede. Sofort wurden gegen sie
Truppen gesandt, von der Regierung im Oberelsaß und von
den vorderösterreichischen Ständen; einzelne Adlige schlossen
sich an. Auch hier kam es sowenig wie bei Donaueschingen
zum Kampf; die Bauern flohen, kaum daß sie den Gegner
sahen (17. Dezember). Aber trotzdem nahmen die Adligen
nicht die Verfolgung auf. Denn ein Schauspiel bot sich
ihnen plötzlich, wert nachdenklichster Überlegung. Schon
unterwegs waren, so wird uns berichtet,[2]) unter dem Fußvolk der Landschaft allerlei unnütze Reden laut geworden,
daß sie gegen die Bauern nicht ziehen wollten. Als sie
nun in das Kloster kamen, da haben sie „über alles Verbieten bei Ehr und Aid und daß sie solchs davor geschworen
haben, so übel gehandelt, daß es zu erbarmen, alles das,
so die Bauern übrig gelassen und nit genommen, verherget
und verwüstet, viel guten Weins, so sie nit trinken mögen,
ausgelassen, die Gemächer und Trogen aufgestoßen, zerschlagen, was sie darin gefunden, genommen, gute Faß und
Tugen, daraus neue Faß gemacht werden sollen, auch
Wägen und Karren verbrannt und ihnen mit Angst und
Not abwehren lassen, daß sie nit das Sakrament hinaus,

---

[1]) Vgl. hierzu auch die Daten bei Vochezer 182 f. nach Stuttgarter
Archivalien.
[2]) Elben 136.

desgleichen die Sacristei nit aufgebrochen und die Kirche
an ihrer Gotzzierde auch nit beraubt, sich auch etliche aus
ihnen hören lassen, was das seie, sie schlagen denn die
München und Pfaffen zu Tod, und nehmen ihnen das Ihre,
und warum (= wofern) die armen Leut (= die abgefallenen
Bauern) zu ihnen, da sie aus den Ämtern und Landschaften
gesessen seien, schicken und sie um Hilf anrufen, so wollten
sie ihnen zu Recht verhelfen und nit wider sie handeln". —
Die Truppen waren ausgezogen, Untertanen zu strafen, die
an dem alten Glauben nicht mehr nach Gebühr festhielten.
Jetzt trat zu Tage, daß die breitesten Schichten auch in
ihnen bereits von dem neuen Gifte infiziert waren. Bei
solcher Stimmung war auf das Fußvolk der Landschaften
weiter kein Verlaß. Die Kräfte des Widerstandes, die eben
noch ausreichend zu sein schienen, waren zum Teil illusorisch.
Die Folge mußte sein, daß nun in erhöhtem Maße adlige
Kreise und fremde Kräfte zur Unterstützung herangezogen
wurden. Es wäre denkbar, daß die verschiedenen Auf-
forderungen an den Schwäbischen Bund um die eilende
Hilfe, von denen wir in diesen Wochen hören,[1]) nicht durch
das Mißtrauen gegen jene Fußtruppen sondern durch die
Lage im allgemeinen veranlaßt waren. Und ebenso mag
es sich mit den Gesuchen Ferdinands an adlige Vertrauens-
männer im Allgäu, an der Donau, am Neckar, in Württemberg,

---

[1]) Das erste Schreiben des Hofrats zu Innsbruck an die drei Hauptleute des Schwäbischen Bundes, das von einer Unterstützung seitens
des Bundes spricht, ist vom 13. Dezember datiert; hier ist aber die
Unterstützung nur für den Fall in Aussicht genommen, daß die gütlichen Verhandlungen in Stockach kein Resultat hätten. Erst am
17. Dezember wird dann ein daraufzielendes Gesuch den Hauptleuten
vorgetragen, mit Hinweis darauf, daß jetzt der auf der letzten Bundesversammlung zu Ulm vorgesehene Fall eingetreten sei. Vgl. die von
Karl Hartfelder herausgegebenen Akten zur Geschichte des Bauernkriegs
in Süddeutschland (Oberrheinische Zeitschrift, Band 39 [1885]) 410, 411.

ja sogar im Burgau verhalten, alle Grafen, Herren, Ritterschaft und Adel dieser Landstriche zusammenzurufen und
mit ihnen die geeigneten Maßregeln gegen diesen Aufruhr
zu beraten.[1]) Die Folge war eben die, die durch die Entwicklung der Dinge gegeben war: seit dieser Zeit bestand
das Hauptkontingent der Streitkräfte, die gegen Ulrich
wie gegen die Bauern vorhanden waren, aus dem Adel und
seinem Anhang. Dieser hatte die Kämpfe der nächsten
Monate im wesentlichen allein durchzufechten.

So war der Gegensatz hergestellt, der der ganzen bisherigen Entwicklung Deutschlands entsprach, und der dem
Bauernkrieg — denn ein solcher fing jetzt an — sein Gepräge
nicht weniger geben sollte als der Gegensatz der Bauern
gegen die Klöster. Man darf es als historische Notwendigkeit bezeichnen, daß in dem Augenblicke, wo Leute unter
dem Eindruck einer neuen Lehre, die für das ganze staat-
liche Leben eine neue sittliche Grundlage schaffen wollte,
sich gegen gewisse Pflichten auflehnten, die ihnen seit
unvordenklichen Zeiten oblagen, daß in diesem Augenblick
sich eben die Elemente zum Widerstand zusammenschlossen,
die an dem bestehenden Zustand am meisten interessiert
waren; das sind die weltlichen und geistlichen Fürsten
mit dem hohen und niederen Adel, dessen Stellung eben
in dem geistlich-weltlichen Charakter des alten Reichs begründet war. Es hat ferner, in dem größten Zusammenhang
betrachtet, seinen guten Sinn, daß dieser Zusammenstoß
gerade dort erfolgte, wo der bei seiner Jugendlichkeit

---

[1]) Die Aufforderung (Baumann, Akten 32, Nr. 55) ist vom 22. Dezember 1524 datiert; das Schreiben der Ensisheimer Regierung an
Ferdinand über die Ereignisse bei St. Trutpert trägt das Datum 27. Dezember, berichtet aber über Dinge, die vor dem 17. Dezember lagen,
so daß also Ferdinand sehr gut schon früher darüber unterrichtet sein
konnte.

temperamentvollste Vertreter des alten Zustandes[1]) regierte, in dem südwestlichen Deutschland, das wegen seiner Lage im Gemenge nicht ebensogut gegen den Einfluß einer neuen Lehre abgesperrt werden konnte, wie jede andere seiner Provinzen.

Noch war der Gegensatz, so prinzipiell er hier und da schon aufgefaßt wurde, nicht prinzipiell gestellt. Die große Masse der Bauern ahnte noch immer nichts davon, daß man ihr Vorhaben mit der neuen Lehre in Zusammenhang brachte. Wir dürfen wohl glauben, daß sie vor Wilhelm von Fürstenberg eine solche Verbindung ableugneten, als er im Namen des Schwäbischen Bundes zu ihnen sprach.[2]) Aber darum ist nicht minder wahr, daß Männer wie Hans Müller von Bulgenbach und Cläwi Meyer von Griessen, denen gewiß noch eine ganze Reihe zuzuzählen wäre, wenn man nur genauere Daten von ihnen hätte, von der Reformation irgendwie berührt waren, mag sie ihnen nun durch Luthers oder — wahrscheinlicher — Zwinglis oder anderer Reformatoren Schriften oder mündlich durch Hubmaier, Münzer oder solche Leute bekannt geworden sein. Eben ihre und ihrer Gesinnungsgenossen Aufgabe ward, diesem Gegensatz in der Folge den richtigen Ausdruck zu geben.

---

[1]) So darf man wohl sagen trotz W. Friedensburg, der Reichstag zu Speier 1526 (Berlin 1887) 20, der Ferdinands Stellungnahme zu Gunsten des alten Glaubens mit seiner Absicht in Zusammenhang bringt, die römische Königskrone zu erwerben.

[2]) Davon berichten Gnodalius (bei Schardius redivivus II. [Gießen 1673] 132) und Bucer (bei Stern, Über die 12 Artikel etc. 102).

Drittes Kapitel.

Die Entwicklung der Unruhen zum Bauernkriege. Die Ausdehnung des Aufstandes über ganz Schwaben. Die Bauern und der Adel.

Die ersten Monate, ja das ganze erste Vierteljahr des Jahres 1525 tragen entsprechend dem Charakter der Jahreszeit die Signatur der Vorbereitung auf die Entscheidung. Jeder wußte, was er vom andern zu erwarten hatte; eben darum sahen sich die Gegner in der Zwangslage, alle ihre Kräfte zu sammeln. Die Gegensätze treten wieder damit immer deutlicher hervor; bald verschwindet auch die letzte Rücksicht, sie zu verschleiern. Beobachten wir also die einzelnen Parteien in ihrem Treiben während dieser Monate, so werden uns nicht nur die Ideen immer klarer werden, die in ihnen lebten und die Gegensätze verschärften; es wird sich uns auch von hier aus ein Ausblick auf die dann kommende Zeit eröffnen, der ein näheres Eingehen auf dasselbe, auf das Tohuwabohu, was in ihr herrschte, unnötig erscheinen läßt.

Die ersten Wochen des neuen Jahres waren z. T. noch erfüllt mit den Verhandlungen, die im vergangenen verabredet waren. In Stockach, in Radolfzell, dann wieder in Stockach und in Konstanz trafen sich die Parteien. Noch

einmal wurde versucht, die Bauern der verschiedenen Herren
und Waldshut zur Änderung ihres Verhaltens zu veranlassen.
Aber waren bisher schon alle Verhandlungen vergeblich
gewesen, so waren sie es erst recht jetzt, da zu den Worten
der Herren die Taten noch weniger wie früher stimmen
wollten. Im Gegenteil mögen sie die Erbitterung noch ver-
mehrt haben. Denn nur allzudeutlich war, daß die Herren,
natürlich mit Ausnahmen, damit nur Zeit gewinnen wollten.

In der Tat ging dahin die Absicht auf dieser Seite.
Denn wenn auch die Rüstungen schon weit genug ge-
diehen waren, eben jetzt spekulierte man mit gegründeter
Hoffnung auf Erfolg auf die Mittel des Schwäbischen
Bundes. Es ist interessant, aus den Korrespondenzen der
Österreicher mit dem Bunde[1]) während dieser Wochen zu
ersehen, wie sehr jenen daran lag, den Fall der Not zu
erweisen, für den ja in dem letzten Bundesabschied die
Hilfe allein zugesagt war. Denn das war das Neue bei
dem Gesuch der vorderösterreichischen Regierung zu Ensis-
heim — nur diese oder die Stockacher Kommissare im
Verein mit dem Innsbrucker Hofrat und Ferdinand waren
beteiligt, nicht auch die österreichische Regierung zu Stuttgart[2]) —, daß sie die Hilfe jetzt nur noch gegen die Bauern
begehrte. Von Ulrich verlautete vorläufig kein Wort und
zwar, wie wir hinzufügen können, nur deshalb nicht, weil
der Bund Ferdinand in dieser größten Krise auch jetzt
noch nicht beispringen wollte. Im Dezember 1524 bemühte
sich Wilhelm Truchseß, der österreichische Statthalter in

---

[1]) Diese namentlich in der Oberrheinischen Zeitschrift, Band 39
a. a. O. Vgl. auch S. 44, Anm. 1.

[2]) Vgl. Vochezer 183 (Schreiben der Württembergischen Regierung
vom 28. Dezember 1524 nach Stockach). Hier auch die Belege für das
Folgende.

Württemberg, persönlich in Ulm um die eilende Hilfe; er hatte das Vertrauen zur Sache, das Gesuch wieder mit Ulrichs Rüstungen und der Empörung des gemeinen Mannes zu begründen. Der Bundeshauptmann Wilhelm Gyß von Gyssenberg gab ihm darauf den Wink, daß, wenn die österreichischen Botschafter am 5. Januar auf dem Ulmer Tage, zu dem er seine beiden Kollegen und die sechs Räte zu berufen versprach, keine anderen Gründe vorbringen würden, sie wohl ohne die eilende Hilfe würden heimkehren müssen. So war noch jetzt der Bund gesonnen. Auch im Januar war bei ihm nicht mehr durchzusetzen, als daß der Termin für den nächsten Bundestag früher als vorgesehen anberaumt wurde[1]); nur der Befehl wurde den Ausschreiben noch hinzugefügt, daß die Bundesstände sich mit der Hilfe bereit halten sollten, so daß sie auf weiteres Erfordern sofort anziehen könne.

Es ist sehr bemerkenswert und für das Verhältnis zwischen Ferdinand und dem Bunde bezeichnend, daß Ferdinand, sobald er auch nur soviel erreicht hatte, die Truppen, die ihm zu Gebote standen[2]), bis auf eine kleine

---

[1]) Übrigens kam der Bund Ferdinands Wunsch, den Bundestag nach Überlingen auszuschreiben, nicht nach. (Beschluß vom Samstag nach dem heiligen Dreikönigstag im Augsburger Stadtarchiv.)

[2]) „Bis in die 500 Pferde, 1000 dänemärkische und in 500 oder 600 Landsknechte". So ist wohl der Passus in der Instruktion Veit Sutors für die Kommissare in Stockach zu verstehen (gedruckt bei Walchner und Bodent, Biographie des Truchsessen Georg III., 229 und bei Bensen, Geschichte des Bauernkrieges in Ostfranken. Erlangen 1840, 559; vgl. dazu auch Elben 151). Die Instruktion muß, wie aus Baumann Akten 51, Nr. 61 und 85, Nr. 63 hervorgeht (vgl. auch 89, Nr. 69), vom 9. Januar stammen. Am 8. Januar wußte Ferdinand noch nicht, wie viel Pferde ihm der von Geroldseck zusenden werde, am 10. Januar beruft er sich inbetreff des Verhaltens den Bauern gegenüber auf ein den Kommissaren inzwischen zugegangenes Schreiben, welches bei Baumann nicht erhalten ist und nach der Ankündigung Veit Sutors,

Schar von Reisigen aus diesen Landstrichen entfernte; wahrscheinlich fanden sie in Italien Verwendung. Als Grund
dafür gab er „vielerlei Ursachen" an, ohne sie im einzelnen
zu nennen. Ferdinand rechnete wohl vornehmlich mit der
Winterszeit, die größere Bauernversammlungen zu verbieten
schien. Gegen die einzelnen Aufrührer meinte er jetzt mit
weniger kostspieligen Mitteln vorgehen zu können. Es ist
nicht nötig darzulegen, wie sich Ferdinand die neue Aktion
gegen die Bauern dachte. Sie blieb auf dem Papier, vor
allem wohl infolge des passiven Widerstandes der damit
beauftragten österreichischen Kommissare, die aus der Nähe
besser erkannten als ihr ferner Herr, wie gefährlich, im
Hinblick auf Ulrich von Württemberg, solch' stürmisches
Tempo war. Sodann aber auch, weil mit dem plötzlichen
Eingreifen Ulrichs die Sachlage ein anderes Gesicht bekam.[1]
Es genügt hier die Bemerkung, daß Ferdinands Plan an
Grausamkeit kaum seines gleichen finden kann. Man muß
annehmen, daß, wenn er zur Ausführung gelangt wäre, die
Unruhen sofort einen anderen Charakter erhalten hätten,
einen Charakter nach der Art der Weinsberger Bluttat an
Ludwig von Helfenstein und Genossen.

Natürlich war Ferdinand genötigt, jene abziehenden
Truppen in gewisser Stärke zu ersetzen. Das verlangte
schon die Rücksicht auf den Bund, dessen Willfährigkeit

---

die Ferdinand am 8. erließ, diese Instruktion sein wird, und in dem er
von den 300 Pferden Geroldsecks Mitteilung macht (vgl. auch Elben
a. a. O., Vochezer 499 f.).

[1] Ferdinands Aktionsplan ist niedergelegt hauptsächlich in Veit
Sutors Instruktion vom 9. Januar 1525 (vgl. vorige Anm.). Deklaration
derselben 10. Januar (Baumann, Akten 85, Nr. 63), 21. Januar (ebenda 89,
Nr. 69). 28. Januar Befehl, vorderhand stillezustehen (ebenda 94, Nr. 76).
Vgl. dazu auch Schreiber 1525, 3, Nr. 143, Vochezer 500 (aus dem
Wolfegger Archiv).

in dem Maße geringer werden mußte, als seine Kriegs-
bereitschaft den Ernst vermissen ließ. Die kleine Zahl von
gegen 300 Reisigen, die Herr von Geroldseck ihm geworben
hatte, konnte nicht genügen, ebensowenig das Angebot der
Städte, im Falle der Not sofort Hilfe zu bringen. Wie der
Adel, von dessen Verhalten wir leider sehr wenig Nachrichten besitzen,[1]) so waren auch die Bürger im allgemeinen abgeneigt, für längere Zeit Haus und Hof zu verlassen; nur Freiburg tat, soweit wir sehen, ein Übriges,
indem es in einzelne Städte Besatzungen abordnete.[2]) Da
war es denn für Ferdinand von größtem Werte, daß ihm
die Städte auf dem Freiburger Landtage vom Januar 1525
sofort[3]) ein Ehr- und Hilfgeld (auch Schatzgeld genannt)
zur Bekämpfung des Aufstandes bewilligten, und daß sie
ferner versprachen, zur Rettung und Beschirmung Württembergs gegen Ulrich 1000 Knechte zu stellen.

Soviel war erreicht, aber noch war alles in weitem
Felde, als plötzlich die beunruhigendsten Nachrichten über
Ulrich einliefen. Georg Truchseß, der erste österreichische
Kommissar, zog Truppen von allen Seiten heran und besetzte die gefährdetsten und wichtigsten Orte, soweit sie
noch nicht genügend besetzt waren. Doch war, was er
hatte, noch lange nicht ausreichend.[4]) Vom 30. Januar
sind uns zwei Schreiben aus Innsbruck erhalten, eins von
Ferdinand und eins vom Hofrat,[5]) gerichtet an die drei

---

1) Vgl. S. 33, Anm. 2.
2) Hartfelder, Zur Gesch. des Bauernkrieges, 305.
3) Vgl. dazu jedoch Baumann, Akten 103, Nr. 90.
4) Stälin, Gesch. Württembergs IV, 264, behauptet, Truchseß Georg
habe bei dem Anzuge Ulrichs (Ende Februar) 3—400 Reisige und
700 Knechte zur Verfügung gehabt, ehe das schwäbische Bundesheer
bei ihm eintraf. Vgl. auch Walchner und Bodent 249/50.
5) Das Schreiben Ferdinands bei Arzt IV, 299, Nr. 19, von Vogt

Bundeshauptleute, in denen sich die ganze Sorge vor der neuen großen Gefahr frei und sicherlich so wie sie empfunden war, äußerte. Es handelte sich um die tatkräftige Unterstützung der Bauern durch Ulrich. Das Bündnis zwischen beiden Faktoren, lange vorbereitet, war jetzt perfekt geworden.

Seit dem Ende des Jahres 1524 hatten die Bauern nicht mehr zweifeln können, daß sie mit ihren Forderungen bei Ferdinand nur Widerstand bis aufs äußerste zu erwarten hatten. Hatte er den Zwiespalt, der ja zunächst nur zwischen seinen Schutzverwandten und dessen Hintersassen hervorgetreten war, sofort in seiner ganzen prinzipiellen Tragweite gefaßt, so war jeder Gedanke an Entgegenkommen bei ihm ausgeschlossen, seitdem er sich auch auf seinem eigenen Gebiet in seinen Rechten beschränkt sah. Ferdinand zeigte das durch sein Verhalten jedermann deutlich genug. Zwar ließen sich die Bauern noch im Januar auf die früher verabredeten Verhandlungen ein. Ob aber ihre Absicht dabei eine andere war, wie die ihrer Gegner, wird sich bezweifeln lassen. Daß sie sogleich nach ihrem Abbruch kriegsbereit waren, ist eine starke Instanz dagegen.

sehr schlecht mitgeteilt, insofern es (nach dem Regest) an die Bundesräte gerichtet ist, und die Unruhe, in der das Schreiben diktiert ist, kaum zum Ausdruck kommt (im Original heißt es: cito cito cito. Allergrößte Eile sei notwendig. Den Beschluß, den sie fassen würden, sollten sie an Georg Truchseß und die anderen Kommissäre „von stundan, eilends, bei Tag und Nacht und eigner Post" nach Stockach gelangen lassen). Das Schreiben des Hofrats in der Oberrheinischen Zeitschrift XXXIX, 412/3. — Zu derselben Zeit befahl Ferdinand, aus Rücksicht auf den Bund, nichts gegen Ulrich und seine Anhänger zu unternehmen und bis nach Bewilligung der Hilfe mit jeder tätlichen Handlung stillezustehen (Baumann, Akten 96, Nr. 80; vgl. dazu ebenda 101, Nr. 88 102, Nr. 89; vgl. auch Walchner und Bodent 249, Oberrh. Zeitschrift XXXIX, 412, 419).

Es ist der Beobachtung wohl wert, wie sich auch im neuen Jahre die Gegensätze, deren Herausbildung wir bemerkten, weiter und weiter vertieften. In einem Schreiben vom 16. Januar klagte der Pfarrer Manner in Löffingen dem Fürstenberger Oberamtmann seine Not:[1]) wie ihm seine Pfarrkinder um einiger Worte willen, derentwegen er sich vor jedermann zu Recht erboten, den Tod gedroht, wie sie nach einer Predigt am 6. Januar darauf getrunken hätten. Weiter hätten sie sich vernehmen lassen, daß sie nicht mehr beichten und auch kein Beichtgeld mehr geben, daß sie die Herren mit dem Kirchengut bekriegen und die Kaplaneien verzechen wollten. Ja sie sperrten ihm sogar seine Einkünfte, wie ihm denn der Bachheimer Vogt keinen Heuzehnten mehr gebe, mit der Bemerkung, er sei den nicht schuldig. Man wolle überhaupt von dem kleinen Zehnten nichts mehr wissen. Ende des Monats beschwerte sich der Abt von St. Blasien bei Zürich, daß ihm die Gemeinde Grießen im Kletgau eben diese Abgabe verweigere.[2]) Als dann Zürich der Gemeinde den Wunsch aussprach, daß sie den Abt „unklagbar mache", berief sich diese darauf, daß er sich gegen ihr Begehr nach einem Prediger gesträubt habe, der ihnen das Gotteswort pur, klar und lauter verkünde. Zum ersten Mal wurden also derartige Forderungen von den Bauern verlautbart. Wenn sie auch in der Literatur schon früher zu bemerken sind, die österreichischen Untertanen resp. Schutzverwandten hatten ihnen Ausdruck zu geben bisher nicht wagen dürfen. Daß es jetzt geschah, ist für die Stimmung unter ihnen bezeichnend.

Aus eben diesen Wochen haben wir die erste Kunde von kriegerischen Taten der Bauern, oder doch von solchen,

---

[1]) Baumann, Akten 87/8, Nr. 67.
[2]) Vgl. Schreiber 1525, 5/6, Nr. 145/6.

die sich als Vorbereitungen dazu erweisen. Als Georg-
Truchseß die zur Unterhandlung mit Waldshut abgeordneten Gesandten des Schwäbischen Bundes am 10. Januar
nach Schaffhausen geleitet hatte und von hier am nächsten
Tage auf das Schloß Küssenberg im Kletgau reiten wollte,
das Ferdinands Statthalter Rudolf von Sulz gehörte, fand
er den Weg dorthin durch einen Bauernhaufen von gegen
500 Mann versperrt; ja man sprach sogar von einer Be-
lagerung des Schlosses.[1]) Weiter verlangten jetzt die Hintersassen des Abts von St. Blasien, daß sich das Kloster in
ihren Schutz und Schirm begebe.[2]) Wenn Ferdinand das
so verstand, daß das Kloster alle ihre Beschwerden teilen
solle, so mag diese Vermutung ebenso richtig sein, wie die
Annahme, daß sich die Bauern damit das Recht auf einen
freien Zutritt zu jeder Zeit, folglich einen militärischen
und ökonomischen Stützpunkt verschaffen wollten. Denn
hierauf mußte ihre Absicht inbetracht der Winterszeit wohl
gehen. So vernehmen wir denn auch aus diesen selben
Tagen, daß die Bauern ihre fahrende Habe und ihre Lebens-
mittel in die verschiedensten Städte flüchteten,[3]) daß sie
sich einiger zu bemächtigen suchten.[4]) Nachdem die Verhandlungen vor dem Stockacher freien Landgericht mit der
Abweisung aller bäurischen Forderungen geendet hatten,[5])

---

[1]) Vochezer 500/1 (Berichte Wolf Dietrich von Homburgs nach
Stuttgart), Baumann, Akten 88, Nr. 69 (Berichte von Georg Truchseß).

[2]) Baumann, Akten 93, Nr. 76. Vgl. dazu die übertreibende
Instruktion der österreichischen Bundestagsgesandten vom 1. Februar
in der Oberrheinischen Zeitschrift XXXIX, 414.

[3]) Vochezer 503/4. Vgl. auch Walchner und Bodent 247.

[4]) Engens, wo ihnen manche Kreise geneigt waren, und Hüfingens.

[5]) Nach der Auslegung, wenn auch nicht der bäurischen Abgesandten, so doch der Bauern selbst. Jene fühlten sich nach ihrer
Rückkehr kaum mehr ihres Lebens sicher, so daß sie nach Konstanz
zu den dort tagenden Kommissären flüchteten. Vochezer 503.

rüsteten sich, wie weiter berichtet wird, „die Bauern ge-
meiniglich im Hegau zu einem Krieg und gruben sich
in Hilzingen ein".[1]) Am 28. Januar meldete Villingen
nach Freiburg, daß die Bauern im alten und neuen Haufen,
also die Stühlinger uñd Fürstenberger Kriegsanstalten
träfen und „ihre heimliche Praktik und Verstand stets ohne
Unterlaß zueinander schickten und dabei so schmähliche
Worte gebrauchten, daß sie Sorge hätten, eine Botschaft
fortzusenden". Am 29. zogen die Bauern aus dem Kletgau
mit einem blauweißen Fähnlein gen Waldshut.[2]) Also überall,
wohin man auch blickt, Vorbereitung zum Kampf! Die
Winterszeit hatte dem Aufstand nicht nur keinen Einhalt
geboten, sondern ihn erst recht zur Entfaltung kommen lassen.

Und trotzdem vernehmen wir vor wie nach Stimmen
der Verzagtheit. Ja die Stockacher Kommissare konnten
melden, daß die Bauern ob der österreichischen Rüstung
nicht wenig entsetzt seien, andere, daß sie gern sich auf
Verträge einlassen würden, um in der Heimat wieder bei
Weib und Kind leben zu können.[3]) Es ist sicher, daß,

---

[1]) Vgl. dazu auch Baumann, Akten 100, Nr. 88.

[2]) Walchner und Bodent 249. Vgl. auch Schreiber 1525, 9.

[3]) Vochezer 501. Derlei Nachrichten betreffen vornehmlich die
Hegauer Bauern, die mit Ulrich nicht im Bunde waren. Nach einer
„neuen Zeitung" vom 17. Februar (Augsburger Stadtarchiv) riefen diese
„Fründ und mag" an, daß man ihnen zu einem Berichte verhelfe. —
Hier darf wohl ein Hinweis auf das Verhalten Waldshuts in diesen
Wochen Platz finden. Auf dem Konstanzer Tag vom 23. Januar
forderten seine Gesandten als Schadensersatz 12000 fl., während sie
auf dem Rheinfeldener Tag im Jahre 1524 wie erinnerlich den Schaden
auf nur 6000 fl. berechnet hatten (Vochezer 503). Am 7. Februar berichteten Schultheiß und Rat von Waldshut an den Bund, daß sie
durch Verfolgung ihrer Lehre schon einen Schaden von mindestens
6000 fl. erlitten hätten, allein das wollten sie um des Gottes Wortes
willen gern erdulden, wenn ihnen die Predigt gestattet würde (Artzt
VI 301, Nr. 24).

wenn die Mehrzahl der Bauern Vorkehrungen traf, die mit
ihrer Stimmung nicht recht im Einklang waren, hinter ihr,
abgesehen von der kleinen Zahl der Radikalen, andere
Kräfte standen, auf deren Hilfe sie bei ihrem Unternehmen,
bei dem Widerstand gegen das˙ gewalttätige Vorgehen
ihrer Obrigkeit vertrauten. Wie schon anzumerken war,
schloß in diesen Wochen Ulrich seinen Bund mit den
Bauern ab.

Am 27. Januar berichteten die Kommissare aus Stockach,[1])
daß ihm von der Gebaursame auf dem Walde und im Kletgau Hilfe zugesagt sei. Auch die im Hegau habe vier zu
ihm gen Schaffhausen verordnet, ohne daß man jedoch bisher etwas von ihren Verhandlungen wisse. Ferner sei eine
Person aus dem Württembergischen bettlersweis mit Schriften
zu dem Herzog gekommen und habe sich vernehmen lassen,
daß seine Praktik und Handlung im Lande Württemberg
auf guten Wegen sei. Ulrich hatte also nicht gefeiert,
und die Bauern mußten ihm in ihrer Not um so lieber
entgegenkommen, als er über einiges Geschütz verfügte
und sich Schweizer, namentlich aus Basel, aber auch aus
andern evangelischen Kantonen von ihm zahlreich hatten
werben lassen. In der Folge finden wir häufiger˙ auf bäu-
rischer Seite diese Schweizer erwähnt. Wie die Bauern
schon zuvor gern mit einer Unterstützung ihres Vorhabens
durch die Schweizer Furcht zu erwecken versucht hatten,[2])
so können wir aus jener Tatsache entnehmen, daß die

---

[1]) Baumann, Akten 92, Nr. 75. Artzt VI 299, Nr. 18. — Zu dem
Bericht Ferdinands an die drei Bundeshauptleute (Artzt Nr. 17) ist
eine Angabe des Bundes hier nachzutragen, wonach „durch ihre Redel-
fürer den Bauern in der Aufwiegelung sei angezeigt worden, wie sie
mit Geschütz und Leut große Hilfe wissen".
[2]) Z. B. im Dezember. Vgl. Elben 131.

Bauern die Hoffnung auf die nicht nur militärische Hilfe von dieser Seite zum Anschluß an Ulrich nicht unwesentlich bestimmt hat.[1]) Hatte doch auch grade in diesen Tagen Waldshut von Zürich, Basel und Schaffhausen das Versprechen erhalten, für den Fall, daß Ferdinand die Stadt nicht bei ihrem Glauben lasse, sie zu Recht handhaben zu wollen.[2]) Seitdem die katholischen Kantone in Italien in den ernstesten Kampf gegen Habsburg verwickelt waren, hatten die Anhänger des Evangeliums in der Schweiz wieder einen freieren Stand. Ein Bündnis auf evangelischer Grundlage schien also jetzt hergestellt. Alle Gegner Österreichs in diesen Landstrichen hatten sich in ihm zusammengefunden; denn alle waren sie mehr oder minder dem Evangelium geneigt.

Bei solcher Sachlage ist verständlich, daß Ferdinand und seine Räte, indem sie sofort alle Meldungen an den Schwäbischen Bund weitergaben, diesen mit den dringlichsten Vorstellungen um Zubilligung der eilenden Hilfe bestürmten.[3]) Am 5. Februar trat der Bundestag in Ulm zusammen. Aber erst am 11. wurde beschlossen, das erste Drittel gegen die

---

[1]) Übrigens hatten die Bauern während dieser Zeit der Vorbereitung der Entscheidung in Italien sonst wenig von den Schweizern zu erwarten, da die evangelischen Kantone sich jetzt in minder gefahrvoller Lage befanden wie Ende 1524. Die Tatsache, daß sich zu den Bauern wiedertäuferische Elemente, grade aus den reformierten Kantonen, gesellten, war ein weiterer Scheidungsgrund zwischen beiden Teilen.

[2]) Doch nicht mehr! — Baumann, Akten 91, Nr. 72.

[3]) Die Instruktion für die österreichischen Kommissare zum Bundestage, d. 1. Februar 1525 in der Oberrhein. Zeitschrift XXXIX, 413—419; der Vortrag derselben auf demselben in der Historischen Zeitschrift, Band 91, N. F. 55 (1903) 41/2. Vgl. auch Vochezer 188, Anm. 1, nach der den Bundesratsmitgliedern, die aus Furcht vor einer Verwicklung mit der Schweiz etwa gegen eine eilende Hilfe stimmen sollten, auseinandergesetzt werden sollte, daß eine solche nicht zu fürchten sei.

aufrührerischen Untertanen aufzubieten.[1]) Wenn man sich
nach den Gründen solchen Zögerns auch jetzt noch um-
schaut, so steigt wohl der Zweifel auf, ob der Bund zunächst überhaupt zu rüsten ernstlich gewillt war. Denn
nicht die Notlage Ferdinands hat für jenen Beschluß beim
Bundestage den Ausschlag gegeben, vielmehr die Tatsache,
daß der Bund selbst sich plötzlich in seiner nächsten Nähe
von ähnlichen Unruhen bedroht sah.[2]) Am 9. Februar
hatte sich aus den Bauern des Donaurieds bei Ulm und
Biberach ein großer Haufen gebildet, der sogenannte Baltringer. Jetzt galt auch für den Bund nicht mehr zu feiern.
Der Bundestag tat sogar noch ein Übriges, indem er den
Bundesständen zugleich anbefahl, sich mit dem zweiten
Drittel bereitzumachen.

Bis zum Januar 1525 war es im großen und ganzen
mit Ausnahme jener vorderösterreichischen Gebiete im
Süden Deutschlands ruhig geblieben. Wenn auch die Verhältnisse der inneren Politik sozusagen überall zu Be-

---

[1]) S. Riezler, Geschichte Bayerns, Band IV, 124 und Loserth, Archiv
für österreichische Geschichte, Band 77, 75 nennen als Datum dieses
Beschlusses den 6. Februar. Ihr Gewährsmann, Klüpfel (II, 287) hat
sich aber in der Datierung des „Abschiedes der Bundesversammlung
auf Sonntag nach Purificationis Mariae" (= 5. Februar) geirrt, wie schon
aus dem 1. Abschnitt zu ersehen ist, nach dem die Wiedereroberung
Württembergs durch Ulrich bereits abgeschlagen und die oberschwäbische
Bauernempörung bereits unterdrückt war. Der Bundestag dauerte vom
5. Februar bis 5. August.

[2]) Hierüber unterrichten am besten die Berichte Leonhards von Eck,
die W. Vogt im Anhang seiner Schrift über die bayrische Politik etc.
abgedruckt hat (von S. 379 ab), und die, wenn sie auch sehr vorsichtig
benutzt sein wollen (vgl. v. Druffel in den Göttingischen Gelehrten
Anzeigen 1884, 735—749), doch auf die Fragen deutlichen Bescheid
geben, die mich hier interessieren. Vgl. hierzu das Schreiben von
Truchseß Wilhelm vom 11. Februar aus Ulm bei Vochezer 189—190,
auch Ferdinands Schreiben vom 11. Februar bei Baumann, Akten 107,
Nr. 94.

schwerden Anlaß gaben, die Opposition hatte sich nur hier
und da einmal in einem kleinen Putsch geäußert, der
ebenso rasch wie er entstand wieder vorbei war. Im allgemeinen ließ sie sich nur in der Literatur vernehmen, die
dementsprechend zahlreich war. Zu irgendwelcher Sorge
schien also vorläufig keine Veranlassung, und man glaubte
auch dann dazu noch nicht berechtigt zu sein, als man
erfuhr, daß auf dem Donauried, in dem Gebiet der Reichsstadt Biberach, seit Weihnachten 1524 [1]) Bauern Zusammen-
künfte abhielten. Erst als diese immer regelmäßiger und
häufiger wurden, wurde ihnen wohl größere Beachtung geschenkt. Am 9. Februar wie gesagt hatte sich ein starker
Haufen gebildet; Leonhard von Eck, der bayrische Bundesrat schreibt von 4000 Mann, deren Zahl jedoch immer
noch wüchse.

Inbetreff der Ursachen für die Bildung dieses Baltringer Haufens, wie er sich nach dem Biberach gehörigen
Dorf Baltringen nannte, vermag der beste Kenner der Geschichte des oberschwäbischen Bauernkrieges, Franz Ludwig
Baumann bestimmte Angaben nicht zu machen.[2]) Wir sind
daher auf Rückschlüsse aus allgemeineren Verhältnissen angewiesen, für die den Beweis der Richtigkeit die Tatsache
liefert, daß sie sich sonst immer als zu recht bestehend
erweisen lassen.

Bekanntlich hatten sich auf dem zweiten Nürnberger
Reichstag vom Winter 1523—24 die Reichsstände für verpflichtet erklärt, dem Wormser Edikt gegen Luthers Lehre

---

[1]) Dieses Datum hat nur die Heggbacher Chronik (Baumann,
Quellen 279; vgl. auch die Angaben der Weißenhorner Historie von
Thoman, ebenda 63). Vgl. dazu Baumann, 12 Artikel 42, Anm. 2.
[2]) Die 12 Artikel der oberschwäbischen Bauern 1525. Kempten
1896, 42 ff.

nachzuleben, soweit als möglich.[1]) Ihm ganz strikt nachzukommen hatten sich einzelne Fürsten und Bischöfe Süd-
deutschlands im Juli in Regensburg verbunden, während andere
im Hinblick auf ihre Untertanen dazu nicht imstande zu
sein vermeinten. Den letzteren hatten sich die größeren
Städte angeschlossen. Auf dem Städtetag zu Ulm im
Dezember 1524 sagten sie einander zu einmütig zusammen-
zustehn, wenn gegen eine Stadt ihrer lutherischen Haltung
wegen eingeschritten würde. Sie glaubten sich dennoch
weit entfernt die lutherische Lehre damit zu fördern. Aber
genug, daß sie ihr einen Rückhalt mehr boten. Namentlich
für Schwaben war das von großer Bedeutung. Denn, um
den Wirrwarr, den jener Beschluß des Nürnberger Reichs-
tages hervorrief, zu vermehren, hatten sich hier neben
jenen Fürsten und Bischöfen, die sich in Regensburg zu-
sammenfanden, namentlich die oberschwäbischen kleineren
Potenzen zu Leutkirch auch ihrerseits zur Ausführung des
Wormser Edikts vereint. Jeder Stand, dahin waren sie im
Juli übereingekommen, solle die kaiserlichen Mandate in
seinen Gebieten nochmals verkünden, die Übertreter derselben erst verwarnen und dann bestrafen. Für den Fall
des Widerstandes bei diesem Vorhaben hatte man sich
gegenseitige Hilfe versprochen.

Die Forschung hat es sich bisher nicht zur Aufgabe

---

[1]) Für das folgende vgl. die verschiedenen Arbeiten von W. Friedensburg, namentlich seinen Reichstag zu Speyer. Für unsere Frage ist
von wenig Belang, ob mit dem Regensburger Tage ein mächtiger Bund
begann oder nicht. v. Druffel, Die Bayrische Politik im Beginn der
Reformationszeit (München 1885) 71, der für das letztere eintritt, wird
zum mindesten insofern beizustimmen sein, als wie die Folgen beweisen,
die einzelnen Einungsmitglieder sich nicht strikt an die Abmachungen
gebunden fühlten. Immerhin hat jene Regensburger Versammlung den
Katholizismus im Süden gestärkt.

gemacht, den Wirkungen dieser Beschlüsse nachzugehen.
Wenn auch so sehr viel darauf nicht ankommt, da die
gleichen Ursachen die gleichen Folgen zu haben pflegen,
so würde doch von Interesse sein zu wissen, wo die katholische Reaktion einsetzte und wann das geschah.[1]) Man
würde dann wohl verstehen, warum an diesem oder jenem
Orte die Bauern 1525 von vornherein radikaler auftraten
als anderswo, wo die evangelischen Pfarrer noch geduldet
waren. Denn gewißlich war die Erregung dort leichter
zu steigern als hier, obwohl sie auch hier schon vorhanden
war. Eben das ist das besonders Bemerkenswerte in Oberschwaben, dem politisch zerklüftetsten Lande Deutschlands
daß die Verfolgung der Prediger alle Gebiete in Mitleidenschaft zog, mochte in ihnen das Evangelium eine Statt gefunden haben oder nicht. Einmal mußte jetzt jeder der
neuen Lehre halb oder ganz gewonnene Priester, mochte
ihm seine Obrigkeit auch vorläufig noch gewogen sein, mit
Sorgen der Zeiten gedenken, wo auch über ihn unter dem
Druck von irgendwelcher Seite her die Verfolgung herein-
brach. Für jeden nicht ganz charakterfesten Mann lag die
Gefahr nur allzunahe, daß er unter solchen Umständen den
Halt bei seinen Pfarrkindern suchte und ihren Wünschen
in der besonderen Ausprägung seiner Lehre Rechnung trug.

---

[1]) Bisher ist der Bauernkrieg in Oberschwaben so gut wie immer
unter dem Gesichtspunkt dargestellt worden, aus ihm heraus die Entstehung der 12 Artikel zu erklären. Die Verquickung dieser beiden
Themata hat der Forschung über ihn m. E. sehr geschadet. Die
einzige monographische Behandlung der Geschichte des Bauernkrieges
in einem geschlossenen Territorium dieser Gegend hat, soweit ich sehe,
Herm. Sander, Vorarlberg zur Zeit des deutschen Bauernkrieges, geboten
(Mitteilungen des Instituts für österreichische Geschichtsforschung.
Ergänzungsband IV [1893], 297—372). Den Schlüssen Sanders kann
ich nicht immer beistimmen. Doch bietet seine Arbeit sehr erwünschtes
Material.

Doch nicht nur auf diese Weise wurde ein radikalerer Ton auch in Kreise verpflanzt, die von der Verfolgung nicht direkt berührt waren. Die vertriebenen Pfarrer brauchten oft nicht weit zu wandern, um einen Unterschlupf zu finden. Die Vorarlberger z. B., über die Erzherzog Ferdinand ein nicht minder scharfes Regiment führte wie über die Vorderösterreicher, konnten die beiden Priester, die sich hatten flüchten müssen, in Lindau aufsuchen, wo sie gern aufgenommen waren. Es läßt sich denken, daß nur allzuoft die Predigt solcher Leute Farbe von den Erfahrungen und Leiden erhielt, die sie durchgemacht hatten, und deshalb in gewisser Weise aufreizend wirkte, wenn sie nicht überhaupt schon mehr an den Gedankenkreisen der Hörer als an der objektiven Lehre orientiert war. So hatte die katholische Reaktion nur deshalb, weil sie bemerkbar war, auch hier und zwar in den weitesten Kreisen jene vom Evangelium nur oberflächlich berührte Stimmung hervorgerufen, die wir seit dem Mai 1524 schon aus dem Schwarzwald kennen. Nur daß hier, in Folge der stärkeren Teilnahme von Geistlichen die Meinung sofort bei den Bauern überall verbreitet war, die wir dort erst im Dezember 1524 feststellen konnten, daß das Recht, welches sie sich zu verschaffen hätten, das göttliche Recht sei.

Man wird nicht verlangen können, daß in solchen aufgeregten Zeiten, wo erst hier, dann dort sich die Elemente des Volkes gegen ihre Obrigkeiten auflehnen, Verbindungen zwischen den einzelnen Aufruhrzentren nachgewiesen werden. Denn nicht immer schafft solche bewußte Propaganda, da Handelsbeziehungen und anderes die Kunde von derartigen Vorgängen weitertragen. Und selbst diese entzieht sich ja nur allzuleicht selbst der größten Aufmerksamkeit.

Die Frage der 12 Artikel soll hier nicht näher erörtert
werden; in dem zweiten Teil dieser Untersuchungen habe
ich den Nachweis versucht, daß mit ihnen gewisse Kreise
der Schwarzwaldbauern schon damals ein Mittel der Propaganda in Händen hatten. Ich denke, es kann keinem
Zweifel mehr unterliegen, daß Balthasar Hubmaier, der sich
selbst als Verfasser derselben bezeichnete und bezeichnen
ließ, sie zusammenstellte. Im Augenblick der bisher größten
Gefahr, als es sich ebenso um der Bauern Sache wie um
seiner Gemeinde und sein eigenes Heil handelte, unterzog
er in ihnen sich der Aufgabe, das Unternehmen der Bauern
als dem Evangelium entsprechend zu erweisen und damit
zu rechtfertigen. Es ist so gut wie sicher, daß die Baltringer diese 12 Artikel im Februar bereits kannten, sie
mögen zu ihnen nun gelangt sein wie sie wollen. Ihre
Beschwerdeartikel, die sie am 16. Februar dem Schwäbischen Bunde vorlegten, sind davon nicht unberührt, wenn-
gleich sie im ganzen, genau so wie die bis dahin aufge-
stellten Artikel der Bauern in Vorderösterreich mehr ein
lokales Kolorit trugen. Denn jene 12 in toto aufzunehmen
lag keine Veranlassung vor, da in der Frage des Zehnten
die Wünsche der Oberschwaben weitergingen, und da einzelne der in ihnen enthaltenen Forderungen, wie z. B. die
nach der Pfarrwahl durch die Gemeinde hier keinen Sinn
hatten, weil der Zweck solcher Forderung, die Verkündigung
des Evangeliums, im Gebiet des Baltringer Haufens erfüllt war.

Doch noch in anderer Weise mag die Tatsache jenes
Zusammenschlusses der Bauern am 9. Februar mit den Vorgängen in Vorderösterreich in Zusammenhang stehen, wenn
auch das Material fehlt, die Annahme zur Gewißheit zu er-

heben.[1]) Ist doch undenkbar, daß jenes Ansuchen der Kommissare Ferdinands beim Schwäbischen Bunde den Bauern in der Nähe von Ulm nicht bekannt geworden sein sollte. Nicht nur ihre Sympathien mußten dadurch wachgerufen werden. Wollten sie selbst noch ihren Forderungen Gehör verschaffen, so war es jetzt höchste Zeit. Man braucht nicht an den Plan eines bewaffneten Eingreifens bei den Bauern zu denken; sie mochten glauben, allein damit, daß sie ähnliche Wünsche anmeldeten, wie jene geäußert hatten, den Bund von bewaffnetem Einschreiten abhalten zu können. Auch ihr Rechenfehler lag in der Unterschätzung des Katholizismus als politischer Macht.

Kaum hatte der Bund mit seinen Rüstungen angefangen, als sich auch in den übrigen Teilen Schwabens die Bauern zusammenscharten. Gleichsam, um den Herren die Mittel zu entziehen, suspendierten sie Zehnten, Renten und Gülten;[2]) daneben trugen sie ihre Beschwerden vor.[3]) Die Studien Baumanns überheben mich im allgemeinen der Pflicht, die Bildung vor allem der zwei weiteren großen Haufen, des See- und des Allgäuerhaufens, zu verfolgen. Aber da Bau-

---

[1]) Dieses ist für die Donaugegend überhaupt sehr minderwertig. Vgl. Baumann, 12 Artikel 42 ff. und passim.

[2]) Das darf man, wenn es uns auch, soweit ich sehe, in den Akten aus dem Februar nicht berichtet wird, aus der betreffenden Stelle des Entwurfs der sogenannten Bundesordnung der Bauern vom 6. März folgern (Schreiber 1525, 18, Nr. 158; C. A. Cornelius, Studien zur Geschichte des Bauernkrieges [= Abhandlungen der 3. Klasse der königl. Bayrischen Akademie der Wissenschaften, IX. Band 1. Abt.] 184; vgl. auch Artzt VI, 357).

[3]) Einzelne Quellen nennen als Zeitpunkt die Tage nach Lichtmeß (2. Februar), die Akten erst die nach dem 10. Vgl. dazu das Mandat des Bundes vom 24. Februar (Artzt VI, 305, Nr. 33). Wie jene Quellen zu jenem Datum kamen, geht aus dem Schreiben Ecks vom 11. Februar hervor, wo er von einer Bauernversammlung der Baltringer spricht, die am 2. Februar stattgefunden hatte (Vogts Bayr. Politik 379).

mann dabei solche Zusammenhänge, wie ich sie andeutete,
nicht berücksichtigte, da er der Meinung war, daß die Bewegung in diesen Landstrichen für sich betrachtet werden
könne und nicht vielmehr als ein Schlußglied in der Entwicklung der Unruhen zum Bauernkriege anzusehen sei,
so bin ich genötigt, die Aufmerksamkeit noch dieser oder
jener Frage zu schenken, die sich bei dem Gange der
Untersuchung von selbst ergibt.

Es ist schwer zu sagen, wo sich die Unruhen in Oberschwaben zuerst zeigten. Baumann behauptet zwar, daß
die Untertanen des Fürstabts von Kempten damit den Anfang gemacht, daß sie wenigstens im Allgäu den Aufruhr
weiterverbreitet hätten. Doch dürfte sich diese Behauptung
schwerlich aufrecht erhalten lassen. Denn wenn sich auch
diese Bauern bereits am 21. Januar 1525 auf der alten Mal-
stätte, der Leubas, zusammentaten, um so verbunden der
neuen Forderung einer Reissteuer von seiten ihres Herrn
entgegenzutreten, bis zum 15. Februar etwa haben wir keinen
Beweis dafür, daß ihre Absicht eine andere war, als deswegen beim Schwäbischen Bund Beschwerde zu erheben
und den Rechtsweg zu beschreiten.[1] Irgendwelche Be-

---

[1] Woher weiß Baumann (12 Artikel, 13), daß der sogenannte
„Knopf" von Leubas schon vor seiner Reise nach Tübingen den Plan
eines Zusammenschlusses aller Allgäuer Bauern hatte? Der Passus
seines Bekenntnisses (Akten 349): er habe als anfenger sampt andern
das gotzhus Kempten verwanten den andern herrschaften . . . ir arm
lüt und verwant abfellig und zu im gebraucht, läßt sich schon deshalb
nicht auf die Zeit vor der Reise nach Tübingen beziehen, weil bei
Knopfs Tätigkeit für die Kemptener Landschaft vom 21.—28. Januar,
an welchem Tage etwa Knopf seine Reise angetreten hat, keine Zeit
für solche Tätigkeit bleibt. Weiter: es gibt für sie sonst keine Anhaltspunkte. Im Gegenteil spricht Knopfs Auftreten bis zu seiner Rückkehr
aus Tübingen gegen einen solchen Plan. Schließlich würde der Fürstabt
Knopf nach dem Bauernkriege wohl anders behandelt haben, wenn er
aus dessen Bekenntnisse eine andere Überzeugung gewonnen hätte als

rührungen mit Bewegungen außerhalb des Kemptener Ge-
bietes sind bis dahin nicht zu bemerken. Erst um den
20. Februar[1]) nimmt die bisher rein politische Erhebung
den Charakter an, den die Unruhen in den Nachbargebieten
bereits hatten, dergestalt, daß seitdem auch sie das Schlagwort vom göttlichen Recht beherrscht.

Ist somit zum mindesten kein Beweis dafür vorhanden,
daß in einer von Kempten ausgehenden Propaganda die
Erklärung für die Gleichzeitigkeit des Ausbruchs der Unruhen an den verschiedensten Stellen Oberschwabens zu
finden sei, so fehlt solche überhaupt. Denn Baumanns
weitere Meinung, daß der Anlaß dazu allein die Lehre vom
göttlichen Recht, der Wunsch, dieses zu erlangen, gewesen
sei, hat nur den Wert der Feststellung der Beobachtung,

---

die, daß Knopf wenigstens im Anfang nur an die „rechtliche" Durch-
fechtung der Differenzen der Landschaft mit dem Fürstabt gedacht
hat; später war er mehr der Verführte als der Verführer, wozu jene
oben angeführte Stelle durchaus nicht im Widerspruch steht. — Auch
sonst hat, so weit man sehen kann, niemand in der Kemptener Landschaft in der ersten Hälfte Februar an eine Verbindung mit den Nachbarn gedacht. Wozu auch? Eine solche würde ihre Bewegung nur
in falschen Verdacht gebracht haben.

[1]) Zum Datum vgl. Baumann, 12 Artikel 19 f. Die Darstellung
von Fläschutzs Chronik des Stifts Kempten (Baumann, Quellen 378 ff.)
läßt sich eher mit meiner vereinen als mit Baumanns. Vgl. namentlich
380. Auch Haggenmüller, Geschichte der Stadt etc. Kempten I (Kempten
1840), 511/2, der zu dem betreffenden Abschnitt neben Fläschutz auch
die Akten benutzt hat, hatte den Eindruck von wesentlich verschiedenen
Bewegungen im Kempten, wenn er sie auch nicht so deutlich wie
Fläschutz unterschied (vgl. zu Haggenmüller Baumann in der Zeitschrift
des Historischen Vereins für Schwaben und Neuburg, Band IV [1878],
303). Jedenfalls ist die Beurteilung von Knopfs Persönlichkeit, wie sie
Baumann produzierte, in keiner Quelle zu finden. — Für diese Frage
kommt weiter in Betracht, daß Artzt in dem Schreiben vom 19. Februar
1525 (Nr. 43) den beiden Augsburger Bürgermeistern mitteilt, von den
Sachen zwischen dem Abte zu Kempten und dessen Untertanen wisse
er nichts, er schließe daraus, daß sie gut ständen.

daß die Oberschwaben samt und sonders von Anfang an mit diesem Schlagwort operieren. Eine Erklärung, wie wir sie wünschen müssen, bietet sie deshalb nicht, weil sogar dieser Forscher sein großes Erstaunen bekennen muß, wie unvermittelt plötzlich jene Lehre hier überall Beifall fand. Vor dem Februar 1525 sind auch nicht die geringsten Spuren davon zu entdecken, daß sich außer einigen wenigen literarisch tätigen Geistlichen oder Laien irgend jemand mit solchen Gedanken trug.

Will man sich nun nicht als mit einer ultima ratio, mit einer augenblicklichen Erleuchtung der Bauern als Erklärung begnügen, so wird man wohl oder übel auch hier wie bei der Baltringer Erhebung einen gewissen Einfluß der Unruhen im Schwarzwald in Betracht zu ziehen haben. Erst dann wird verständlich, daß der Aufruhr gänzlich unerwartet und sofort in nicht mehr zu unterdrückender Ausdehnung ausbrach; der Boden war, wie wir sahen, nur zu gut vorbereitet.

Für eine solche Fernwirkung liegen die verschiedensten Anzeichen vor. Wir brauchen dazu nicht zu rechnen, daß, wie es scheint, die Unruhen unter den Bauern der Herren begannen, die zu Ferdinand oder zu seinen vorderösterreichischen Schirmverwandten in besonders naher Beziehung standen,[1]) weil wir deutlichere besitzen. Auch hier können wir an diesen und jenen Eingaben der Bauern Anklänge an die 12 Artikel bemerken, die nicht durch die gleiche Richtung der Wünsche der Bauern allein erklärt werden können. Das ist namentlich der Fall bei denen der Kislegger, die gleich nach dem 10. Februar sich erhoben hatten;

---

[1]) Ich meine Hans von Schellenberg, Georg Truchseß, den von Laubenberg etc.

in einem Anhang reichten sie sozusagen ein kurzes Inhalts-
verzeichnis der 12 Artikel ein, soweit diese nicht schon
sonst unter ihren Beschwerden vertreten waren. Das ist
weiter, wenn auch nicht mehr so offensichtlich, der Fall
bei der Eingabe der Untertanen des Klosters Roth vom
14. Februar, bei deren erstem und drittem Abschnitt, bei
der der Plesser Bauern vom 15. Februar. Wenn uns nicht
so wenig Bauernbeschwerden überliefert wären, würden wir
wohl noch mehr derartige Anklänge schon aus dieser Früh-
zeit feststellen können. Doch sie sind nicht die einzigen
deutlicheren Anzeichen. Wenn Peutinger am 19. Februar
die Waldshuter Angelegenheit mit dem Abfall der oberschwäbischen Bauern in Zusammenhang brachte,[1]) so gaben
ihm die Ereignisse insofern recht, als die Bauern zumeist
ihre Erhebung mit dem Wunsche begründeten, die Predigt
des göttlichen Worts hören zu dürfen, dann aber auch und
vor allem dem göttlichen Wort Beistand zu leisten, damit
es nicht weiter unterdrückt bleibe. Zuweilen mögen wohl
Erfahrungen in der nächsten Nähe zu solchen Äußerungen
Veranlassung gegeben haben; besonders bei den Vorarl-
bergern dürfte man damit zu rechnen haben. Aber ganz
gewiß war jene Verfolgung der Waldshuter auch hier der
Aufmerksamkeit begegnet, die sie, wie wir sahen, sonst so
vielfach erregt hatte. ·

Ist also mit dem Stande dieser Angelegenheit erklärt,
daß sich im Februar 1525 auch die Bauern Schwabens erhoben
— wobei man nur noch genauer wissen möchte, inwieweit
sie von den Bauern jener Gegend direkt dazu bestimmt

---

[1]) Artzt VI, 310/11. So meinte auch Philipp von Baden, daß durch
das Aufgebot des Bundes z. T. der Aufruhr bewegt worden sei (Artzt VI,
310, Nr. 40).

wurden[1]) —, so werden uns verschiedene Tatsachen verständlich werden, deren Interpretation unter dem anderen Gesichtspunkte wenigstens dem tieferen Gefühl nicht genügen konnte. Einmal nämlich, daß sich der Aufruhr innerhalb der nächsten Wochen mit reißender Geschwindigkeit ausdehnte, und daß die Untertanen der verschiedensten Herrschaften sich in sehr bald straff organisierte Haufen zusammenschlossen. Ich brauche darauf nicht ausführlich einzugehen; der Grund hierfür wie für die Ereignisse der Monate darauf lag in den Rüstungen des Bundes, wie uns durch mehrfache Zeugnisse bestätigt wird. Es ist wichtig, hervorzuheben, was sonst nur nebenbei erwähnt wird, daß die Haufen zunächst nur einen defensiven Charakter hatten, und daß mit ihrer Bildung kein irgendwie radikales Programm in die Erscheinung trat.[2]) Dann wird weiter verständlich, daß sich unter diesen Oberschwaben von Anfang an eine ganz andere Energie entwickelte. Die radikaleren Unterströmungen, die wir im Westen erst im späteren Verlauf der Bewegung feststellen konnten, sind hier sofort und

---

[1]) Ab und zu, doch sehr selten, begegnet uns einmal in den Akten und Quellen eine Nachricht von einer direkten Verbindung des Schwarzwalds mit Oberschwaben. Vgl. Historische Zeitschrift, Band 91, N. F. 55, 42, Baumann, Quellen 251 und 479. Vgl. auch die bei Elben 160, Anm. 2 zusammengestellten Angaben über eine propagandistische Tätigkeit der Schwarzwaldbauern. — Oft werden die Mittler die oberschwäbischen Geistlichen gewesen sein; mit dem einen oder andern derselben stand sicherlich Hubmaier, zumeist übrigens auch Zwingli, in Verbindung, was nicht ohne Interesse auch für unsere Frage ist; vgl. dazu was K. Th. Keim in seinem Aufsatz, Die Stellung der schwäbischen Kirche zur zwinglisch-lutherischen Spaltung, beibrachte (Theol. Jahrbücher, hrsg. von Baur und Zeller, Band XIII [1854], 539 ff.).

[2]) Wenn v. Bezold, Geschichte der deutschen Reformation 469, behauptet, die Sonthofener Versammlung habe den Hauptinhalt des Göttlichen Rechts dahin formuliert, die Bauern wollten keine Herren mehr haben, so sagt er damit etwas, was er nicht beweisen kann.

zwar in breiten Massen von Geistlichen und Laien vorhanden. Drohworte werden gegen altgläubige Priester laut,
gegen Klöster geht man tätlich vor, dieser oder jener, ja
ganze Landstriche werden zum Anschluß gezwungen. Von
jenen Ereignissen im Schwarzwald her wußten eben die
meisten, was sie erwartete. Vielleicht hängt mit diesen
Tendenzen zusammen, daß sich auch die Kemptener zur
Verbindung mit den übrigen Allgäuern bewegen ließen;
denn von einem Rechtsstreit konnten sie sich nichts mehr
versprechen, nachdem, wie wir als sicher annehmen dürfen,
ihrer Tübinger Gesandtschaft das unzweifelhafte Recht des
Fürstabts zu jener Reissteuer und wohl auch zu anderen
Forderungen nachgewiesen worden war.[1])

----

[1]) So möchte ich die Änderung im Verhalten Knopfs nach dem
20. Februar erklären. Vielleicht hatte ihn die Aussprache mit
Dr. Henninger, der, wie Knopf betonte, nie anders als zum Rechten
oder zum Frieden riet, auch noch in anderer Weise beeinflußt.
Henninger war im Januar 1525 Mitglied des freien Stockacher Landgerichts gewesen, vor dem die Hegauer und Klettgauer Bauern ihr
Recht suchten; es ist nicht ohne Belang darauf hinzuweisen, daß
gerade ihn die Bauern zum Fürsprecher wählten (Schreiber des Truchsessen in Baumanns Quellen 532, Vochezer 502), daß er also dabei ihre
Absichten und Wünsche kennen lernte. Um noch weiteres aus Henningers
Leben zu berichten, so ernannte ihn Ferdinand am 7. März wiederum
zum Beisitzer beim Landgericht (Baumann, Akten 141). Aber aus
unbekannten Gründen bestellte er schon nach ganz kurzer Zeit einen
anderen, während er Henninger anderweitig verwandte. Am 3. Mai
war ferner dieser Jurist Abgesandter Tübingens an die Hauptleute der
Württembergischen Bauern (Artzt VII, 221, Nr. 331). Schließlich sei
noch erwähnt, daß Henninger später (wann ist nicht bekannt) zum
Protestantismus übertrat und nach der Restituierung Ulrichs in Württemberg dessen besonderes Vertrauen genoß, sodaß er 1537 in seinen Rat
berufen wurde (R. Roth, Beiträge zur Geschichte der Universität
Tübingen I. Aus dem Jahr 1519. Tübingen 1867, 35). Wenn auch
alle diese Daten jedes für sich wenig besagen, so lassen sie doch in
ihrer Gesamtheit den Schluß zu, daß Henninger zum mindesten nicht
zu den Leuten gehörte, die das Unternehmen der Bauern von Grund
aus ablehnten, daß er, wenn vielleicht oder wahrscheinlich auch nicht

Es ist bisher eine der beliebtesten Behauptungen gewesen, daß der Bauernaufruhr in einer Reihe von lokalen Erhebungen erfolgt sei, die untereinander in keiner irgendwie gearteten Beziehung gestanden hätten, und die jedenfalls durch kein gemeinsames ideales Interesse bedingt gewesen seien. Daß die Behauptung so zum mindesten schief ist, bedarf keines Beweises mehr, nachdem wir gesehen haben, daß die Opposition gegen eine wie auch immer gedeutete katholische Reaktion das Motiv für alle Bauern war. Ein gewisses Recht hat sie nur insofern, als solche Haufenbildungen, wie wir sie in Oberschwaben kennen lernten,[1]) höchstens innerhalb einer Landschaft vorkamen. Nur einmal, im April, gab es einen Moment, wo die Bauern an eine noch größere Zusammenfassung dachten, damals, als die Hegauer und Kletgauer den hart bedrängten Seebauern zu Hilfe kommen wollten; einzig die Diplomatie des Bundes hat das verhindert. Im allgemeinen aber lagen solche Pläne nicht im Gesichtskreis der Aufständigen. Denn nach wie vor wollten sie nur immer mit ihrer lokalen Obrigkeit zu tun haben, deren Stellungnahme ja denn auch

---

alle ihre Forderungen, so doch gewiß die eine oder die andere für annehmbar hielt, so vor allem die, die mit der Reformation am engsten zusammenhingen, oder die, die wie die Ausdehnung der Leibeigenschaft in gleicher Weise privat- und öffentlich-rechtliche Verhältnisse berührten. Es ist also wohl möglich, wenn nicht gar gewiß, daß dieser Mann, als er mit Knopf in Tübingen Rücksprache nahm, durch Erzählungen über die Bewegung im Schwarzwald in ihm den Glauben an der Bauern göttliches Recht geweckt hat. Die Absicht einer Propaganda ist damit weder behauptet noch bewiesen. — Zu dem Aufstand der Kemptener vgl. übrigens Artzt VI, 315, Nr. 46.

[1]) Auch hier mögen weniger die Bauern auf den Gedanken gekommen sein, als die Geistlichen, die wenigstens auf der Oberdorfer Versammlung in Wehr und Harnisch erschienen. — Im übrigen waren die größeren Verbindungen, die die Oberschwaben eingingen, sehr schlecht organisiert. Vgl. Baumann, 12 Artikel von S. 66 ab.

zumeist unabhängig von äußeren Einflüssen erfolgte. Zudem war, um schon öfter Gesagtes nochmals zu wiederholen, das religiöse Interesse auf dieser Seite nicht tief genug gegründet, um den Gegensatz ebenso prinzipiell zu fassen, wie es bei den Gegnern geschah — obwohl seit dem Februar 1525 spätestens, wie ich bemerkte, in den 12 Artikeln ein gewisser prinzipieller Standpunkt manifestiert war.

Es kamen im Februar und März Wochen, wo die Bauern, wenn anders in ihrem Vorhaben die Kraft der Aggressive enthalten gewesen wäre, ihren Gegnern die größten Schwierigkeiten hätten bereiten können. Die Truppen des Schwäbischen Bundes fanden sich einmal nur sehr langsam ein, obwohl das erste Drittel der Hilfe zum sofortigen Anzug — nach jenem Rundschreiben aus dem Januar — hatte fertig gestellt werden sollen. Der Hauptgrund dafür war, daß die Bundesstände, in der Sorge, der Aufruhr könne noch weiter um sich greifen, zum Teil nur sehr ungern zu jenem Beschluß vom 11. Februar ihre Zustimmung gegeben hatten, wie denn überhaupt der Bund weit entfernt war, in dieser Angelegenheit eine Meinung zu vertreten. Es mag nur nebenbei erwähnt werden, daß, trotzdem Ferdinand um jene Hilfe gebeten hatte, auch die Frage keineswegs entschieden war, ob die Truppen ihm überlassen, oder wie der bayrische Bundesrat Leonhard von Eck wollte, ob sie gegen die oberschwäbischen Bauern verwandt werden sollten.[1] Ja bündischerseits ging man sogar soweit, gegen den Wunsch des Erzherzogs, dem, wie wir sahen, die Bestrafung Waldshuts im Augenblicke fast die wichtigste Aufgabe seiner deutschen Politik war, noch-

---

[1] Vgl. dazu Artzt VI, 305, Nr. 32, 307, Nr. 36, 308, Nr. 37; Baumann, Akten 112, Nr. 103.

mals eine Versöhnungsaktion einzuleiten, damit diese Stadt nicht weiter die allgemeine Aufmerksamkeit der Bauern auf sich ziehe. Diese Zwistigkeiten im Bunde waren nicht das einzige, was den Bauern zugute gekommen wäre. Am 20. Februar fühlte sich endlich Ulrich von Württemberg stark genug, zur Wiedergewinnung seines Landes loszubrechen. Die antihabsburgische Politik, die im Schwäbischen Bunde geradezu Orgien gefeiert hatte, schien jetzt bitter bestraft werden zu sollen. Daß der Bund Ferdinand regelmäßig seine Unterstützung gegen Ulrich versagt hatte, hatte das von diesem nur allzugern weiterverbreitete Gerücht bewirkt, daß der Bund gegen Ulrichs Unternehmen nicht einschreiten werde. Vielleicht gerade deshalb hatte der Herzog in der Schweiz und auch in deutschen Landen eine Unterstützung gefunden, die jedenfalls seine bayrischen Gegner nicht erwartet hatten. In Württemberg fiel das Volk seinem angestammten Herrn sofort zu. Wer die Ereignisse aus dem Jahre 1519 im Gedächtnis hat, versteht, daß die Herren im Bunde bleiches Entsetzen ergriff, als sich der „unsinnige, tolle Mann", wie ihn Leonhard von Eck nennt, nun doch zu jenem Wagestück entschloß. Nicht bloß wurden daraufhin die Rüstungen, die schon im Gange waren, beschleunigt — am 19. Februar war bereits das zweite Drittel gegen die Bauern aufgeboten worden — und neue anbefohlen; man suchte auch jetzt in der Schweiz und in Württemberg jeden Zweifel zu zerstreuen, daß der Bund nicht zu den Gegnern Ulrichs gehöre; Manifeste in dem Sinne wurden erlassen.[1] Nichtsdestoweniger sah um die Wende des Februar zum März alles sehr bedenklich aus. Durch jene Erklärungen des

---

[1] Artzt VI, 330, Nr. 58, 334, Nr. 64; vgl. 345, Nr. 86.

Bundes hat sich vielleicht nur Ulrich Müller von Bulgenbach mit dem geringen Anhang von Schwarzwaldbauern,
den er zum Anschluß an den Herzog bewogen hatte, von
weiterer Unterstützung desselben abschrecken lassen. Und
dann waren selbst die Truppen, die bereits an ihren Sammel-
plätzen eingetroffen waren, nicht sämtlich gegen Ulrich zu
verwenden. Der Führer der Bundeshilfe Würzburgs wird
nicht der einzige gewesen sein, der betonte, daß sie nur
gegen die aufrührerischen Untertanen ins Feld geschickt
sei, und der sich demgemäß weigerte, sich zu jenem Zuge
gebrauchen zu lassen.[1]) Wenn dennoch Ulrichs Unternehmen
mißglückte, so lag das bekanntlich ganz und gar an dem
Umschwung der Dinge, der unterdessen auf dem italienischen
Kriegsschauplatz eingetreten war. Am 24. Februar hatte
vor Pavia das französische Heer eine vollständige Nieder-
lage erlitten. Franz I. war dabei persönlich in die Ge-
fangenschaft geraten; ein sehr triftiger Grund für die
Schweizer, ihre Angehörigen mit den ernstlichsten Worten
von Stuttgart zurückzurufen.

Da die Bauern während jener Episode von Ulrichs
Württemberger Zug nichts Größeres unternommen hatten,
sondern sich auch während dessen zu Anständen mit den
Herren hatten überreden lassen, so war ihr Schicksal nach
der Schlacht bei Pavia entschieden. Die in Italien gebrauchten Truppen waren nun frei. Wenn auch von den
Landsknechten, die dort mitgefochten hatten, nur absolut
zuverlässige gegen die Bauern zu gebrauchen waren, der

---

[1]) Artzt VI, 347, Nr. 94. — Es mag hierbei noch auf das merk-
würdige Unterfangen Ecks hingewiesen werden, einzelne Bundesglieder
von einer Unterstützung Ferdinands gegen Ulrich abzubringen (Vogts
Bayrische Politik 386 oben). Riezler, Geschichte Bayerns IV, 127
scheint mir die Stelle in Ecks Brief mißverstanden zu haben.

Schwäbische Bund, der von vornherein mehr auf Reisige sein Augenmerk gerichtet hatte, erhielt jetzt von diesen eine stattliche Anzahl zur Verfügung. An Geld fehlte es ihm nicht, da schon im Februar statt der Bundeshilfe an Mannschaften eine solche in Geld ausgeschrieben worden war. Und über seine Gesinnung konnte kein Zweifel weiter sein, da der einflußreichste Mann in ihm, Leonhard von Eck, aus seinem Haß gegen das Luthertum und gegen die aufständischen Untertanen nie einen Hehl gemacht hatte, und da diesem jetzt keiner mehr entgegenzutreten vermochte. Trotz alledem gaben die Bauern ihr Spiel noch nicht verloren. Da der Bund sich stärkte und neue Kräfte gegen sie mobil machte, mehrten sich auch ihre Reihen und nun nicht mehr aus ländlichen Kreisen allein; denn auch in den Städten gab es Unzufriedene genug, denen ein göttliches Recht mehr wert erschien als das irdische. Es wird noch Gelegenheit sein, zu verfolgen, in welcher Weise das geschah. Die 12 Artikel wurden nun das allgemeine Programm der Bauernschaft in ganz Südwestdeutschland. Es spricht alles dafür, daß sie von Oberschwaben aus verbreitet wurden. Denn hierhin war der erste Stoß der bündischen Macht gerichtet, nicht nach Vorderösterreich — auch dies wieder ein Erfolg der bayrischen Politik am Bunde. Doch alle Anstrengungen der Bauern waren vergebens; nicht in ihre Hand war gegeben, das Evangelium vor der Unterdrückung zu retten. Der geschlossenen Macht. des Schwäbischen Bundes, die wußte was sie wollte, konnten die Bauern nicht mit gleichen Waffen begegnen.

Der Bauernkrieg bietet in seinem Verlaufe sehr viel weniger Probleme, als die Vorbereitungen zu ihm;[1] für

---

[1] In sehr dankenswerter Weise hat sich mit Problemen der Folgezeit Druffel a. a. O. in den Göttingischen Gelehrten Anzeigen 1885 be-

die Aufgabe, zu untersuchen, wieweit die Bezeichnung einer sozialen Erhebung für ihn gerechtfertigt ist, bleibt sogar nur noch ein einziges übrig. Bekanntlich stützt sich diese Auffassung im wesentlichen auf die Tatsache, daß die Bauern neben den Klöstern eine Unzahl von Schlössern niederbrannten. Namentlich das Letztere schien entscheidend zu sein; denn daß die Klöster zerstört wurden, war bei ihrer Wehrlosigkeit und bei den vielseitigen Angriffen, die auf sie seit Jahren und Jahrzehnten gerichtet waren, nicht weiter erstaunlich. Zwar hatten schon einzelne Zeitgenossen jenes Faktum sehr vorsichtig interpretiert. Der Augsburger Wilhelm Rem z. B., dem wir eine von Kenntnis und Urteil zeugende Cronica newer geschichten (1512 bis 1527) verdanken, stellt die Eroberung von Schlössern als ein ziemlich nebensächliches Ereignis hin;[1] die Hauptsache für ihn war, daß die Bauern Äbte und Pröpste und Bischöfe überzogen und viele Mönch- und Frauenklöster verbrannten und plünderten. Jedoch die überwiegende Mehrzahl aller zeitgenössischen Schriftsteller zeigte den Sinn für eine derartig unterschiedliche Wertung nicht; lag ihnen doch zumeist auch alles andere näher, als Geschichte nach dem Objekt zu schreiben. Kein Wunder, daß fast alle modernen Historiker sich für ihre Auffassung auf diese Zeugen beriefen; sie scheinen ihnen vielfach um so lieber gewesen zu sein, als sie damit der zeitraubenden Aufgabe enthoben waren, den Bauernkrieg auf seinen historischen Verlauf hin ihrerseits zu untersuchen.

Bisher war immer Gelegenheit zu bemerken, daß die

---

schäftigt, indem er einzelne besonders markante Verfehlungen der Vogtschen Publikation nach Form und Sachgehalt richtig stellte.

[1] Deutsche Städtechroniken, Band XXV (Augsburg V), 223.

Bauern trotz aller Widerstände, die sie fanden oder ahnten, garnicht daran dachten, mit Gewalt durchzusetzen, was sie zur Erhebung veranlaßt hatte. Zwar vergriffen sie sich hin und wieder an Klostergut und schickten sich zu kriegerischem Vorgehen an, aber wie sie sich sehr gern von ihren Herren auf die Zukunft vertrösten ließen, so hatten sie bislang ihr Vorhaben noch durch keine Gewalt- oder gar Bluttat diskreditiert. Sollten schon diese Beobachtungen jener Auffassung gegenüber skeptisch machen, so muß jeder Versuch derselben, durch Dialektik eine andersartige Interpretation jener Tatsachen herbeizuführen, an der Feststellung scheitern, daß die Angriffe auf die Schlösser erst im Augenblick der Not erfolgten.

Als infolge der Rüstungen des Schwäbischen Bundes die oberschwäbischen Haufen zur christlichen Vereinigung zusammentraten, beschloß diese auf dem Memminger Tage vom 7. März von den Herren zu verlangen, daß sie ihre Schlösser und Sitze nur mit dem notwendigen Proviant versähen. Auf keinen Fall sollte weiter geduldet werden, daß Geschütz hinaufgeführt, oder daß zur Besetzung noch notwendige Knechte anderswoher genommen würden als aus den Reihen der christlichen Vereinigung selbst. Der Beschluß ist sehr begreiflich, wenn man hört, daß, sobald die Unruhen sich ausdehnten, der Adel Anstalten traf seine Burgen für jeden Fall in Stand zu setzen.[1] Er sah weiter als die Mehrzahl der Bauern; er wußte, daß diese Bewegung nur noch mit bewaffneter Hand aufzuhalten sei, und daß für den Schwäbischen Bund dann gut verwahrte Schlösser

---

[1] Als Georg Truchseß seine Veste Trauchburg bei Isny verstärkte (26. Februar), erregte die Kunde hiervon einen Sturm des Aufruhrs in ganz Oberschwaben. Aus den Knechten der Trauchburg wurde das Heer des Schwäbischen Bundes.

den größten Wert haben mußten. Zugleich ist aber jener
Beschluß auch sehr charakteristisch für die unkriegerische
Stimmung der Haufen noch zu einer Zeit, wo kein Zweifel
mehr sein konnte, welches Schicksal ihnen zugedacht war.[1]
Auch dann änderte sich ihre Haltung noch nicht, als
die Truppen des Bundes nach Ulrichs Flucht gegen sie zu
ziehen bereit waren. Die Einnahme von zwei Schlössern
des Bischofs von Augsburg, von der der bayrische Rat
Weißenfelder am 20. März berichtete, hatte augenscheinlich
nur zum Zweck, den Vorrat von Getreide, der dort lag,
nicht dem Feinde in die Hände fallen zu lassen.[2] Auch
aus dem Verlangen die Schlösser ihnen zu öffnen, von dem
wir hier und da einmal hören, dürfen wir noch nicht auf
Zerstörungspläne schließen. Erst gegen Ende des Monats
konnten sich die Bauern damit nicht mehr begnügen.
Zwar hatte gerade damals der Schwäbische Bund wiederum
— in Ecks Abwesenheit — einen Waffenstillstand mit
ihnen geschlossen;[3] noch einmal sollte eine gütliche Vermittlung statthaben, so war zwischen den bäurischen Abgesandten und der Bundesversammlung verabredet worden.
Aber, da sich auch diese materiell in nichts von früheren

---

[1] Dies im Gegensatz zu Bezold, Geschichte der Reformation, 473.
Ich kann nirgends einen Beweis dafür entdecken, daß die Bauern „sich
von Anfang an auf eine Verwerfung ihrer Forderungen und die Notwendigkeit, Gewalt zu gebrauchen, gefaßt hatten". Wenn auch einzelne
wohl so gedacht haben, daß sie vor dem Ende März mit diesem Gedanken keinen Beifall fanden, geht m. E. aus allem hervor.

[2] Vogt, Bayrische Politik 414.

[3] In dem Bunde gab es neben einer auf strenge Bestrafung jedes
Aufruhrs dringenden Partei, als deren Haupt man Eck bezeichnen darf,
eine andere, die vornehmlich aus den städtischen Vertretern sich bildete
und für friedliche Beilegung war. Ulrich Artzt gehörte hierzu. Vgl.
auch Druffel a. a. O. 405.

Versuchen unterschied, so darf man der großen Masse der Bauern mit Baumann nicht verargen, daß sie sich in ja berechtigtem Argwohn an diese Abmachungen nicht gebunden fühlte. Am 16. März hatte der Bund ein Mandat erlassen, das vor dem Anschluß an die Aufständischen warnte und für den Übertretungsfall strenge Strafen androhte. Welcher Art diese waren, konnte man aus dem Exempel ersehen, das Dietrich Spät an den Bewohnern Münsingens statuierte, soweit sie sich den Bauern zugesellt hatten.[1] Am 21. März ferner hatte die bündische Gesandtschaft — unter Übergehung Ferdinands — die abgefallenen Württembergischen Örter und Flecken mit harten Strafen belegt. Schließlich war das bündische Heer Ende des Monats im Anzug auf Ulm. Es ist nun sehr bemerkenswert, daß gerade die Baltringer, die, woran erinnert sein mag, aus der Nähe von Ulm sich rekrutierten, und die im Gegensatz namentlich zu den Seebauern, gemäßigtere Tendenzen vertraten, die ersten waren, die sich nicht mehr an der Besetzung der Schlösser genügen ließen.[2] Am 26. März wurde aus ihrem Kreise zum ersten Mal eine Feste angezündet, das dem Abte von Salmansweiler gehörige Schloß Schemmerberg.[3] Es heißt im Hinblick auf alle die voraufgegangenen Ereignisse in der unbilligsten Weise nach einem formalrechtlichen Gesichtspunkt handeln, wenn

---

[1] Artzt VI, 375, Nr. 133.

[2] Vgl. dazu die anonyme Quelle: Der Auszug und Krieg des Schwäbischen Bundes etc. (Baumann, Quellen 756). Auch nach Peter Harers fast gleichzeitigen Beschreibung des Bauernkrieges (Halle 1881, 12; vgl. dazu 10) fing die Zerstörung und Niederbrennung der Schlösser erst an, als das Bündische Heer gegen die Bauern im Felde lag.

[3] In Memmingen wurde dann am 30. März beschlossen, Klöster und Adel auszutilgen und die Stände des Schwäbischen Bundes zu vertreiben.

man in diesem und in allen den zahlreichen folgenden
Fällen nach dem Schuldigen auf irgendeiner Seite sucht,
dem die Verantwortung aufzubürden sei. Da die Bauern
den Krieg zu erwarten hatten, wer will ihnen verdenken,
daß sie dem Gegner alle jene Stützpunkte zu nehmen versuchten, die er mitten unter ihnen besaß, und daß sie sie
zerstörten, wenn es nicht anders ging, mochte nun der
einzelne Besitzer persönlich den Unwillen der Bauern sich
verdient haben oder nicht.[1]) Schon früher war einmal
darauf hinzuweisen gewesen, daß, da das Fußvolk gegen
die Bauern kaum verwandt werden konnte, dem Adel und
den Reisigen die Hauptarbeit im Bauernkriege zuerteilt
war. Die Gegenstellung des Adels und der Bauern kam
jetzt erneut zum Ausdruck. Aber nicht Gründe sozialer
Natur, wenn man den Begriff nicht in einem ungewöhn-
lichen Sinne gebrauchen will, sondern solche militärischer
Natur waren es, die das bewirkt hatten. Wie wenig die
Ansicht zu Recht besteht, daß demokratische Gleichheits-
macherei oder wohl gar der Haß des einen Standes auf
den anderen, des Armen auf den Besitzenden Motiv dazu
gewesen ist, kann, wer den Dingen nicht Gewalt anzutun
gemeint ist, daraus entnehmen, daß ein freiwilliger, un-
verdächtiger Anschluß an diese Bewegung manchem Adligen
sein Hab und Gut vor Zerstörung bewahrt hat.[2]) Das
Kriterium der Unverdächtigkeit aber war für die Bauern

---

[1]) Ich benutze gern die Gelegenheit zu dem Hinweis, daß bereits
Ströle, das evangelische Element im deutschen Bauernkrieg (Deutsch-
evangelische Blätter, XXV. Jahrgang, 1900) 364 ausgesprochen hat:
„nicht die Reformation hat dem Bauernkrieg den Charakter der un-
menschlichen Furchtbarkeit gegeben, sondern das Überwiegen der
fanatisch-katholischen Richtung im Schwäbischen Bunde".

[2]) Vgl. dazu auch die Stelle bei M. Lenz, Florian Geyer (Preußische
Jahrbücher 84 [1896]), 118/9.

die Stellung zum Evangelium; darum konnten die Haufen
in evangelisch gesinnten Edelleuten sogar Führer finden.
Die Zerstörung der Klöster und die Niederbrennung
der Schlösser waren bekanntlich fast die einzig unverant-
wortlichen Handlungen der Bauern in einem Zeitalter, dessen
Roheit schwer übertroffen werden konnte. Es ist schon
oft gesagt worden, daß die Weinsberger Bluttat in ihrer
Einzigartigkeit nur durch die kürzlich vollzogenen, hinter-
listigen Metzeleien des Bundes unter den oberschwäbischen
Bauern erklärt werden kann. Es kommt dazu, daß Ludwig
von Helfenstein mit wenig Unterstützung dem ganzen Neckar-
haufen glaubte Widerstand leisten zu können, wodurch das
Selbstgefühl der Bauern noch besonders aufgeregt war.
Aber das gewaltsame Vorgehen der Aufständischen gegen
die Klöster und Schlösser setzte sie in Unrecht. So begreiflich es ist, mit der eigentlichen Ursache der Bewegung,
dem Wunsche, über diese und jene Beschwerung Aufklärung
zu erlangen und diese oder jene Last gelindert oder abgestellt zu sehen, standen diese Taten in schreiendem Widerspruch. Wenn Luther in der Vermahnung auf die 12 Artikel
zwar den Bauern verwehrt hatte, sich auf das Evangelium
bei ihrem Vorhaben zu berufen, aber zugleich doch auch
den Herren ins Gewissen redete, dies oder jenes ihren Untertanen nachzulassen, so mußte er jetzt wider die räuberi-
schen und mörderischen Rotten der Bauern schreiben. Und
in dieser ablehnenden Haltung traten dem Beschützer des
reinen Evangeliums jene mitteldeutschen Fürsten zur Seite,
die mit einer protestantischen Gesinnung eine weise Fürsorge in allen diesen Fragen verbunden hatten. Wenn wohl
hier und da anfänglich das Gerücht in Oberschwaben um-
lief, Friedrich der Weise sei auf dem Wege, den Bauern
mit einem Heere zu Hilfe zu kommen, nach jenen Taten

rüsteten sich auch diese Fürsten. Eben an ihnen brach
sich die Kraft der Propaganda, die die 12 Artikel und die
bäurische Bewegung überhaupt entwickelt hatten. Während
im Süden alles drunter und drüber ging, blieb im Norden
alles ruhig; während dort dem Evangelium nur hier und
da eine Freistatt blieb, ergriff es hier das Volk in allen
seinen Schichten.

II.

Die 12 Artikel,
ihr Verfasser und ihre Geschichte.

Bis in den März 1525 fehlte der Bewegung unter den Bauern, die sich in den 10 Monaten seit dem Beginn der Unruhen mehr und mehr mit dem Geist der Mission erfüllt hatte, dem Evangelium ein Beistand zu sein, ein allgemeines Manifest, zu dem sich sämtliche oder doch die Mehrzahl der Bauern bekannten, und in und mit dem sie ihr Beginnen zu rechtfertigen versuchten. Wie ich in der ersten Studie ausführte hatten sich die Bauern immer mehr in ein gewisses Gefühl der Macht einleben können. Eben deshalb hatten sie zu dem, was der Bewegung den Anstoß gegeben hatte, die vielfachen Beschwerden in die Artikel aufnehmen können, die als Grundlage für die Verhandlungen mit den einzelnen Obrigkeiten dienen sollten, welche schon im gewöhnlichen Verlauf des politischen Lebens und erst recht zahlreich in unruhvollen Zeiten empfunden zu werden pflegen. Oft verschwand so hinter dem Nebensächlicheren das Allgemeine. Erst in Augenblicken der Gefahr, wenn alles in Frage gestellt ist, pflegt der Mensch sich auf das ihm Wesentliche zu besinnen. Als nach der Flucht Ulrichs aus Württemberg der Schwäbische Bund bereit war gegen die Bauern zu ziehen, war solch Augenblick für die Bauernerhebung gekommen. Seit dem 22. März weiß man daß das Manifest im Druck verbreitet wurde, das seitdem gewissermaßen als Programm für die Bauernschaften fast des ganzen südwestlichen Deutschlands seine gefährliche Rolle spielen sollte. Ich meine die 12 Artikel.

Erstes Kapitel.

Die Streitfrage inbetreff der 12 Artikel.

Inbetreff der Heimat, des Verfassers und der Ent-
stehungszeit der 12 Artikel gehen noch heute die Meinungen
auseinander. Doch hat sich seit den Studien Alfred Sterns[1])
im Gegensatz zu früher die Forschung nur noch in 2 Rich-
tungen bewegt. —

Die 12 Artikel wurden von Oberschwaben aus verbreitet. Sie tauchten dort an den verschiedensten Punkten
fast gleichzeitig auf.[2])

Diese Tatsache gab schon in der Reformationszeit Anlaß,
diesen Landstrich als ihre Heimat zu bezeichnen.[3]) Eben
sie bildet soweit ich sehe dafür das einzige Beweisstück.
Weiter der Sache nachzugehen hatte man auf keiner Seite
Ursache. Den Katholiken galt gleichviel, wo jene Artikel
herstammten;[4]) daß sie von dem lutherischen Gift beeinflußt

---

[1]) Über die 12 Artikel der Bauern und einige andere Aktenstücke
aus der Bewegung von 1525. Leipzig 1868.

[2]) Vgl. Baumann, Die 12 Artikel (1896) 100—101.

[3]) Die Nachweise bei Stern 16—19.

[4]) Sie hatten, um das schon hier zu bemerken, eher ein Interesse
daran, der orthodoxen, lutherischen oder zwinglischen Lehre (so weit
es solche damals gab) die Schuld beimessen zu können, als den Wieder-
täufern und Schwärmern, über die bekanntlich das Urteil der Wittenberger mit dem der Katholiken im wesentlichen übereinstimmte.

waren, sah jedermann. Die Wittenberger Reformatoren, denen der Bauernkrieg bekanntlich sofort Schuld gegeben wurde — eine Unterscheidung zwischen Zwingli und Luther war nicht Sache der Gegner —, mochten froh sein, mit der Hervorhebung dieser Tatsache auf leichteste Weise die Schuld von sich auf die unleidlichen Zwinglianer abwälzen zu können, die nach ihrer Meinung mit den Schwärmern in einer Reihe standen. Denn wenn die 12 Artikel in Oberschwaben ihre Heimat hatten, so kamen eigentlich lutherische Kreise für den Verfasser derselben kaum in Betracht, da Oberschwaben eine Provinz des Zwinglianismus war.[1]) Aus eben diesem Grunde mögen sie dem Verdacht Raum und Ausdruck gegeben haben, daß der aus St. Gallen gebürtige und mit Zwingli in Verbindung stehende Memminger Pfarrer Christoph Schappeler ihr Verfasser oder ihr Redaktor gewesen sei. Johannes Carion hat in seiner Chronik, die er von Melanchthon durchsehen ließ, diese Vermutung für Jahrhunderte festgelegt.[2])

Als sich im 19. Jahrhundert die Wissenschaft mit dem Detail der Reformationsgeschichte aktenmäßig zu beschäftigen begann, forschte sie zunächst in dieser Richtung weiter. Der Anregung Jörgs, die Geschichte der 12 Artikel mit der des oberschwäbischen Bauernkriegs in engere Verbindung zu setzen, verdankt die Wissenschaft eine reichhaltige Publikation von Akten und Quellen über die Ereignisse der Zeit in diesen Gegenden und Studien darüber, so zahlreich wie kaum über eine andere Frage. Wenn dabei auch

---

[1]) Vgl. den Nachweis bei Keim in Baur und Zellers Theologischen Jahrbüchern, Band XIII a. a. O.

[2]) Auf welchem Wege sie nach Wittenberg kam, hat einleuchtend G. Bossert, Sebastian Lotzer und seine Schriften. Memmingen 1906, 58 Anm. 1 angedeutet.

der strikte Beweis für die Richtigkeit jener Vermutung nicht erbracht werden konnte,[1]) man meinte doch neue Anhaltspunkte an einigen Aktenstücken gefunden zu haben, die unverkennbare Anklänge an die 12 Artikel enthielten. Im besonderen entstand die Frage, ob die sogenannte Memminger Eingabe, eine Artikelreihe, die die Bauern der Stadt Memmingen ihrem Rat zwischen dem 24. Februar und Anfang März einreichten, zeitlich vor die 12 Artikel zu stellen, ob sie die Vorlage für sie gewesen sei. C. A. Cornelius und seine Schule, namentlich Franz Ludwig Baumann suchten die Priorität vor allem damit zu behaupten,[2]) daß in dem Exemplar der 12 Artikel, das sie für das älteste hielten,[3]) ein sinnstörender Konstruktionsfehler auf die Abhängigkeit von einer Vorlage hinzuweisen schien. Andere waren der entgegengesetzten Ansicht. Die weiteren Argumente der Corneliusschen Schule gaben immer von neuem Grund zur Auseinandersetzung. Die Entscheidung in diesem Streite lieferte schließlich Alfred Götze, der sich zum erstenmal der mühevollen Aufgabe unterzog, die sämtlichen ihm zugänglichen Drucke der 12 Artikel zu vergleichen,[4]) und

---

[1]) Der Ansicht war bereits C. A. Cornelius, Studien zur Geschichte des Bauernkrieges (Abh. der III. Klasse der k. Akademie der Wissenschaften zu München, IX. Band [1862], 1. Abt.), wenn er 150 die — von ihm nicht beantwortete — Frage aufwarf, ob die Memminger Eingabe und die 12 Artikel aus einem dritten Schrifstück entstanden sind.

[2]) Baumann, Die oberschwäbischen Bauern im März 1525 und die 12 Artikel (Kempten 1871); derselbe, Die 12 Artikel der oberschwäbischen Bauern 1525 (Kempten 1896).

[3]) Übrigens bewog sie zu dieser Annahme nur die in den Akten bezeugte Tatsache, daß das erste offiziell bekannt gewordene Exemplar der 12 Artikel von Oberschwaben nach München gesandt war. Darum mußte dieses das älteste sein. So Baumann, Cornelius war vorsichtiger.

[4]) Historische Vierteljahrschrift, hrsg. von Seeliger, IV. Jahrgang (1901), 14 ff. Die Ausgabe der 12 Artikel und die Druckvergleichung in dem V. Jahrgang derselben Zeitschrift (1902).

dem dabei Exemplare bekannt wurden, die Inkorrektheiten nicht mehr hatten. War bisher nur mit Hilfe der schwierigsten Interpretationskünste gelungen, trotz des bemerkenswerten Mangels an Logik und Deutlichkeit die Memminger Eingabe als original zu erweisen, so mußte jeder Anlaß ihr den Charakter eines flüchtigen Auszugs abzusprechen, damit fallen.[1])

Schappeler hatte im Hinblick auf die Stelle in Carions Chronik erklärt, daß ihm damit Unrecht geschehe: solche Artikel seien ihm nie in den Sinn gekommen. Auch Zwingli hatte die Angaben der Wittenberger als irrig bezeichnet. Mit Rücksicht auf diese Äußerungen hörte die Wissenschaft bald auf, an Schappeler als an den Redaktor der 12 Artikel zu denken. Doch suchte sie in dem Kreise weiter, der sich um ihn gebildet hatte. Wie von selbst lenkte sich dabei der Blick auf einen Mann, der von jenes Predigers Wesen stark beeinflußt auch literarisch an die Öffentlichkeit getreten war, auf den Kürschner Sebastian Lotzer. Zwar wies auf seine Arbeit an den 12 Artikeln keine einzige Tatsache mit Notwendigkeit hin, auch wußte keine von den zahlreichen Quellen zur Geschichte des Bauernkriegs von ihm im Zusammenhang mit jenem Manifest zu berichten.[2]) Aber man glaubte, in einer gewissen Verwandtschaft der Sprache und Gedanken seiner Schriften mit den 12 Artikeln ein Argument entdeckt zu haben, dem zwar selbst der eifrigste Befürworter der Lotzerschen Kandidatur

---

[1]) Vgl. dazu meinen Aufsatz: Die 12 Artikel von 1525 und ihr Verfasser in der Historisch. Zeitschrift, Band 91 (N. F. 55) (1903), 3—7.

[2]) Zu der Stelle in Keßlers Sabbata, die man auf Lotzers Arbeit an den 12 Artikeln bezog, vgl. meinen Aufsatz Zur Geschichte der 12 Artikel von 1525 in Seeligers Historischer Vierteljahrschrift 1905, 2—4 und 16.

eine zwingende Beweiskraft nicht beizumessen vermochte,[1]) das aber immerhin Beachtung und zwar die aufmerksamste zu erheischen schien. Ich kann mir hier den Beweis ersparen, den ich an anderm Orte bereits erbrachte,[2]) daß der Vergleich, den am umfangreichsten Götze anstellte, für die Frage nach dem Verfasser der 12 Artikel nicht in Betracht kommt. Nur auf die nach der Ausgestaltung einer bestimmten Gruppe von Drucken derselben vermag er einiges Licht zu werfen. Die Kandidatur dieses Kürschners muß, abgesehen von andern Gründen, von denen bald zu reden sein wird, aus der Diskussion ausscheiden, da sich bei ihm Gedanken von einer gewissen Originalität nicht erkennen lassen, die den Schluß auf einen beherzten, kühnen Mann gestatten,[3]) und keine Tatkraft, die rücksichtslos ein Ziel verfolgt.[4])

Die Frage nach dem Verfasser der 12 Artikel ließ sich aus den oberschwäbischen Quellen zur Geschichte des

---

[1]) Vgl. A. Götzes Einleitung zu „Sebastian Lotzers Schriften" (Leipzig 1902) 3.

[2]) Historische Zeitschrift, Band 91, 15, Anm. 2.

[3]) Man beachte, daß die Schriften Lotzers sämtlich aus einer gewissen Verteidigungsstellung dem Evangelium oder der evangelischen Gemeinde Memmingens gegenüber geschrieben sind. Lotzer erscheint darin sozusagen als der Gefolgsmann anderer. — Erst nach dem Abschluß dieses Aufsatzes kam mir die Abhandlung von G. Bossert über Sebastian Lotzer und seine Schriften zu Gesicht, die aus den Blättern für Württembergische Kirchengeschichte 1887 in Memmingen 1906 abgedruckt wurde; ich fühle mich nicht veranlaßt meine These, die der Herausgeber für falsch hält, fallen zu lassen. Vgl. meine Besprechung in Seeligers Historischer Vierteljahrschrift 1907.

[4]) Vgl. Baumanns Darstellung, nach der Lotzer, kaum daß er Feldschreiber des Baltringer Haufens geworden, auf den verschiedenen Tagungen der christlichen Vereinigung von den radikaleren Elementen daselbst vollständig in den Hintergrund geschoben wurde. Und doch sollen bei einer solchen Tagung die 12 Artikel von der christlichen Vereinigung beschlossen worden sein!

Bauernkriegs bisher nicht einwandsfrei beantworten. Auf Oberschwaben selbst wies nur eine Vermutung hin; sie stützte sich auf die Tatsache, daß hier die Verbreitung gedruckter Exemplare des Manifestes begann. Die Frage ist danach berechtigt, ob die Forschung, da sie hier suchte, nicht in die Irre ging.

Schon 1868 hatte Alfred Stern in der umsichtigsten und zugleich geistreichsten Studie, die wir zu diesem Thema besitzen,[1] einige Stellen aus einer Schrift Fabers der Wissenschaft unterbreiten können, an denen dieser bekannte Gegner der Reformation Balthasar Hubmaier, jenen bereits öfter erwähnten Waldshuter Pfarrer, der Autorschaft an den 12 Artikeln bezichtigte. Stern bemühte sich, für diese Angaben, an deren Berechtigung ein Zweifel ihm nicht wohl möglich erschien, an den Ereignissen im südlichen Schwarzwald einen gewissen Anhalt zu gewinnen. Er tat dar, welche Bedeutung die Persönlichkeit Hubmaiers nicht nur für Waldshut, sondern auch für die Bauernbewegung hatte. In kühner Kombination brachte er seinen Namen mit denen anderer Kandidaten, wie Münzer, Fuchssteiner, Schappeler in Verbindung und meinte, damit erklären zu können, wie diese auf die Liste gekommen waren. Aber mit alledem hatte Stern kein Glück. Je tiefer die Forscher in das archivalische Material eindrangen, desto weniger Halt schien diesen Kombinationen zu bleiben und desto gewisser schien zu werden, daß in dem südlichen Schwarzwald die Heimat der 12 Artikel nicht lag. Eben darum empfahl sich jene andere These, für die allerdings kein so gewichtiges Zeugnis wie das Fabers angezogen werden konnte. Wenn Stern

---

[1] Vgl. 86, Anm. 1.

auch nie aus einer Oppositionsstellung hinausging,[1]) von
seiner These wurde kaum noch Notiz genommen. Darf
ich eine Vermutung über die Ursache dazu aussprechen, so
möchte sie darin zu sehen sein, daß sich auch diesem Gelehrten der Bauernkrieg als eine soziale, eine Klassen-
bewegung darstellte, deren Zusammenhang mit der Reformation Luthers so oberflächlich wie möglich erscheinen
zu lassen, ihm Sache ebensowohl des Verstandes wie des
Herzens war.

[1]) Vgl. seine Anzeigen der reformationsgeschichtlichen Literatur
in der Revue historique.

Balthasar Hubmaier als Verfasser der 12 Artikel.

Der Haupteinwand, den die Forschung bisher gegen
die Autorschaft Hubmaiers erhob, stützte sich auf die Tatsache, daß sich an den Bauernartikeln im südlichen Schwarzwald eine Hinneigung zur evangelischen Lehre bis in den
April 1525 nicht bemerken ließ. Sie galt als Voraussetzung für das Auftreten der 12 Artikel. Durch meine
erste Untersuchung dürfte dieser Einwand als hinfällig erwiesen sein. Von der Reformation Luthers war die bäuerliche Bewegung nicht erst in Oberschwaben beeinflußt.
Wenn sich dennoch erst hier Forderungen finden, die davon
berührt scheinen, Forderungen, von denen bis zum März
1525 sonst nur noch die 12 Artikel wissen, so ist mindestens
mit derselben Sicherheit zu behaupten daß sie sich an dieses
Manifest anlehnten wie das Gegenteil. Ja der Beweis
hierfür ist sogar leichter erbracht, da alle die z. T. wört-
lichen Anklänge in den Bauernbeschwerden so kurz und
knapp gehalten sind, daß man sie ohne Heranziehung einer
Vorlage kaum versteht. Meinte man ferner im Zusammenhang damit behaupten zu müssen, daß die 12 Artikel die
gemeinsame Arbeit eines Bundestages von bäuerischen

Abgesandten sei, so zeigt die Brüchigkeit der Argumentation
allein die Tatsache zur Genüge, daß sie eine große Reihe
von Vertretern derselben Meinung hinsichtlich der Herkunft
der 12 Artikel als eine Privatarbeit ansehen zu sollen
glaubte. Andere warfen sogar die Frage auf, ob der Bundestag, an dem sie hätten beraten werden müssen, überhaupt
stattgefunden hat.

Eine besonders große Schwierigkeit bot den Gegnern
von Stern bis vor einem Jahrzehnt[1]) das Zeugnis Fabers.
Faber, Generalvikar des Bischofs von Konstanz und als
solcher von diesem mit der Restauration des Katholizismus
in Waldshut nach dessen Unterwerfung betraut, fand nach
seiner Angabe in einer 1528 herausgegebenen Schrift: Ursach
warum der Widertäufer Patron und erste Anfänger Balthasar
Hubmaier zu Wien ... 1528 verbrannt sei, bei einer Haus-
suchung in Hubmaiers Wohnung neben andern Manuskripten
von dessen Hand, „sondere Bauernartikel, die in dem Druck
ausgegangen, daraus erfolget, daß die Stühlinger Bauern
und in dem Klettgau die ersten gewesen sind, die sich
wider die Obrigkeit erhoben". Faber bemerkt, daß Hubmaier sie „gemacht" habe. Er muß also aus dem Manuskript
den Eindruck gewonnen haben, daß es sich nicht bloß um
eine Abschrift handle. An einer anderen Stelle derselben
Schrift veröffentlichte Faber ein Bekenntnis des Waldshuter
Pfarrers, das von diesem selbst geschrieben „für den,
welcher einen Zweifel trägt, in Königl. Majestät zu Ungarn
und Böhmen Kanzleien aufbewahrt ist". Hier heißt es im
4. Artikel, daß Hubmaier eingestanden habe, der Bauern
Artikel, so ihm von ihnen aus dem „Höre" zugekommen
wären, ihnen erweitert und ausgelegt zu haben „und den-

---

[1]) Bis zu dem zweiten Werke Baumanns (1896); vgl. 121.

selbigen solchs eingebildet die anzunehmen als christlich
und billig." Die Artikel, von denen an diesen beiden
Stellen die Rede ist, sind die 12. Das ist noch von nie-
manden in Zweifel gezogen worden. Auch an der Glaub-
würdigkeit Fabers wagte man einen solchen nicht: warum
sollte dieser Mann auch die Unwahrheit gesagt haben,
noch dazu hinsichtlich eines Sektenführers? Wohl aber
hat man das Gewicht seiner Angaben beseitigen zu können
gemeint, indem man in ihrem Wortlaut einen Widerspruch
konstruieren wollte: hier, in der Ursach heiße es, Hubmaier habe die Artikel „gemacht", dort in der Urgicht, er
habe Artikel, die ihm von anderer Seite zugetragen wurden,
nur erweitert. Eine dritte Angabe in einer zweiten Schrift
Fabers, der orthodoxae fidei catholica defensio, ebenfalls
aus dem Jahre 1528, lasse sich wohl mit der der Urgicht in
Einklang bringen, insofern hier Hubmaier der Vorwurf gemacht werde, daß er multa et longa verborum serie sediciosos articulos Evangelicis monumentis applicavit, nimmermehr aber sei das bei diesen beiden gegenüber der der Ursach möglich. „Mag Faber durch einen scheinbaren (!) hand-
schriftlichen Beweis getäuscht worden sein, mag er sich im
Eifer haben hinreißen lassen, mit dürren Worten zu behaupten, was er höchstens vermuten konnte, — die Worte
der Ursach geben keinen ausreichenden Grund dazu, Hubmaiers Persönlichkeit mit der Abfassung der 12 Artikel in
Beziehung zu bringen."[1]) Stern hat seinerzeit versucht,
diesen Widerspruch zu heben, indem er jene Worte der
Urgicht auf die Artikel des sogenannten Artikelbriefs zu

---

[1]) So K. Lehnert, Studien zur Geschichte der 12 Artikel vom Jahre
1525. Hallenser Dissertation 1894, 67. Lehnert tritt für Lotzer als
Verfasser der 12 Artikel ein, die nach ihm eine Privatarbeit sind und
als solche der Memminger Eingabe vorlagen.

beziehen suchte.[1]) Das ist jedoch nicht nötig. Schließen
sich beiderlei Angaben keineswegs unbedingt aus, Faber,
der Hubmaiers Bekenntnis in seine Ursach einrückte, der
also die Kontrolle seiner Angabe selbst ermöglichte, fühlte
sich gewiß nicht gedrungen seine Feder so scharf zu beobachten wie ein wohlgebildeter Philologe der Jetztzeit tun
würde. Er hat sich einen lapsus calami zu Schulden
kommen lassen, der umso verständlicher ist, als das Ver-
brechen Hubmaiers für ihn mindestens ebensosehr in der
Tatsache bestand, daß er seine Dienste den Bauern zur
Verfügung stellte. Hubmaier hat also nach alledem die
Artikel zwar nicht gemacht, aber sein Anteil an ihnen ist
ein recht großer: er hat sie erweitert und ausgelegt, er
hat den Bauern bewiesen, daß sie christlich und billig seien.

    Stern hatte für seine These neben dem Zeugnis Fabers
eine Angabe Thomas Münzers in seinem Bekenntnisse kurz
vor seinem Tode anführen können, das, wenn auch nicht
so vollgewichtig, doch immerhin von hervorragender Bedeutung ist. Thomas Münzer, der im Herbst 1524 selbst
im südlichen Schwarzwald war, und der aller Wahrscheinlichkeit nach nicht nur zu dieser Zeit, sondern auch noch
später mit Hubmaier in Verbindung stand, bezeichnete die
12 Artikel als Artikel der Schwarzwälder Bauern. Auch
diese Worte hat man weginterpretieren zu können geglaubt.
„Da das, was als Bekenntnis vorliegt, wie alle Protokolle
dieser Art aus Frage und Antwort zusammengeschmolzen
ist, so kann man nicht wissen, ob diese Angabe nicht schon
in der Frage enthalten gewesen ist."[2]) Man braucht sich

---

[1]) Stern, Die Streitfrage über den Ursprung des Artikelbriefs und
der 12 Artikel der Bauern (Forschungen zur deutschen Geschichte XII
[1872]), 499.
[2]) Lehnert 63.

nicht den Kopf mit einer Entgegnung auf diese Bemerkung
zu zerbrechen, um trotzdem den Wert der Aussage zu behaupten. Denn es ist gleichviel, von wem die Bezeichnung
der 12 Artikel als Schwarzwälder herrührt. Auf jeden Fall
ist sehr beachtenswert, daß sie schon Mitte Mai 1525 in
Thüringen auftaucht.[1])

Außer diesen beiden direkten Hinweisen auf den Schwarzwald und auf Hubmaier besitzt die Wissenschaft heute noch
eine Reihe von Argumenten mehr für die Sternsche These.

Die 12 Artikel sind Entschuldigungs- und Anklage-
schrift zugleich. Sie sollen zeigen, daß, was sie fordern,
dem göttlichen Wort gemäß ist. Darum sprechen sie von
den Bauern in der ersten Person: unser demütig Bitt' ist usw.
Anders die Einleitung. Hier wird in naiver Weise auseinandergesetzt, daß, wer gegen die Bauern angeht, ein
Feind des Evangeliums sei, und daß sie, die nur diesem
leben wollen, nimmermehr aufrührerisch genannt werden
dürften. Als ob eine Autorität in der Bibelforschung sich
ihrer angenommen hätte und sie verteidigen wollte, ist
darum hier von den Bauern in der dritten Person die Rede.
Denselben Gedanken vertritt die „wahrhaftige Entschuldigung und Klage der Stadt Waldshut an alle christgläubigen
Menschen", die anno 1525 ausgegangen und nachweislich
von Hubmaier verfaßt ist.[2]) Auch sie ist Anklage und Ver-

---

[1]) Es mag hier nebenbei bemerkt werden, daß die 12 Artikel auch
im Bambergischen als Schwarzwäldische Artikel bekannt waren (Looshorn, Geschichte des Bistums Bamberg, Band IV [1900] 591).

[2]) Sie ist gedruckt von Loserth im Archiv für österreichische Geschichte, Band 77 (1891), 106—121. Das Manuskript, nach dem Loserth
druckte, enthielt den Schluß nicht mehr. Es kann keinem Zweifel
unterliegen, daß dieser der bei Strickler, Aktensammlung I, 321/2,
Nr. 932 gedruckte Anhang zu dem Baseler Exemplar des Abschieds von
Rheinfelden ist.

teidigung zugleich, wie schon die Überschrift andeutet. Nicht
einer neuen Lehre folge die Stadt: „wir wissen von keiner",
sondern nur der Lehre Christi. Ihr Glaube sei „nit uß den
pfaffen oder münchen, sondern uß dem wort gottes". Aber
alle Wünsche, sich mit den Gegnern zu verständigen,
scheiterten an diesen, die sie lieber verleumdeten und
verfolgten. Das Datum dieser Entschuldigung ist mit
ziemlicher Bestimmtheit in den Anfang des Jahres 1525
zu setzen.[1]) Die Angabe, Freiburg und Breisach habe
ihnen „am jüngsten zugeschrieben," sie seien hussisch und
ketzerisch, die auf den Brief dieser beiden Städte vom
3. Oktober 1524 deutet, die Tatsache, daß die Darstellung
der Verhandlungen um eine Verständigung mit dem Tage
von Rheinfelden vom 15. November 1524 schließt, und daß
endlich aufgefordert wird, Waldshut Unterstützung zukommen
zu lassen („von unser wegen allein zu Waldshut ist das
Spiel nicht angefangen" — die Sache betrifft alle Christen),
all das weist bezüglich der Entstehung dieses Schriftstücks
auf den Januar 1525 als spätesten Termin hin. Im Januar
drohte von Georg Truchseß, von den Österreichern überhaupt, die nun endlich ein kleines Heer zusammengebracht
hatten, ernstliche Gefahr, Grund genug, an Unterstützung
und an eine Darlegung ihrer Ideen vor einem größeren
Publikum zu denken.[2])

---

[1]) Loserth 76 bezeichnet als Datum dieser Entschuldigung den
März 1525. Daß das unrichtig ist, beweist die am selben Orte angeführte Stelle aus dem Angebot Waldshuts an den Züricher Rat: sie
seien willens, „alle ihre Handlung, wie sie sie in Geschrift haben
(von mir gesperrt), in Druck zu legen und dem gemeinen Mann zu
berichten".

[2]) Wie aus Loserth hervorgeht, blieb es vorläufig bei der Absicht.
Die Stadt Waldshut ließ sich trotz der schlimmen Erfahrungen, die
sie auf dem Konstanzer Tage vom 23. Januar 1525 machte, oder gerade

Die 12 Artikel sind, da sie die Vorlage für die Memminger Eingabe waren, spätestens am 20. Februar in die
Hände der Memminger Bauern gelangt. Selbst wenn man noch
immer Zweifel an der Heimat der 12 Artikel haben sollte,
macht die zeitliche Nachbarschaft beider Schriftstücke, die
denselben Inhalt haben, nicht einen gemeinsamen Autor
sehr wahrscheinlich?

In der Zeit seiner freiwilligen Verbannung nach Schaff-
hausen, vom 17. August bis zum 27. Oktober 1524, verfertigte
Hubmaier eine kleine Schrift „von den Ketzern und ihren
Verbrennern". Sie soll nachweisen, daß als Ketzer nicht
die anzusehen sind, die die Kirche verfolgt, sondern viel-
mehr die, die freventlich wider die heilige Schrift fechten.
Auch hier begegnet also wieder der Gedanke, der einen
Teil der Einleitung der 12 Artikel ausmacht.

Als Faber im Dezember 1525 die Wohnung Hubmaiers
in Waldshut durchsuchte, fand er neben dem Artikelbrief
und den 12 Artikeln einen sehr merkwürdigen Verfassungs-
entwurf vor, nur zum Teil in der Handschrift jenes Re-
formers, aber dort, wo eine andere Hand die Feder geführt
hatte, von ihm vielfach verbessert. Stern macht wahrscheinlich,[1]) daß bei diesem Entwurfe Münzerischer Einfluß
wirksam war. Wie auch immer — ein solcher läßt sich ja
sonst vielfach feststellen —, was hier interessiert, ist, daß
sich in ihm gleich am Anfang ein Passus befindet, der an
das Zitat des Titels in dem, wie ich noch nachweisen werde,
ältesten Drucke (die Zeit ist hie, das anfahe das gericht
von dem Hause Gottes) aufs deutlichste anklingt: es sei die

_____

deswegen auf neue Verhandlungen ein und war dabei bereit selbst
Hubmaier zu opfern. Darüber später.
    [1]) Über die 12 Artikel 78, Anm. 2.

Zeit da, daß Gott die Tyrannei der weltlichen Herren nicht mehr leiden wolle.[1]) Wenn auch der Entwurf in der vorliegenden Fassung aus der Zeit nach der Metzelei bei Zabern (17. Mai 1525) stammt, so ist doch sehr bemerkenswert, daß Hubmaier mit jenem Gedanken überhaupt vertraut werden konnte.

Unwesentlicheres, wie den Umstand, daß Hubmaier nach dem Bauernkriege den Vorwurf hat hören müssen, er habe alle Dinge „gemein machen wollen,"[2]) kann man übergehen. Doch entsinnt man sich dabei des 4. unter den 12 Artikeln mit seiner Verweisung auf den Urzustand des Menschen.

Ich möchte nur noch die Aufmerksamkeit darauf lenken, daß bei den Artikeln 5—11 die Hand eines theologischen Beraters der Bauern nur in den übrigens seltener als sonst auftretenden Marginalien sichtbar wird (mit Ausnahme des bedeutungslosen Schlusses im Artikel 6: allein nach laut des wort gottes), während die Artikel 1—4, die Einleitung sowie der Schlußartikel sie ebenso im Text wie am Rande (wie häufig hier!) verraten. Die Artikel 6—11 sind solche, die immer und überall wiederkehren. Es sind die, welche sich gegen augenscheinliche Willkürmaßregeln der Herren richteten, die den Bauern nach ihrer Berechtigung und ihrem Zweck unverständlich waren, gegen die Steigerung der Dienste, der Abgaben aus dem Pachtverhältnis, der Frevel, gegen die Angriffe auf das Gemeindeeigentum u. a. m. Es sind Beschwerden, die zu sehr in aller Bewußtsein lebten, sozusagen zu selbstverständlich waren, um noch

---

[1]) Stern 73.

[2]) Hubmaier hat sich März 1526 in einem Schreiben nach Zürich dagegen verteidigt (Egli 449 Nr. 940). Vgl. auch Fabers Angaben in der „Ursach" bei Stern 71 Anm. 1.

einer eingehenderen Begründung aus dem Evangelium zu bedürfen.[1]) Anders stand es um die Artikel 1—4. Hier handelte es sich zum Teil um Institutionen, die wie die Leibeigenschaft,[2]) wie das Recht des Herrn am Wildpret, an Vögeln und Fischen im fließenden Wasser für den einzelnen kaum eine Beschwerde darstellten, zum Teil um solche, die anzutasten nur der Kampf um die Prinzipien verführt hatte.[3]) In der ersten Untersuchung wies ich nach, daß gerade derartige die Unruhen erregt hatten. Hier mußte, sollte anders das Vorhaben der Bauern mit dem göttlichen Wort vereinbar erscheinen, der Theologe dem Bauern zu Hülfe kommen. An dieser Stelle sei nun wieder an jene obenzitierten Angaben Fabers erinnert. Hubmaier sollte danach Artikel, die ihm aus dem Heere zugekommen waren, den Bauern ausgelegt und erweitert, er sollte, wie die catholica defensio besagte, die sediciosos

---

[1]) Der Artikel 5 handelt von den Höltzern, die die Herrschaften sich „alle allein geeignet haben". Trifft das auf Oberschwaben zu, oder denkt man nicht zuerst an die Gegend der Villikationsverfassung, den Schwarzwald? Seine Bewohner bedurften auch hierzu keiner Bibelverweise.

[2]) Darüber vgl. Theodor Knapps „Gesammelte Beiträge zur Rechts- und Wirtschaftsgeschichte vornehmlich des deutschen Bauernstandes" (Tübingen 1902), wozu meine Ausführungen in Schmollers Jahrbuch XXVII, 2 zu vergleichen. Die Leibeigenschaft, soweit sie noch mit der Villikationsverfassung zusammenhing, konnte am ehesten beschwerlich sein, obwohl auch sie wie die ganze westdeutsche Leibeigenschaft sich wenig bemerkbar machte. Die im 16. Jahrhundert im Südwesten verbreitetste Art dieser Institution war eine jüngere Einrichtung, entstanden durch größtenteils freiwillige Ergebung einzelner in die Leibesherrlichkeit gewisser mächtigerer Personen. Wie konnte sie eine Beschwerde abgeben?

[3]) Die Artikel 1—4 kehren bei den Radikalen der Reformationszeit, die sich später z. T. unter dem Zeichen der Wiedertaufe vereinigten, häufig wieder. Sie bezeichnet darum Jakob Holzwart, der 1530 eine Geschichte des Bauernkriegs schrieb, zusammen mit dem fünften geradezu als Artikel der Wiedertäufer (Stern 1872, 509).

articulos mit evangelischen Monumenten versehen haben.[1]) Ist es nicht auffällig, wie vortrefflich unsere Beobachtung an den 12 Artikeln zu diesen Worten paßt?

Neben der inneren Verwandtschaft von Hubmaiers Schriften mit den 12 Artikeln läßt sich bei einer genaueren Vergleichung auch noch eine äußere bemerken.

Man hat bisher zum Beweise für die Anteilnahme Lotzers an der Redaktion der Bauernbeschwerden die Tatsache herangezogen, daß sich in Schriften von ihm ähnliche Marginalien wie in den 12 Artikeln befinden.[2]) An denen Hubmaiers können wir dieselbe Beobachtung machen. In der „Entschuldigung der Stadt Waldshut" sind folgende Zitatformen enthalten: Mar. 1. c. . . . act. 17. ca. (S. 108), Mat. am 18. ca . . . Mar. am 16. ca. (S. 109), Jo. am ersten Cappittel . . . Gal. am I. ca. (S. 111), Epistel Pauli Ro. am 13. und I. Petri I (S. 112), Esa. am 58. ca. (S. 114), Marci am XVI. ca. . . . Jo. am XII. ca. . . . Jo. am V. ca. . . . Lu. am XVI. ca. (S. 120), endlich Math. VII. ca. (S. 121). In der Überschrift einer in Nürnberg 1525 gedruckten Schrift Hubmaiers „von dem Christenl. Tauff der gläubigen" begegnet das Zitat: 1. Corin. xiii Kap.,[3]) in der in Zürich 1526 gedruckten „Handlung . . . zu Osterlytz": 1. Cor. I,[4]) in dem in Nikolsburg gedruckten „Gespräch" Balth. Hubmaiers die Form Hiere. 22. Kap.[5]) Man kann mit Wrede, der bei der Besprechung des Baumannschen Buches auf ein allerdings

---

[1]) Anmerkungsweise sei hier noch auf die Worte aus Münzers Bekenntnis hingewiesen, die hierher gehören: „aus etlichen artigkeln, so dye brueder bewogen, dye ime nit wislich seyn, seyn dye zwelff artigkel der Schwertzwelder bauern zum teyl gewest und andere".

[2]) Baumann (1896) 124, Götze (1901) 22.

[3]) Weller, Repert. typograph. Nr. 3435.

[4]) Weller Nr. 3807.

[5]) Weller Nr. 3818. Vgl. weiter Nr. 3819, Supplement Nr. 887.

vereinzeltes ähnliches Zitat in einem Werke Luthers aufmerksam machte, den Nachweis ähnlicher Zitiermethoden
für wenig beweiskräftig halten. Aber doch wird man, wenn
man in den 12 Artikeln[1]) neben Gen. — Genes., neben Matt.
— Matth., neben Deut. — Deute. usw. trifft, wenn man ferner
so eigentümliche Formen findet, wie Corin. und Hiere.,
Tessalo., Petri. usw., aus der Unregelmäßigkeit in der Zitier-
weise und aus dieser selbst in jenen Schriften und in den
Artikeln auf einen gemeinsamen Autor schließen dürfen.[2])

Bei der Argumentation für Hubmaiers Autorschaft
blieb bisher ein Beweismoment unberücksichtigt, das nie
ohne Bedeutung auch hier gegeben ist, das e contrario.

Unter den 12 Artikeln befinden sich zwei, die man nicht
anders als als revolutionär bezeichnen kann. Das sind der
erste, der die Pfarrwahl für die Gemeinde fordert, und der
zweite, in dem der große Zehnt als Besoldung des Geistlichen seitens der Pfarrkinder in Anspruch genommen und
die Einstellung der Bezahlung des kleinen oder Blutzehnten
verlangt wird. Wenn die 12 Artikel in Oberschwaben,
speziell in Memmingen entstanden sein sollten, mußte nachgewiesen werden, wie man hier zu diesen Forderungen
kommen konnte. Der Nachweis war um so dringlicher,

---

[1]) Ich zitiere nach dem im Anhang mitgeteilten Druck B‘.
[2]) Nebenbei wenigstens möchte ich darauf aufmerksam machen,
daß ein immerhin selteneres Wort: aufbäumen sowohl in der Einleitung
der 12 Artikel (hier Zeile 7 und Zeile 27) wie in Hubmaiers Entschuldigung
Waldshuts (Loserth 107 Alinea 1 Zeile 2) und daß eine ebenfalls
seltenere Wortverbindung desgleichen an beiden Stellen anzutreffen
ist (12 Artikel, Einleitung Zeile 12: schmach des wort gottes; Entschuldigung 119 unten: fels weltlichs gewalts, heiligtum des getlichen
worts). Dem Motto, mit dem Hubmaier alle seine reformatorischen
Schriften versah: die Wahrheit ist untödtlich, entspricht gut der Titel
des im Anhang mitgeteilten Druckes B‘, wo es heißt, daß die Bauerschaft sich zusammenrotte, von wegen der Wahrheit Beistand zu tun.

wenn man die Memminger Eingabe, die dieselben Forderungen enthält, für das spätere Schriftstück hielt. Den
Nachweis hat man bisher nicht versucht. Er wird auch
schwerlich zu erbringen sein. Denn nirgendwo in dieser
Gegend hören wir vor dem 20. Februar, als an welchem Tage
etwa die 12 Artikel den Memminger Bauern bekannt geworden sein müßten, von dem Verlangen nach der Pfarrwahl durch die Gemeinde. In dem evangelisch gesinnten
Kreise ferner, der sich in Memmingen um Schappeler zu-
sammenschloß, hatte es keinen Sinn, derartig revolutionäre
Forderungen aufzustellen, mochte man sich auch vielleicht
im Hinblick auf die ländlichen Verhältnisse theoretisch mit
solchen Fragen beschäftigen. Weiter wissen wir von dem
Memminger Pfarrer, daß er sich prinzipiell gegen jeden
Zehnten aussprach, weil er nicht in der Schrift gegründet
sei. Demzufolge wurde denn auch in der Memminger Eingabe auf die Aufhebung des ganzen Zehnten gedrungen.
Es ist nicht abzusehen, warum wer sonst dem Meister
strikt folgte hier, wo die Bauern gewiß so aufmerksam
wie möglich gewesen wären, plötzlich von dessen Standpunkt abgewichen sein soll. Schließlich hat uns Franz
Ludwig Baumann, der die Wissenschaft mit einer alle
Verhältnisse schildernden Geschichte des Allgäus beschenkte,
bei der Darstellung der bäuerlichen Abgaben belehrt, daß
der kleine Zehnt wenigstens im Allgäu also auch um
Memmingen nicht nur den Blutzehnten in sich begriff,
sondern alle Zehnten außer dem vom Getreide.[1]

Bilden diese beiden ersten Artikel somit wie ich denke
recht starke Instanzen gegen die Annahme, daß Oberschwaben die Heimat der 12 Artikel sei, in den Zusammen-

---

[1] Geschichte des Allgäus Band II (Kempten 1884) 654.

hang mit den Ereignissen im südlichen Schwarzwald fügen
sie sich sehr gut ein. Nach dem ersten Teil dieser Untersuchungen ist eine eingehendere Ausführung nicht nötig,
inwiefern das auf den ersten Artikel zutrifft. In der
Konstanzer Diözese, wo die geistliche und die weltliche
Gewalt gemeinsam die neue Lehre niederzuhalten bemüht
waren, ist es selbstverständlich, daß die Neugläubigen dieses
Recht für sich beanspruchten, um so mehr, als das nahe
Zürich derartigen Bestrebungen den nötigen ideellen Rückhalt bot. Die Stadt Waldshut gab ihren Gesandten bereits
zu dem Tage von Rheinfelden, 31 Oktober 1524, den Artikel
mit: das Evangelium sei pur, lauter und klar zu predigen,
also frei, daß darüber kein anderer Richter oder Rechtfertiger
gesetzt werde, „außerhalb der, so die heilig gschrifft selbs
setzt unnd gybt". Die Instruktion lautete dann weiter:
dies Wort Gottes, wie es soll frei sein zuverkünden und
ungebunden, also will auch die Kirche zu Waldshut des
Predigers halb frei sein, ledig und unverstrickt, geb, wen
sie erwähle oder wer ihnen gefalle ..., denn es unmöglich, daß
der Enden das heilige Evangelium aufrecht und frei gepredigt
werde, wo der Austeiler desselben mit Menschenstricken
verknüpft ist.[1] Auf diesem Punkte bestand die Stadt auch
fernerhin, wieweit sie auch sonst dem Erzherzog entgegenkommen mochte. Der Tag in Konstanz im Januar 1525
hatte eben deshalb keinen Erfolg. Um diese Zeit, noch im
Januar 1525, wurden nun auch schon an anderer Stelle
solche Wünsche laut. Am 31. Januar beschwerte sich die
Gemeinde Griessen im Klettgau, — eben die, in der Münzer
während seines Aufenthaltes in dieser Gegend gelebt hatte,
in einem Schreiben nach Zürich, daß sie ihr Herr, der Abt

---

[1] Loserth 120.

von St. Blasien, trotz mehrfach geäußerten Wunsches mit
keinem Prädikanten versehe, der das Gotteswort „pur,
klar, luter verkünde". Bis zu der Aufstellung einer
Forderung, wie sie der erste der 12 Artikel enthält, war
nur noch ein Schritt.

Im Gebiete der Stadt Zürich war ferner der zweite
Wunsch der Bauern in ihrem Manifest, der, nur noch den
großen Zehnten geben zu sollen, bereits verwirklicht. Frei-
lich ein Edikt, das die Scheidung in großen und kleinen
Zehnten anerkannte und den letzten als unnötig bezeichnete,
ist hier erst später, nach dem Bauernkriege publiziert
worden.[1]) Aber wie aus Verordnungen vor ihm zu ent-
entnehmen ist,[2]) wurde hier tatsächlich immer nur der große
Zehnt, ein solcher von Korn, Hafer, Heu und Wein, verlangt. In keiner oberschwäbischen Bauernbeschwerde wird
vor dem 14. Februar 1525 dieser Forderung gedacht. Dagegen wird in dem Anlaß zwischen den Grafen von Fürstenberg und Lupfen und den Herren von Schellenberg einer-
und deren Untertanen andrerseits, der vom 10. Februar datiert ist, bestimmt, daß nur der große Zehnt bis zum Aus-
trage des Streits vor dem Reichskammergericht weiter
entrichtet werden solle.[3]) Die Vermutung ist gewiß begründet, daß eine dahingehende Forderung der Bauern,
die wir nicht mehr kennen, vorgelegen hat. Eben hierhin
gehört ein Punkt aus der Beschwerdeschrift der Grafschaft
Klettgau über ihren Herrn an die Stadt Zürich, bei dem
sie anfragt, wie es mit dem kleinen Zehnten zu halten.[4])

---

[1]) Egli, Aktensammlung zur Geschichte der Züricher Reformation
Nr. 737.
[2]) Vgl. Egli Nr. 274, 420.
[3]) Baumann, Akten 104.
[4]) Schreiber 1524, 184.

Baumann behauptete zwar, dieses Schriftstück sei in den März 1525 einzuordnen, aber schon Stern betonte die Unmöglichkeit dafür einen Beweis zu erbringen;[1]) Baumann mußte ihn denn auch schuldig bleiben. Hat man danach nicht allen Grund zu der Annahme, daß hier im Schwarzwald jene Distinktion zwischen großem und kleinem Zehnten ihren Ursprung hat?

Alle diese teils direkten, teils indirekten Hinweise auf den südlichen Schwarzwald, denen Instanzen von Bedeutung nicht entgegenstehen, lassen in Verbindung mit den eindeutigen Worten Fabers meines Erachtens einen Zweifel nicht mehr zu, daß die Wissenschaft in Hubmaier den Verfasser der 12 Artikel zu sehen hat, soweit von einem solchen die Rede sein kann. Was wir von der Persönlichkeit Hubmaiers wissen, spricht gegen seine Autorschaft in keiner Weise. Im Gegenteil stimmen das Temperament, die dialektische Gewandtheit, das starke Vertrauen auf den Sieg der Sache, die in der Einleitung zum Ausdruck kommen, recht gut zu diesem Mann, der schon bevor er der Schüler der Reformation namentlich Zwinglis wurde ein eifriger Theolog und Bibelforscher war und dabei schon damals an Reformen dachte. Für die sachliche Verwandtschaft seiner Schriften mit den 12 Artikeln hatten sich uns außerdem bereits einzelne Belege ergeben.

---

[1]) Göttingische Gelehrte Anzeigen. Jahrgang 1871. 1751 Anm.

Drittes Kapitel

Das älteste Exemplar der 12 Artikel.
Die Zeit ihrer Entstehung.

Als das älteste Exemplar der 12 Artikel galt der Wissenschaft bis zum Jahre 1903 eine Abschrift, die am 21. März 1525 von Schongau nach München geschickt wurde, als der älteste Druck ein Münchener, der auf ähnlichem Wege einen Tag später dorthin gelangte. Den einzigen Anhalt dafür bot soweit ich sehe die schon öfter berufene Tatsache, daß die 12 Artikel von Oberschwaben aus verbreitet wurden. Die Drucke zu vergleichen lag zunächst kein Anlaß vor. Als dann Götze zum ersten Mal sich nach dieser Richtung bemühte uud sämtliche bekannten Drucke zusammenstellte (1902), mag eben diese Tradition ihm die Kriterien an die Hand gegeben haben, nach denen er die Auswahl des ältesten Druckes traf. Im Jahre 1903 habe ich gegen diese Ansicht Front gemacht.[1]) Dem Drucke M glaubte ich in dem Drucke C' einen älteren gegenüberstellen und an der Priorität dieses Druckes auch trotz der Einwände, die Götze 1904 dagegen erhob, festhalten zu müssen.[2]) Da für die Autorschaft Hubmaiers nicht ganz ohne Belang ist, ob der Druck M, dessen Typen auf Augsburg

---

[1]) In der Historischen Zeitschrift 91, 7—13. Hier 36—41 auch ein Abdruck von C', wozu Historische Vierteljahrschrift 1904, 53 Anm. und 1905, 14 Anm. zu vergleichen.

[2]) In der Historischen Vierteljahrschrift 1905, 6—11.

als Druckort deuten, die Ehre des ältesten Exemplars verdient, oder ob sie B' zukommt, einem verwandten Drucke, dem ich noch höheres Alter als C' zuzusprechen geneigt bin,[1]) so mögen hier noch einmal die Gründe folgen, die für B' meiner Ansicht nach den Ausschlag geben. Im Anhang teile ich die beiden in Frage stehenden Exemplare B' und M nach einer buchstaben- und interpunktionsgetreuen Abschrift mit.

Ehe ich an den Vergleich gehe, wird es angebracht sein, genau zu präzisieren, um was es sich handelt. Es steht nicht nur in Frage, wer von den beiden Drucken der frühere ist. Fast noch wichtiger ist den Nachweis zu führen, der hiermit im engsten Zusammenhange steht, daß der eine den Charakter einer Privatarbeit, der andere den des Manifestes der versammelten Bauerschaft deutlich verrate. Denn auch mir ist sicher, daß die Verbreitung des Druckes auf einen wie immer enstandenen Beschluß der christlichen Vereinigung erfolgt ist.[2])

Stellt man die beiden Titel einander gegenüber,

B'	M.
Artickel so yetzund vorgewendt von der gemeynen Bauwerschafft, die sich allenthalben zůsammen rottet, von wegen der warheit beystandt zů thůn, mitsampt verantwort vnnd gůtlichem bescheydt genanter Bauwerschafft. MCCCCCxxv. j. Petri am iiij Die zeyt ist hye, das anfahe das gericht, von dem hauß Gottes.	Dye Grundtlichen Vnd rechten haupt- Artickel, aller Baurschafft vnnd Hyndersessen der Gaistlichen vn̄ Weltlichen oberkayten, von wŏlchen sy sich beschwert vermainen.

---

[1]) Die Veränderungen von B' gegenüber C' und die Gründe für die Vordatierung von B' in der Historischen Vierteljahrschrift 1905, 13—15.

[2]) Vgl. oben S. 75.

so findet man zunächst in B' eine Zeitbestimmung (yetzund, Bauerschaft rottet sich zusammen, Zitat), die sozusagen an den Boden erinnert, von dem die bäuerliche Bewegung ausging, und die an die unmittelbare Gegenwart anknüpft. M dagegen ist jeder Zeitbestimmung bar. Ein Druck mit einem solchen Titel —, in dem sogar die Bauerschaft nicht allgemein nach ihrem Beruf, sondern nach den rechtlichen Kategorien bezeichnet wird, die unter ihr bestehen, — konnte zu jeder Zeit des Jahres 1525 und auch noch später verbreitet werden, wie denn hier auch die Jahreszahl fehlt, die bei B' nicht fortgelassen ist. M eignete sich eben deshalb ganz anders wie B' für eine Bewegung, die als eine allgemeine gedacht war, und konnte darum zum Manifest der Bauerschaft werden. Man darf wohl behaupten, daß ein solches um so weniger an seinen Ursprung erinnern darf, je allgemeinere Bedeutung es haben soll. Aus dem Titel von B' dagegen, aus der Art, wie in ihm auf die Bauerschaft hingewiesen wird, scheint mir hervorzugehen, daß der Verfasser nicht in den Reihen der Bauern gesucht werden darf.[1]) Zugleich kann nach diesen Beobachtungen nicht zweifelhaft sein, daß in M der spätere Druck vorliegt. Wie sollte ein Nachdrucker von M auf den Gedanken kommen, ein allgemeines Manifest so umzuändern?

Eine weitere Bemerkung an dem Titel von B' verstärkt diese Argumentation. B' hat dort ein Zitat: die Zeit ist hie, daß anfahe das Gericht von dem Haus Gottes. Man kann nicht sagen, daß es gerade glücklich gewählt ist.

---

[1]) Liegt in B' eine Privatarbeit vor, so ist damit erklärt, daß von ihm im Vergleich zu M soviel weniger Exemplare entweder schon damals gedruckt wurden oder aus der Reformationszeit sich in spätere Jahrhunderte retteten.

Mit dem Satze, der Wahrheit Beistand zu tun, schien es
darauf hinzudeuten, daß die Bauern eventuell gewaltsam
für ihre Artikel eintreten würden. Dabei war der Sinn
dieser Artikel ein ganz anderer, war vielmehr auf gütliche Auseinandersetzung gerichtet! In einer Privatarbeit konnte solche Unstimmigkeit wohl stehen bleiben,
auch bei einer gewissen lokalen Begrenzung des Geltungs-
bereichs der Artikel war es noch möglich. Sollten die
12 Artikel aber ein allgemeines Manifest sein, so mußten
sie eine einheitliche, in allen Teilen harmonische Fassung
haben. Es ist nicht denkbar, daß an ihnen, wenn sie erst
einmal eine solche hatten (wie M), nachträglich (B') eine
Änderung vorgenommen sein sollte, die sie ihnen wieder
raubte.

Außer diesen Argumenten für das frühere Alter von B'
ergeben sich solche noch aus den Zusätzen, die M aufweißt.
Ich beginne mit dem im Artikel 3:

B'

¶ Zům dritten, Ist der brauch bitz her gewesen, dz man | vns für
eygen leüt gehalten hat, welchs zů erbarmē ist, | vnangesehen, das vns
Christus mit seynem kostbarlich- | en blůt erlößt vnd erkaufft hat, den
hyrtē gleych als | wol als den höchsten, keyn außgenummen. Darumb |
5 findt es sich mit der geschrifft, das wir frey seyn. Wir wöl | len vns
auch gern gegen yedermann demüttigen, vnd sund- | erlich gegen vnseren
gesetzten Obren, so vns von Gott | gesetzt seyn, den auch gehorchen in
allen zymlichen sach- | en, so nit wider Gott seind.

M

Zům dritten, Ist der brauch byß her gewesen, das man | vns für
jr aigen leüt gehalten haben, wölch zů erbarm- | en ist, angesehen das vns
Christus all mitt seynem kost- | parlichen plůt vergůssen, erlößt vnnd
erkaufft hat, den | Hyrtten gleych alls wol alls den höchsten, kain auß
5 ge- | nommen, Darumb erfindt sich mit der geschryfft das | wir frey seyen
vnd wöllen sein, Nit dz wir gar frey wöl | len seyn, kain oberkait
haben wollen, Lernet vnfs Gott | nit, wir sollen in gepotten
leben nit yn freyem fleyschlich | en můtwilen. Sonder got

lieben jn als vnserrn Herren | jn vnsern nechsten erkennen,
vnnd alles das so wyr auch | gern hetten, das vnns Got am
10 nachtmal gepotten hat | zů ainer letz, darumb sollen wir nach
seinem gepot leben | zaigt vnd weißt vns diß gebot nit an
das wir der oberk- | kait nit korsam seyen, nit allain der ober-
kait, sunder wir | sollen vns gegen jederman diemůtigñ, das wir auch
ge- | ren gegen vnser erwelten vnd gesetzten oberkayt (so vns | von
15 Got gesetzt) jn allen zimlichen vñ Christlichen sach- | en geren gehorsam
sein, seyen auch onzweyfel jr werdendt | vnß der aigenschafft
als war vnnd recht Christen geren | endtlassen oder vns jm
Euangeli des berichten dz wirß | seyen.

Es fällt sofort in die Augen, wieviel länger im Drucke M
der Artikel gefaßt ist. Sieht man zu, was er mehr enthält
(die Zusätze sind in M gesperrt gedruckt), so bemerkt
man, daß in der Zeile 6 (8) eine ausführliche Umschreibung
des Begriffes „frei" einsetzt, die voller Polemik sich gegen
die Deutung dieser Freiheit als einer fleischlichen, als einer
gegen die Obrigkeit gerichteten wendet. Der Druck B',
der zaghaft nur eben auf das Nichtschriftgemäße der Leibeigenschaft hinweist, kannte augenscheinlich solche Auslegung nicht. Hätte er sie gekannt, so ist kein Zweifel,
daß auch er eine scharfe Abweisung derselben enthielte.[1]
Von B' zu M ist also eine Entwicklung vorhanden. Die
Bauern haben gemerkt, daß man an ihr Vorhaben in
Gottes Wort die einzige Richtschnur für ihr Tun zu suchen
nicht glaubte. Wem fällt bei dieser Gelegenheit nicht ein,
wie oft ihnen sehr bald nach dem Beginne der Unruhen
entgegengehalten wurde, daß sie nur einer fleischlichen
Freiheit folgten! Jene Bauern, die nur hier und da Abstellung von Beschwerden verlangten, wie oft haben sie
hören müssen, daß sie aller Obrigkeit den Krieg erklärten!

---

[1] Denn es ist doch wohl nicht anzunehmen, daß in einem von M
abhängigen Drucke alsdann ein solcher Passus fortgeblieben wäre.

Außer im Artikel 3 hat M noch in der Glosse zu Zeile 40 der Einleitung einen Zusatz. B' verweist zur Erläuterung des Satzes, daß Gott die Kinder Israel bei ihrem Schreien aus der Hand Pharaonis „erledigt" habe, nur auf Exodus 3, auf das Kapitel, in dem von Gottes Auftrag an Moses erzählt wird, das Volk Israel aus Ägypten zu führen, es aus der Bedrängung durch die Ägypter zu retten. Das Zitat genügte. M hat trotzdem dazu das weitere: Exodi 14, das Kapitel, das über den Untergang der Macht Pharaos berichtet. Gewiß kannte es auch der Redaktor von B', aber er fand es zu erwähnen nicht nötig. Ist die Vermutung zu gewagt, daß M mit diesem Zusatz die Zuversicht der Bauern im Angesicht der drohenden Macht ihrer Widersacher verstärken sollte, daß dieser Druck nicht mehr nur eine Bedrängung der Freunde des Evangeliums, sondern eine direkte Verfolgung derselben zur Voraussetzung hatte?

Nicht immer und nicht ohne weiteres wird der bessere Druck, die bessere Lesart den Vorzug vor schlechteren verdienen und den Anspruch auf das höhere Alter begründen. Doch wenn schon andere gewichtige Gründe zu der Bezeichnung eines Druckes als des älteren beigebracht werden können, wird die Bemerkung, daß er zugleich die bessere Lesart hat, diese um einen weiteren vermehren. Zum Beweise dafür, daß B' sich in diesem Sinne vor M auszeichnet, sei registriert, daß sich jene anstößigen Stellen, die Cornelius und Baumann vornehmlich bestimmt hatten, der Memminger Eingabe die Priorität vor den 12 Artikeln zuzuerkennen, in B' (im 3. Artikel) nicht finden,[1] und daß

---

[1] Der Schluß des Artikels, in dem die Anrede zum zweitenmal erscheint, ist in B' noch garnicht vorhanden.

M in der Zeile 5 des 3. Artikels mit dem Wort „vergüssen" ein sicherlich überflüssiges Anhängsel zu „Blut" hat, das in B' vollständig genügt.

Zusätze in M, die schlechtere Lesart, ein allgemeinerer Titel, das sollten schon Argumente genug für die Priorität von B' sein. Läßt sich dann aber noch dartun, daß B' im ganzen im Vergleich mit M nur eine einzige Verschlechterung im Text hat: Einl. 30, wo ein zweites „das" fehlt (hiemit, das das wort gottes),[1]) während M von solchen geradezu strotzt, so wird jeder Zweifel ausgeschlossen sein, daß wir in B' den Druck einer Privatarbeit besitzen, der in verhältnismäßig ruhiger Zeit hergestellt und darum noch überwacht werden konnte, während für sorgfältige Korrekturen an M die Ruhe fehlte.

Es erübrigt zum Schluß noch festzustellen, wann etwa die 12 Artikel von Hubmaier verfaßt sind, ob wirklich erst kurz vor dem 15. Februar, wie gelegentlich einmal zu bemerken war, oder noch vor diesem Zeitpunkt. Daß ihre Entstehung jedenfalls kaum vor den Anfang des Jahres 1525 fällt, darf man aus der Jahreszahl auf den Drucken der älteren Druckgruppe erschließen, obwohl eine handschriftliche Notiz auf einem späteren auf das Jahr 1524 verweist.[2])

Der Zweck der 12 Artikel war bereits erörtert: sie sollten zur Entschuldigung der Bauern und zugleich auch zur Anklage gegen die Herren dienen, die das Evangelium nicht leiden wollten. Eben damals hatte ein anderes Aktenstück herangezogen werden können, das im Auftrage der

---

[1]) B' hat im Vergleich zu M noch 2 Verschlechterungen: V 16, wo statt des besseren „verkaufft" erkaufft zu lesen, und VII 5, wo am Zeilenende das übrigens überflüssige Wörtchen jn ausgefallen ist. Da sie den Sinn nicht alterieren, kommt auf sie nichts an.

[2]) Vgl. Historische Vierteljahrschrift 1905, 15.

Stadt Waldshut, von Hubmaier verfaßt, denselben Zweck verfolgte. Die Vermutung liegt nahe, daß beide demselben Augenblick ihr Dasein verdanken, dem Momente, als die Österreicher mit Heeresmacht im südlichen Schwarzwald aufzutreten versuchten, und sie erscheint bei näherem Zusehen begründet.

Die 12 Artikel in ihrer ältesten Fassung geben selbst einen Anhalt für den Zeitpunkt mindestens des Druckes. Es ist in ihrem Titel die Rede davon, daß „sich die Bauerschaft allenthalben zusammenrottet". Damit sind die Wochen vor dem Januar 1525 ausgeschlossen. Will man nicht bis in den Anfang Oktober 1524 zurückgehen, wo jedoch die Bewegung noch nicht den Charakter hatte, den die Einleitung voraussetzt, dann kommen nur die letzten Tage des Januar 1525 in Betracht, an denen in der Tat, wie in der ersten Untersuchung auszuführen war,[1] die Bauern überall zusammenzogen. Es sei hier nur noch einmal darauf hingewiesen, daß sich damals alles gegen sie erklärte. Die Herren, allen voran Ferdinand, hatten ihnen längst gezeigt, wie sie sich zu ihnen und ihrem Vorhaben stellten. Jetzt machten nun auch die übrigen Stände Vorderösterreichs, die auf dem Freiburger Landtage zusammentraten, keinen Hehl mehr daraus, daß sie alles für den Sieg dieser Partei zu tun gewillt seien.

Es könnte sein, daß das Manuskript der 12 Artikel schon früher fertiggestellt war. Doch würde man dann wol um den Nachweis verlegen sein, wer Hubmaier zu dem ersten Artikel, der Forderung der Pfarrwahl durch die Gemeinde, angeregt hat. Man könnte weiter zu der Annahme geneigt sein, daß die 12 Artikel in der älteren Fassung eine Vorarbeit in einer anderen Form gehabt haben,

---

[1] Vgl. S. 54/5.

die ganz den Charakter der Privatarbeit, der privaten Belehrung der Bauern hatte. Wie auch immer, wichtig für
die vorliegende Frage ist noch ein Datum aus Hubmaiers
Leben, nach dem gerade Ende Januar 1525 der Waldshuter
Pfarrer an den aufständischen Bauern einen gewissen Halt
zu suchen sich gezwungen sehen mochte. Nach dem Konstanzer Tage vom 23. Januar 1525, auf dem die Stadt
Waldshut hören mußte, daß von Entgegenkommen Ferdinands
nur unter der einzigen Bedingung die Rede sein könne,
daß sie ihren Pfarrer entlasse, war der Rat der Stadt noch
einmal schwankend geworden. Hubmaier, der schon immer
eine Neigung zu radikalerem Auftreten gehabt hatte, ent-
schied sich eben in diesen Tagen für die Lehre von der
Wiedertaufe. Damit vollzog er einen Bruch mit Zwingli,
dem das Züricher Religionsgespräch eben erst den Sieg
über diese Tendenzen verschafft hatte, welcher für Waldshut sehr verderblich werden konnte.[1]) Denn nun waren
die Sympathien der besonneren evangelischen Schweizer
verscherzt.[2]) Man kann also dem Rate Waldshuts nicht
verdenken, wenn er einen Augenblick mit dem Gedanken
spielte, Hubmaier zu opfern. Und bei diesem wieder, soweit
er sonst entfernt sein mochte, die Bestrebungen der Bauern
zu billigen,[3]) war es gewiß verständlich, wenn er jetzt dort

---

[1]) In der Tat haben, als sich Anfang März die Stadt Waldshut
bei Zürich, Basel und Schaffhausen um Aufnahme in die Eidgenossenschaft bewarb, die Antipathieen der Schweizer Reformatoren gegen
die Wiedertaufe bei der Ablehnung des Gesuches eine Rolle gespielt
(Loserth 77).

[2]) Vgl. dazu H. Schreiber, Balthasar Hubmaier etc. im Taschenbuch
für Geschichte und Altertum in Süddeutschland. Freiburg i. B. 1840,
190/1.

[3]) Hubmaier hat später geleugnet, die Obrigkeit ihrer Einnahmen etc.
haben entsetzen zu wollen (vgl. Loserth 67 ff., wo alle Angaben Hubmaiers zusammengestellt, aber auch sondiert werden).

eine Zuflucht suchte, wo sie ihm am leichtesten geboten
war. Am 29. Januar zogen die Bauern aus dem Kletgau
mit einem blauweißen Fähnlein in Waldshut ein.[1]) Es
kann fraglich sein, ob sie dort allein blieben, ob sich nicht
vielmehr auch noch andere Bauern hier einfanden. So
kamen Hubmaier und die Bauern zusammen, die sich ja
schon früher — man erinnere sich des August 1524 — berührt hatten. Unter solchen Verhältnissen mag das Manuskript, wie es dem Drucker vorlag, entstanden sein. Als
am 11. Februar Leonhard von Eck von der Bewilligung
des ersten Dritteils der Hilfe an Ferdinand nach München
berichtete, fügte er hinzu, daß die „Bauern im Hegau und
derselben Ort, derhalben diese dritte Hilfe beschicht, all
von der evangelischen freyhait, pruederlich lieb und irem
notzwang sagen, sagen auch unter anderm, das visch und
vilpret frei sein soll". Die Artikel der Bauern dieser
Gegend verraten von solchen Forderungen bis in den April
hinein nichts. Es ist darum nicht unwahrscheinlich, daß
Eck oder seinem Gewährsmann bereits ein Druck der 12 Artikel vorlag.[2]) Gewiß ist, im Hinblick auf die Anklänge
in den oberschwäbischen Bauernbeschwerden, von denen
ich sprach, daß sie den Bauern dieses Landstrichs schon
vom 14. Februar ab abschriftlich oder gedruckt bekannt
geworden waren.[3]) In der Nachbarschaft sie zu verbreiten,
hatte wenig Wert, da die Bauern hier ja schon für ihre
Forderungen aufgestanden waren. Eben dorthin wurden
sie geschickt, wo es bereits gärte.[4]) Doch lag zunächst in

---

[1]) Walchner und Bodent 249.
[2]) Vgl. dazu auch das Schreiben Artzts nach Augsburg vom 19.
Februar 1525 (Artzt VI Nr. 43).
[3]) Vgl. die genaueren Nachweise in der Historischen Zeitschrift
91, 30—32.
[4]) Über die Verbreitung dorthin wissen wir sehr wenig. Doch

Oberschwaben kein Anlaß vor, sie in toto aufzunehmen. Meist ward sogar ihr erster Artikel fortgelassen. Erst als auch hier die Gegner, die auf dem Grunde der Artikel so garnicht mit sich verhandeln lassen wollten, die Oberhand zu bekommen schienen, als sich die Bauern aller Haufen miteinander verbündeten, erst da griff man auf jenes Manifest zurück. Mit einigen Änderungen, die der Lage der Dinge entsprachen,[1]) wurden die Artikel von neuem gedruckt. Jetzt erst begann die reißende Ausdehnung des Aufstandes; wohin die 12 Artikel drangen, überall entzündete sich an ihnen die Seele des Landvolks. Das Manifest, das gegen die unchristlichen Widersacher geschrieben war, ward nun zum Programm fast der gesamten südwestdeutschen Bauerschaft.

----

könnten immerhin 2 Fakta uns darüber einigen Bescheid geben. 1. Nach einem Briefe des Überlinger Rates vom 11. März 1525 (Oberrheinische Zeitschrift N. F. III. 228/9) hatten damals seine Hintersassen die „gemeinen Artikel" zu den ihren gemacht. Wir wissen aus andern Quellen, daß Johann Heuglin oder Hüglin von Lindau ihnen diese vermittelt hat (vgl. Riegel in Schriften des Vereins für Geschichte des Bodensees VII. 59/61 und Walchner in den Schriften der Gesellschaft für Beförderung der Geschichtskunde zu Freiburg i. Br. I. 76/7). Nun ist es auffällig, daß Hubmaiers Frau (seit 1524 oder Anfang 1525) eine Elsbeth Hügline aus der Reichenau war (Loserth 25). Besteht zwischen Johann Hüglin und Elsbeth Hügline irgend ein verwandtschaftliches Verhältnis? — 2. Hubmaier stand schon längere Zeit in brieflichem Verkehr mit dem Ulmer Arzt Wolfgang Rychard (Stern, 12 Artikel 49 Anm. 1). Am 19. März, also bevor die in Augsburg gedruckten Exemplare der 12 Artikel bekannt wurden, übersandte dieser seinem Sohn nach Heidelberg rusticorum placita. Baumann (1896, 139) meint, diese könnten unmöglich die 12 Artikel gewesen sein, doch ohne einen triftigen Grund anzuführen. Darf man nicht vermuten, daß Hubmaier sie seinem Freunde nach Ulm geschickt hat?

[1]) Hier mag Lotzers Arbeit eingesetzt haben. Sie entsprach seiner Stellung und seinem Charakter.

Anlagen.

Druck B':

4 Blätter in Quart (186 : 153 mm). Die Druckzeile 99 mm lang, mit Glossen 114 mm, die bedruckte Seite in der Vertikale 154 mm. Die Titelrückseite bedruckt. Vom ersten Artikel ab vor jeder Artikelüberschrift und vor jeder ersten Zeile ein Absatzzeichen. Vorhanden: Großherzogliche Hessische Hofbibliothek in Darmstadt (M 1012/20).

Artickel so yetzund vorgewendt
von der gemeynen Bauwerschafft, die sich allenthalben zůsammenn rottet, von wegen der
warheit beystandt zů thůn, mitsampt
verantwort vnd gůtlichem bescheydt genanter Bauwerschafft.
MCCCCCxxv.

Holzschnitt 85 : 67 mm. Zwei diskutierende Bauern, in einer Bodenwelle stehend.[1]

j. Petri am iiij.
Die zeyt ist hye, das anfahe das gericht,
von dem hauß Gottes.

(Seite 2.)   Dem christlichen Leser fryd
vnd gnad Gottes durch Christum.

Die wid'-   **E**S seyn vil widerchristē, die yetzund von wegen
christen.   der versamelten Baurschafft, das Euangelion
Des neū-   zů schmehen vrsach neṁen, sagent, das seyn die   5
wen Euā   frücht, des neůwen Euangelions. Nyeman gehorsam
geli frucht.   seyn, an allen orten sich emborheben vnd vffbeůmen,
mit grossem gewalt zůhauff lauffen vñ sich rottē, Geyst
liche vnd Weltliche oberkeiten zů reformierē, außzůreůtten, Ja villeycht gar zů erschlagen. Allen disen gottlosen 10

---

[1] Damit ist in das Bild im Vergleich zu dem Faksimile, das in Baumanns Geschichte des Allgäus Band III, 52 gegeben ist, ein Moment größerer Ruhe hineingebracht.

Druck M:

6 Blätter in Quart (193 : 146 mm). Die Druckzeile 98 mm lang, mit Glossen 117 mm, die bedruckte Seite in der Vertikale 158 mm. Titelrückseite und letzte Seite frei. Nach Goetze 1904, 57 Druck von Melchior Ramminger in Augsburg. Vorhanden: Königliche Bibliothek zu Berlin (Flugschriften 1525 Nr. 2a), sonst vgl. Goetze 1902, 9.

Dye Grundtlichen Vnd rechten haupt
Artickel, aller Baurschafft vnnd
Hyndersessen der Gaistlichen vñ
Weltlichen oberkayten, von
wölchen sy sich beschwert
✿ vermainen. ✿

Schmale Titelbordüre — zwei Drittel der linken Bordüre in anderem Muster.

Dem Christlichen leeser Fryd vnnd (Seite 3.)
Gnad gottes durch Christum.

Die wider Christen.

Des neuen Euangeli frücht.

ES seyn vil wider christē, die yetzūd vō weg en der versamleten Baurschafft, das Euangelion zū schmehñ vrsach nemen, sag- 5 ent, das seyn die frücht, des newen Euägelions? Nyemant gehorsam seyn, an allen ortten sich empor heben vñ auff pōmen, mit grossem gewalt zūhauff lauffen vnd sich rotten, Gaistlich vnnd weltliche oberkaiten zūreformieren, außzūreytten, Ja 10

Antwort d̄ Artickel.

Entschuldigūg der Artickel.

Roma. 1.

freuenlichen vrteylern, Antworten diße nachgeschribne Artickel. Am ersten, dz sye diße schmach, des wort gottes vffheben. Zům andern die vngehorsamkeit, Ja die embörung aller Bauren Christenlich entschuldigen. Zům ersten, ist das Euangelion nit ein vrsach der embörung 15 en oder vffrůrenn, Die weil es ein rede ist, von Christo dem verheyßnē Messia, Welches wort vn̄ leben, nichts dañ liebe, fryd, gedult vnd einigkeit lernet. Also das alle die in dißen Christum glauben, lieblich, frydlich, gedultig vnd einig werden. So dañ der grundt aller Artickel 20 der Bauren (Wie dañ klar gesehen würt) das Euange lion zů hören, vnnd dem gemeß zů leben, dahyn gericht ist. Wie mügen dañ die Widerchristen das Euāgelion ein vrsach der embörung vn̄ des vngehorsams nennē. Das aber etlich Widerchristen vnd feind des Euange 25 lij, wider solliche anmůttung vnnd begerung sich leynen vnd vffbeümen, ist das Euangelion nit vrsach, Sund er der Teüffel der schedlichst feynd des Euangelij, der solches durch den vnglauben in den seynen erweckt, hye mit das wort gottes (das liebe, fryd, vn̄ einigkeit lernet) 30 vndergetruckt vnd hynweg genūmen würde. Zům and ern, dañ klar lauter volgt, das die Baurē in jrē artickeln

Aij

Rom. 11.
Esaie. 40.
Roma. 8.

Exodi. 3.

Luce. 18.

solchs Euangelion zůr ler vnd leben begerendt, nit mů gen vngehorsam, vffrůrisch, genent werden. Ob aber Gott die bauren (nach seynem wort zů leben engstlich 35 růffend) erhörē will, Wer will den willen gottes tadlen? Wer will in seyn gericht greyffen? Ja wer will seyner maiestet widerstreben? Hat er die kynder Israhel (zů jm schreyendt) erhört, vnd auß der handt Pharaonis erlediget? Mag er nit noch heüt die seynen erredten? Ja er 40 würts erredten? Vnd in eyner kürtz, Derhalben Christlicher leser, solche nachuolgendt artickel liese mit fleyß, Vnd nachmals vrteyl.

¶ Der erst Artickel.

¶ Zům ersten ist vnser demůttig bitt vn̄ beger, auch vn ser aller will vnd meynung, das wir nůn fürohin gewalt vnd macht wöllen haben, das ein gantze gemeyn sol ein

1. Timo. 3   Pfarrherr selbs erwelen vnd kiesen. Auch gewalt haben 5

villeücht gar zů erschlagen? Allen disen Gotlosen freuen
lichen vrtailern, Antwurtš dise nachgeschribne Artick

Antwurt. el, Am ersten das sye dise schmach, des wort gotes auff
d' artikel. heben, Zům andern die vngehorsamikait, Ja die Em-
Entschul- pôrung aller Bauren Christělich endtschuldigen, Zům 15
digůg der ersten, ist das Euangelion nit ain vrsach der Empôrůg
Artickell. en oder auffrûren. Dye weyl es ain rede ist, von Christo
dem verhaissne Messia, Welchs wort vnd leben, nichts
Roma. 1 dañ, liebe, Fride, Geduldt, vñ ainigkaiten lernet. Also
dz alle die in disen Christů glaubě, lieplich, Fridlich, Ge 20
dultig, vnd ainig werden, So dañ der grund aller Artickel der Bawren (Wie dañ klar gesehen wirt) Dz E-
uangelion zůhôren, vnd dem gemeß zů leben, dahin gericht ist, Wie mügen dañ die widerchristen das Ewangelion ain vrsach der Embôrůg, vnd des vngehorsams 25
nennen? Das aber ettlich widerchristen vnd feynd deß
Euangelij, Wider sôlliche anmůttung vñ begerůg sich
lonen vnd auffbômen, ist das Euangelion nit vrsach,
Sonder der teüfel der schedlichst feynd deß Ewangelij,
der solches durch den vnglauben in den seynen erweckt, 30
Hyemitte das, das, wort Gotes (liebe, fryd, vnd ainig
kait lernent) vndergetruckt vñ wegkgenômen wurde.

(A. ij.)

(Seite 4.) Zům andern dañ klar lauter volget, das dye Bawren
in jren Artickeln solches Euangelion zůr leer vnd leben
begerendt, nit mügě vngehorsam, Auffrûrisch, geneñt 35
werden, Ob aber Got die Pauren (nach seynem wort
Roma. 11 zů leben ångstlich[1]) rûffent) erhôren will, Wer will den
Esaie. 40. willě gotes Tadlen? Wer will in sein gericht greyffen?
|Roma. 8 Ja wer will seiner mayestet wyd'strebě. Hat er die kind-
Exodi. 3 er Israhel zů jm schreyendt, erhôret, vnd auß der hand 40
vnd. 14. Pharaonis erlediget? Mag er nit noch heut die seynen
Luce. 18. erretten? Ja er wirts erretten? Vñ in ainer kürtz? Derhalben Christlicher leser, Solliche Nachuolgendt Art-
tickel lyse mit fleyß, Vnd nach mals vrtail.

(Seite 5.)   Hye nachuolgent die Artickel.

Z[2])   Der erst Artickel.

Vm Ersten ist vnser diemůttig bytt vñ
beger, auch vnser aller will vñ maynůg,
das wir nun fürohin gewalt vnd macht
wôllen haben, ain gantze gemain sol ain 5

---

[1]) Anderes e wie sonst, hier wie auf S. 125 und 127.
[2]) Quadratische Verzierung mit Putten auf schwarzem Grunde.

Titon. 1. den selbigen wider zů entsetzen, wañ er sich vngebürlich

Actuů. 4. hielt. Der selbig erwelt Pfarrher, sol vns dz heylig Euā
geliñ lauter vnd klar predigen, one allen menschlichen
zůsatz, ler vnd gebott, dañ vns den waren glauben stetz

Deut. 17. verkündigen, gibt vns ein vrsach Gott vmb sein gnad 10

Exodi. 31.
Deut. 10. zů bitten, vns den selbigen waren glauben ynbilden vñ
in vns bestetē. Dañ wañ sein gnad in vns nitt yngebil-

Johan. 6. det wirt, so bleyben wir stetz fleysch vnnd blůt, das dañ
nichts nütz ist, wie klarlich in der geschrifft stet, dz wir al-

Galla. 1. leyn durch den waren glauben zů Gott kuñen künden, 15
vñ allei durch sein barmhertzigkeit selig müssen werdē.
Darumb ist vns ein solcher vorgeer vñ Pfarrherr von
nöten, vnd in diser gestalt in der geschrifft gegründt.

¶ Der ander Artickel.

wie dann
die gantz
Epistel zu
den Hebr.
saget.
(Seite 4.)
Psal. 109.
Geñ. 14.
Deute. 18
vnd. 12.

¶ Zům andern, nach dem der recht zehend vffgesetzt ist
im alten Testament, vnd im neüwen als erfült, nichts
destminder wöllen wir den rechten korn zehendē gern ge
ben, Doch wie sichs gebürt, demnach man soll jn Gott 5
geben, vnd den seynen mitteylen, gebürt es einem Pfar-
herr, so klar das wort Gottes verkündt. Seyen wir des
willen hynfüro disen zehend, vnser kyrch Bröpst, so dañ
ein Gemeyn setzt, sollen ynsamlē vnd ynneñen, darvon
einem Pfarrherr, so von einer gantzen Gemeyn erwölet 10
würt, sein zimlich gnůgsam vffenthalt geben, jm vnnd

Deute. 25

1. Tim. 5.
Matt. 10.
1. Corin. 9

den seinen, nach erkantnüß einer gantzē Gemeyn. vnd
was überbleibt, soll man armē dürfftigen, so im selbigen
Dorff vorhandē seind, mitteylen, nach erkantnüß einer
Gemeyn. Ob aber etwas weiters überblyb, so soll man 15
das behaltē, ob man reyßen můst von landts not wegē,
darmit man kein landts steür dürff vff den armē legen,

Ein christ
lich erbie-
tung.

soll mans vō dißem überschuß außrichtē. Auch ob sach
were, das eins oder mer Dörffer weren, die den zehendē
selbs verkaufft hettent, auß ettlicher not halbē, die selbig 20

Luce. 6.
Matth. 5.
Man soll
nyemandt
nichts ne-
men.

en an zůzeygen, vñ das selbig Dorff herfürbringen, auch
soll der selb gleichermaß von vns gehaltenn vnnd vergleichen, nach gestalt der sach, zů zymlicher zeyt vnd zyl,
jm solchen zehenden wider ablösen. Aber wer von keinē
Dorff solchs erkaufft hat, vnd jre vorfarē jnen selbs sol- 25
lichs zůgeeygnet habē, wöllen vnd sollen, vñ seind jnen
nichts weiters schuldig zů geben, allein wie obstat vnsern erwölten Pfarrherrn, oder den dürfftigē mitteylen,
wie die heylig geschrifft innhelt, sye seyenn geystlich oder

1 Thim. 3
Titon. 1
Actuũ. 14

Pfarer selbs Erwölen vnd kyesen. Auch gewalt haben den selbigen wider zůentsetzen, waũ er sich vngepürlich hieldt, Der selbig erwölt Pfarrer soll vns das hailig E- uangeli lauter vñ klar predigen one allen menschlichē zů

Deutro. 17
Exodi. 31.
Deutro. 10

satz, leer vnd gebot, dañ vns den waren glaubē stetz ver- 10 kündigen, geyt vns ain vrsach got vnd sein gnad zů bit- ten, vnns den selbygen waren glawben einbylden vnd in vns bestetten, Dann wann seyn genad in vnß nit ein

Johann. 6
Gallata. 2

gepyldet wirdt, so bleyben wir stetz fleysch vñ blůt, das dañ nichts nutz ist, wie klårlich[1]) in der geschrifft stat das 15 wir allain durch den waren glauben zů got komen kind en, vnd allain durch seyn barmhertzigkait sålig[1]) müssen werden, Darumb ist vns ain sollicher vorgeer vñ Pfar- rer võ nötten vñ in diser gestalt in d' geschrifft gegrindt.

Der ander artickel.

Wie dann
die ganntz
Epistel zů
den Hebr.
saget.
Psal. 109

Zům andern nach dem der recht Zehat auff gesetzt ist im alten Testament vnd im Neuen als erfüldt, nichts destminder wöllen wir den rechtē korn zehat gern gebē, Doch wie sich gebürt, dem nach man sol in Got geben, 5 vñ den seynen mitaylē, gebürt es ainem Pfarrer so klar das wort gots verkindt, Seyen wir des willen hinfüro

Genesi. 14

disen zehat, vnser kirch Bröpst so dañ ain gemain setzt, (Aiij.)

(Seite 6.)
De. 18. 12

Sollen einsemlen vnd eynnemen, daruon ainem Pfarr- er so võ ainer gantzen gemain erwölt wirt, seyn zymlich 10 gnůgsam auffenthalt geben, jm vnd den seynen, nach

Deutro. 25

erkantnus ainer gantzen gmain, vnnd was über bleybt sol man (armen dürfftigen, so im selbē dorff verhandñ

1. Thim. 5
Math. 10
1. Chor. 9

seynd) mittailen, nach gestalt dersach vñ erkantnus ain er gemain, was über bleybt soll man behaltten, ob man 15 Raysen müßt von lands not wegen, Darmit man kain landts steuer dürff auff den armen anlegen, Sol manß von disem überschuß anßrichten, Auch ob sach were daz

Ein christ
liche erpiet
tung

ains oder mer dörffer weren, die den zehenden selbs ver kaufft hettent auß ettlicher not halbē, die selbigē so dar 20 umb zů zaigen, in der gestalt haben von aynem gantzen dorff der sol es nit entgeltñ, Sond' wir wellen vns zymͤ-

Luce 6
Math. 5
Mã sol nie
emät nichs
nemen.

licher weyß nach gestalt vñ sach mit im vergleychen, jm sollichs wider mit zymlicher zyl vnd zeyt ablassen, Aber wer võ kainem dorff sollichs Erkaufft hat vñ jre forfa- 25 ren jnen selbs solchs zůgeaygent haben, wöllen vnd sol- en vnd seynd jnen nichts weyters schuldig zůgeben, al- ain wie obstat vnsern Erwöltē Pfarrer darmit zů vnd-

Geneß. 1. weltlich. Den kleinen zehendt wöllen wir gar nit geben, 30
daß Gott der herr das vych frey dem mēschen beschaf-
fen, das wir für ein vnzimlich Zehendt schetzenn, den die
menschen erdicht habenn. Darumb wöllenn wir jn nit
weitter geben.

¶ Der dritt Artickel.

Esaie. 53.
1. Petri. 1.
1. Corin. 7
Aiij

Roma. 13
Sapien. 6.
1. Petri. 2.
Deute. 6.
Roma. 13
Actuum. 5
Ein christ-
lich erbie-
tung.

¶ Zům drittē, Ist der brauch bitz her gewesen, das man
vns für eygen leůt gehalten hat, welchs zů erbarmen ist,
vnangesehen, das vns Christus mit seinem kostbarlich-
en blůt erlößt vnnd erkaufft hatt, den hyrten gleich als 5
wol, als den höchsten, keyn ausgenummen. Darumb
findt es sich mit der geschrifft, das wir frey seyn. Wir wöl
len vns auch gern gegē yederman demütigen, vñ sunderlich gegen vnseren gesetzten Obren, so vns von Gott
gesetzt seyn, den auch gehorchen in allen zymlichen sach- 10
en, so nit wider Gott seind.

¶ Der vierd Artickel.

¶ Zům vierden, so ist bitzher im gebrauch gewesen, das
der arm man kein gewalt hat gehabt, über dz wildtbret,
gefygels, oder fysch in flyessenden wassern, der keyns nit
zů fahen, welchs vns daß gantz vnzimlich vñ vnbrůder 5
lich bedunckt, sunder eygennützig, vnd dem klaren wort
Gottes gantz entgegen. Auch in etlichen örtern die ober
keit vns das gewild zů trutz vnd mechtigem schadē hab

Geneß. 1.
Actuū. 10.
1. Tim. 4.
1. Corl. 10.
Coloss. 2.

en will, vns das vnser (so Gott dem menschen zů nutz
wachßen hat lassen) die vnuernünfftigē thier zů vnnutz 10
verfretzen můtwilligklich, solchs wir auch leydē můssen,
darzů stillschweigen, das wider Gott vnd den nechsten

erhalten, Nach malen ablesen, oder den dürfftigẽ mittailen, wie die hailig geschryfft innhölt, Sy seyen gaist- 30
lich, oder welttlich den klaynen zehat wöllen wir gar nit
geben, Dañ Got der herr dz vich frey dem menschen be-
Genesis. 1 schaffen, das wir für ain vnzymlichñ zehat schetzen, den
die menschen erdicht haben, Darumb wöllen wir jn nit
weytter geben. 35

Der drit artickel.

Zům dritten, Ist der brauch byßher gewesen das man
Esaie. 53. vns für jr aigen leüt gehalten haben, wölch zů erbarm-
1. Petri. 1. en ist, angesehen das vns Christus all mitt seynem kost-
1. Chor. 7.
(Seite 7.) parlichen plůt vergůssen, erlößt vnnd erkaufft hat, den 5
Roma. 13. Hyrtten gleych alls wol alls Den höchsten, kain auß ge-
Sapien. 6. nommen, Darumb erfindt sich mit der geschryfft das
1. Petri. 2. wir frey seyen vnd wöllen sein, Nit dz wir gar frey wöl
len seyn, kain oberkait haben wellen, Lernet vnß Gott
Deut. 6 nit, wir sollen in gepotten leben nit jn freyem fleyschlich 10
Matheï. 4 en můtwilen. Sonder got lieben jn als vnserrn Herren.
Luce. 4.
Luce. 6. jn vnsern nechsten erkennen, vnnd alles das so wyr auch
Math. 5 gern hetten, das vnns Got am nachtmal gepotten hat
Johan. 13 zů ainer letz, darumb sollen wir nach seinem gepot leben
zaigt vnd weißt vns diß gepot nit an das wir der oberk- 15
kait nit korsam seyen, nit allain der oberkait, sunder wir
Roma. 13 sollen vns gegen jederman diemůtigñ,[1] das wir auch ge-
ren gegen vnser erwelten vnd gesetzten oberkayt (so vns
Actuũ. 5 von Got gesetzt) jn allen zimlichen vñ Christlichen sach-
Ain Christ en geren gehorsam sein, seyen auch onzweyfel jr wedendt 20
liche erbiet vnß der aigenschafft als war vnnd recht Christen geren
tung. endtlassen oder vns jm Euangeli des berichten dz wirß
seyen.

Der Viert Artickel.

Zum vierten ist biß her jm brauch gewesen, dz kayn arm
er man nit gewalt gehabt hatt, das willpret gefigel oder
fisch jn fliessenden wasser nit zů fachen zů gelassen werdẽ,
welchs vns gantz vnzymlich vñ vnbrůderlich dunckt, sun 5
der aigennützig vñ dem wort Gotz nit gemeß sein, Auch
in etlichen ortern die oberkait vns dz gewild zů trutz vnd
mechtigem schaden habẽ, wil vns dz vnser (so Got dem
Gene. 1 menschen zů nutz wachsen hat lassen) die vnuernüfftigen
Actuũ. 10 thyer zů vnutz verfretzen můtwiligklich) leydẽ mûssen) 10
1 Timo 7 dar zů stillschweigen das wider Gott vnd dem nechsten
1 Cor. 10.
Coloss. 2 ist, Wañ als Gott der herr den menschen erschůff, hat er

ist. Wann als Gott der herr den menschen erschůff, hat
er jm gewalt geben über alle thier, über den vogel im
lufft, vnnd über den fysch im wasser. Darumb ist vnser 15
begeren, wann einer wasser hette, das ers mit gnůgsam
er schrifft beweysen mag, das man das wasser vnwissen
lich also erkaufft hette, begeren wir jms nitt mitt gewalt
zů nemmen, sunder man můst ein Christenlich ynsehen
dariñ haben, von wegen brůderlicher lieb, aber wer nitt 20
gnůgsam anzeygung darumb kan thůn, sols einer Gemeyn zymlicher weiß mitteylen.

Ein christ
lich erbie
tung.

¶ Der fünfft Artickel.

¶ Zům fünfftě, seyen wir auch beschwert der beholtzůg
halb, dañ vnsere herrschafftě habendt jnen die hôltzer al
le alleyn geeygnet, vñ wañ der arm mañ etwas bedarff,
můß ers vmb zwey gelt kauffen. Ist vnser meynůg, wz 5
für hôltzer seyen, es habens geystlich oder weltlich jnně,
die es nit erkaufft habě, sollen einer gantzě Gemeyn wid
er anheym fallen, vñ einer Gemeyn zymlicher weiß frey
sein, eym yegklichen sein nodturfft ins hauß zů brennen,
vm̄ sunst lassen nem̄en, auch wañ von nôten sein würde 10
zů zim̄ern auch vmb sunst nem̄en, doch mit wissen der so
von d' Gemeyn darzů erwôlt werdě. So aber keyns vor
handen wer, dañ das, so redlich erkaufft ist worden, soll
man sich mit den selbigen brůderlich vnd Christlich ver
gleichen. Wañ aber das gůt am anfang auß jnen selbs 15
geeygnet wer worden, vnd nachmals erkaufft worden,
soll man sich vergleichen nach gestalt der sach vnnd er-
kandtnůßß brůderlicher lieb vnd heyliger schrifft.

(Seite 6)
wie oben
im erstě ca
pitel des. 1
bůchs mo
si anzeygt
ist.
  Hierauß
nit außrey
tung des
holtz ge-
schehen
wirt ange
sehen die
verorden-
ten.
Ein christ
lich erbie
tung.

¶ Der sechst Artickel.

¶ Zům sechsten, ist vnser hart beschwerung der dienst
halben, welche von tag zů tag gemert werden, vnd tåg-
lich zůnem̄en, begeren wir, das man ein zimlich ynsehen
daryn thůe, vns der massen nit so hart beschwerě, sunder 5
er vns gnådig hyerynnen ansehen, wie vnser åltern gedient haben, alleyn nach laut des wort Gotts.

Roma. 10

¶ Der sybendt Artickel.

¶ Zům sybendě, das wir hynfüro vns ein herrschafft nit
weiter wôllen lassen beschwerě, sund' wieß ein herrschafft
zymlicher weiß eym verleicht, also soll ers besitzenn laut
der vereynigung des Herren vnd Baurě. Der herr soll 5

Ain christ   jm gewalt geben vber alle thier, vber den fogel im lufft
liche erbie vnd vber den fisch jm wasser. Darumb ist vnser begeren
tung.
(Seite 8.)   wañ ainer wasser hette dz ers mit gnûgsamer schriff be- 15
Ein chri   weysen mag das man das wasser vnwyssenlych also er-
stliche er- kaufft hette, begeren wir jms nit mit gewalt zû nemen
bietung   Sunder man mûst ain Christlich eynsechen darynnen
habē võ wegen brûderlicher lieb, aber wer nit gnûgsam
anzaigen darum̃ kan thon, solß ainer gemayn zymlich- 20
er weyß mittailen.

Der Funfft artickel.

Zum fünfften seyen wir auch beschwert der beholtzung
halb, Dañ vnsere herschafften habend jnenn die hôltzer
alle allain geaignet, vñ wañ der arm man was bedarff
mûß ers vmb zway geldt kauffen, ist vnnser maynung 5
Wie eben   was für hôltzer seyen, Es habens geistlich oder weltlich
im ersten jnnen die es nit erkaufft haben, sollen ayner gantzen ge-
cap. des. 1
bûch Mo-   main wider anhaim fallen, vñ ainer gemayn zimlicher
si anzaigt weiß frey sein aim yetlichē sein noturfft jnß hauß zû brē-
ist.   en vm̃ sunst lassen nemen, auch wañ võ nôten sein wurde 10
zû zym̃ern auch vm̃ sunst nemē, doch mit wissen der so võ
Hierauß   d' gemain darzû erwelt werdē. So aber kains verhandñ
nitt auß- wer, dañ das so redlich erkaufft ist wordenn, Sol man
rayttung
des holtz   sich mit den selbigen briederlich vñ Christelich vergleich-
geschehen en, Wañ aber das gût am anfang auß jnen selbs geay- 15
wirt, ange gnet wer worden vnd nachmals verkaufft worden, Sol
sehen die man sich vergleichen nach gestalt der sach vñ erkantnuß
verordnet
ē Ain crist briederlicher lieb vnd heiliger geschrifft.
liche erbiet
tung.   ### Der Sechst artickel.

Zûm sechsten ist vnser hart beschwerung der dyenst halben wôlche von tag zû tag gemert werden vnd teglich zû
nemen, begeren wir das man ain zimlich einsechen dar
ein thû, vnß der massen nit so hart beschweren, Sonder 5
Roma. 10   vns gnedig hier jnnē ansechen wie vnser Eltern gedient
haben allain nach laut des wort gots.

(Seite 9.)   ### Der Sybent Artickel.

Zûm sibendē dz wir hinfûro vns ain herschafft nit wey
ter wôlle lassen beschwerē, sond' wieß ain herschafft zymlicher weiß aim verleycht also sol erß besitzen laut der ver-
ainigûg des herren vñ bauren, Der herr soll jn nit weiter 5

nit weiter zwingē noch dringen, mer dyenst noch anders
Luce. 3.   von jm vmb sunst begerē. Darmit der Baur, solch gůt
Tessalo. 6. on beschwerdt also rüblich brauchen vnd nyessen müg.
Ob aber des Herren dyenst von nôten werē, soll jm der
Bauwer willig vnnd gehorsam sein für ander, doch zů 10
stund vñ zeit, das dem Baurē nit zů nachteyl dyen, vnd
(Seite 7.) jme vmb einen zymlichen pfennig den thůn.

¶ Der acht Artickel.

¶ Zům achten seyen wir beschwerdt, vnd der vil so gůt-
ter innē haben, das die selbigen gůter die gült nit ertrag-
en künden, vñ die Bauren daruff das jr ynbůssen vnd
verderben, das die Herrschafft die selbigen gůter erber 5
leüt besychtigen lassen, vñ nach der billigkeit ein gült er-
schôpff, darmit der Baur sein arbeit nit vmb sunst thů,
Matth. 10   dañ ein yegklicher taglôner ist seins lons wirdig.

¶ Der neünd Artickel.

Esaie. 10. ¶ Zům neünden seyn wir beschwert der grossen freuel,
Ephe. 6.   so man stetz new satzung macht, nit das man vns strafft
nach gestalt der sach, sunder zů zeiten vß grossem neid,
vnnd zů zeiten auß grossem gunst. Ist vnser meynung, 5
Luce. 3.   vns bey alter gschribner straff straffen, darnach die sach
Hiere. 26   gehandelt ist, vnd nit nach gunst.

¶ Der zehend Artickel.

wie oben.   ¶ Zům zehenden seyn wir beschwerdt, das etlich haben
Luce. 6.   jnen zůgeeygnet, wisen, dergleichen åcker, die dañ einer
Gemeyn zů gehörend. Die selbigen werdē wir wider zů
Christlich   vnsern gemeynen hånden neīmen. Es sey dañ sach das 5
erbietung.   mans redlich erkaufft hab, wann mans aber vnbillicher
weiß erkaufft het, Sol man sich gůtlich vnd brůderlich
mit einander vergleychen nach gestalt der sach.

¶ Der eylfft Artickel.

Deut. 18.   ¶ Zům eylfften, wôllen wir den brauch, genant der todt
Matth. 8.   fal, gantz vñ gar abthon haben, den nyīmer leyden noch
Matt. 23.   gestatten, das man wittwen, weysen das jr wider Gott
Esaie. 10. vnd eeren, also schendtlich neīmen, berauben soll, wie es 5
an vil orten (mengerley gestalt) geschehen ist, vnnd von
den, so sye beschützē vnd beschirmē solten, hand sye vns
geschunden vnd geschaben, vnd wañ sye wenig fůg hetten gehabt, hettend diß gar genuīmen, das Gott nit mer

Luce. 3
Tessa. 6.

zwyngen noch dryngen mer dyenst noch anders von jm vmb sunst begeren, Darmit der Baur solych gůtt on beschwert also rüeblich brauchen vnd niessen müg, ob aber des herrē dienst von nötten weren, sol jm der baur willig vñ gehorsam für ander sein, doch zů stund vnd zeyt, das 10 dem bauren nit zů nachtail dyen, vnnd jme vmb aynen zymlichen pffenning deñ thůn.

Der Achtet Artickel.

Math. 10

Zům achten sey wir beschwert, vñ der vil. so gůter jnnen haben, das die selbigen gůter die gült nit ertragen kindē vnd die Bauren das jr darauff einbiessen vñ verderben. das die herschafft die selbigen gůter, Erberleūe besichtig 5 en lassen, vñ nach der billikayt ain gylt erschöpff, da mit der baur sein arbait nit vmb sunst thye, dañ ain yetlicher tagwercker ist seyns lons wirdig.

Der Neundt Artickel.

Esaie. 10
Epheß. 6

Luce. 3
Jhere. 26

Zům neünten seyen wyr beschwertt der grossen frefel, so man stetz new satzung macht, nit dz man vnß strafft nach gestalt der sach, sunder zů zeyten auß grossem neyd, vnd zů zeytten auß grossem gunst, Ist vnser maynung, vns 5 bey alter geschribner straff straffen, darnach die sach gehandelt ist, vnd nit nach gunst.   [B]

(Seite 10.)

Wye oben
Luce. 6

Christlich erbietung.

Der Zehent Artickel.

Zům zehenden sey wir beschwert, das etlich haben jnen zůgeaignet, wisen der gleichē ecker, die dañ ainer gemain zů geherendt, Dieselbigen werden wir wider zů vnsern gemainen handen nemen, Es sey dann sach das mans 5 redlich erkaufft hab, wañ mans aber vnbillycher weyß erkaufft het, Sol man sich gůtlich vnnd briederlich mit ainander vergleychen nach gestalt der sach.

Der Aylfft Artikel.

Deutro. 18
Math. 8
Math. 23
Esaie. 10

Zům ailfften wellen wir den brauch genant den todtfall ganz vñ gar abthůn habñ, Den niōer leidē noch gestat ten, das man witwen waisen das jr wider Got vñ eerē, 5 also schentlich nemen berauben sol, wie es an vil ortten (menigerlay gestalt) geschehen ist, vñ von den, so sy besitz en vnd beschirmen solten, hand sy vns geschunden vnnd geschaben, vnd wañ sy wenig fůg hettend gehabt, hettendt diß gar genomen, dz Got nit mer leidē wyl, sunder

(Seite 8)   leidē will, sunder soll gantz absein, keyn mēsch soll nichts 10
hynfüro schuldig sein zů geben, weder wenig noch vil.

Die weyl
alle artick   ¶ Beschlufß.
el im wort
gottes be-   ¶ Zům zwölfften ist vnser beschlußß vñ endtliche meyn
griffē seyē ung, wañ einer oder mer Artickel, als hye gestelt (so dem
             wort gottes nit gemeß) werē, als wir dañ nicht vermeyn
             en, die selbigē Artickel, wo man vns mit dem wort Got- 5
Christlich   tes für vnzimlich anzeygen, wolt wir darvon abston,
erbietung.   wann mans vns mit grundt der schrifft erklert, Ob man
             vns schon ettlich Artickel yetz zů lyeß, vñ hernach sich be
             fend das vnrecht weren, sollen sye von stund an todt vñ
             ab seyn, nichts mer gelten. Dergleichen ob sich inn der 10
             schrifft, mit der warheit mer Artikel erfünden, die wider
             Gott vnd beschwernüß des nechsten weren, wöllen wir
             vns auch vor behalten, vñ beschlossen haben, vñ
             vns in aller Christlicher leer üben vnd brauch-
             en. Darumb wir Gott den herren bit-   15
             ten wöllen, der vns das selbig geb-
             en kan, vnd sunst nyemant.
             Der fryd Christi sey
             mit vns al-
             len.   20

sol gantz absein, kain mensch nichts hinfiro schuldig sein 10
zů geben, weder wenig noch vyl.

Beschluß.

Zům zwelften ist vnser beschlůß vñ endtlyche maynůg,
Die weyl
alle artick
el im wort
Gotes be-
gryffen sey
en.
Christliche
erbietung.

(Seite 11.)

wann ainer oder mer Artickel alßhie gesteldt (So dem
wort Gotes nit gemeß) weren, als wir dañ nit vermain
en die selbigen artickel, wo man vns mit dem wort Gots 5
für vnzimlich anzaigen, wolt wyr daruon abston, wañ
mans vns mit grundt[1]) der schrifft erklert. Ob man vns
schon etlich artickel yetz zů lyeß, vñ hernach sich befendt
das vnrecht weren, sollen sy von stundan todt vñ absein.
nichts mer gelten, der gleichen ob sich in der schrifft mit 10
der warhait mer artickel erfunden, die wider Got vnd
beschwernus des nåchsten[2]) weren, wöll wir vnns auch
vorbehalten, vnnd beschlossen haben, vnnd vns in aller
Christlicher leer yeben vnd brauchen, darumb wir Gott
den herren bitten wöllen, der vns das selbig geben kan 15
vnnd sunst nyemant, Der frid Christi sey mit vns allen.

B ij.

---

[1]) Vorlage: grnndt.
[2]) Bei å anderes e wie sonst.

III.

Der Bauernkrieg im Bistum Bamberg.

Bis zum Jahre 1525 waren die Unruhen auf ein kleines Gebiet beschränkt geblieben. Es konnte vorkommen, daß sie Chronikenschreibern ganz entgingen, daß diese den Bauernkrieg erst mit dem neuen Jahr beginnen ließen. Auch dann dauerte es noch Wochen, ehe sich der Aufstand auch nur über eine Landschaft ausdehnte. Seit dem Ende März 1525 dagegen flackerte überall die Flamme auf. Der Boden mindestens von ganz Südwestdeutschland schien von ihr unterwühlt zu sein. Wo in den Jahren und Jahrzehnten vorher auch nicht die geringste Erregung zu spüren gewesen war, erhoben sich plötzlich, überraschend die Elemente des Volkes. Auf die Klöster flog der rote Hahn, die Schlösser sanken weit und breit in Trümmer. Was war der Grund dafür? Die Wissenschaft, soweit sie in den letzten Jahrzehnten hierauf ihr Augenmerk richtete, hatte nur die eine Erklärung, daß es soziale Antipathien gewesen sein müßten, die hier zum Ausbruch kamen, soziale Antipathien, die den Rückschluß auf arge Mißstände gestatteten. Von einer politischen oder wirtschaftlichen Notlage der unteren Klassen ließ sich nun zwar bei exakterer Untersuchung des Staatswesens der Zeit nicht wohl sprechen.[1]) Dafür aber meinte man in der privilegierten Stellung von Kirche und Adel den Grund entdeckt zu haben: im Hinblick auf diese Privilegien, auf ihre Betonung namentlich seitens des Adels sei das Temperament der Bevölkerung revolutionär geworden;

---

[1]) Vgl. die auf S. 9 Anm. 1 zusammengestellte Literatur.

allein hieraus, aus nichts anderem seien die Ereignisse seit dem April 1525 zu verstehen.[1])

Man mag über das Temperament als Faktor im politischen Leben denken wie man will — das Eine ist gewiß, daß man jene Ereignisse nicht ohne Rücksicht auf die Monate vorher betrachten darf. Wie ich in der ersten Untersuchung nachwies, waren die Unruhen, die diese erfüllten, eine Folge der katholischen Reaktion. Je stärker diese sich zeigte, um so weiter griffen sie um sich: schon hier kam es zum Sturm auf die Klöster und Schlösser. Seit dem März 1525, als die gesamte Macht des Schwäbischen Bundes gegen die Bauern mobil gemacht wurde, war das nun in gesteigertem Maße der Fall. Die Tatsache, daß die 12 Artikel vielfach den einzig nachweisbaren Anstoß zu den Erhebungen an den verschiedensten Orten gaben, ist ein deutliches Zeichen, daß die Bauern überall den Weckruf zur Wahrung der evangelischen Predigt, zur Verteidigung der neuen Lehre verstanden: man kann behaupten, daß, wo nur die geringste Sympathie für die Sache des Schwäbischen Bundes bei den Herren oder bei der Obrigkeit hervortrat — nie war der Bund umfassender als in dieser Zeit! —, die Untertanen nicht lange zögerten, die Fahne des Aufruhrs aufzupflanzen. Streitigkeiten über die Staatsverwaltung, Beschwerden über die Regierung hat es immer gegeben, in deutschen Landen nie zahlreicher als seit den Jahren, da die lutherische Reformation alle kirchlichen Ordnungen in Frage stellte: sie wurden jetzt neu zusammengetragen. Warum sie zuweilen anders aussahen, sobald die Bewegung die Grenzen überschritt, innerhalb deren sie sich bis dahin abgespielt hatte, und warum die Unruhen hier eine Richtung

---

[1]) So Kiener in der Oberrheinischen Zeitschrift N. F. XIX.

einschlugen, die eine völlige Umgestaltung des Staatsgefüges
in sich barg, das ist zu einem guten Teile auf die Natur
und die Geschichte der Staatenwelt in diesen Gegenden
zurückzuführen, wie ein Blick auf sie noch zeigen wird.
Doch auf diese nicht allein!

Die Bewegung seit dem März 1525 war noch in einer
anderen Beziehung mit der religiös-kirchlichen Frage verknüpft. Schon bei der Beobachtung der Unruhen im Winter
1524—25 war des Eindruckes zu gedenken, den die
Schwenkung des Papstes von der Partei Karls V. zu der
des französischen Königs auf weite Kreise machte. So lange
die beiden obersten Gewalten in der Christenheit in Frieden
und Freundschaft miteinander lebten, bestand kaum für
Luther und seine Gesinnungsgenossen die Möglichkeit, ihre
religiösen Ideale durchzusetzen. Ganz und gar ausgeschlossen
aber war das für die radikaleren Elemente, soweit sie eine
Umgestaltung der deutschen Kirche in jeder Beziehung zum
Ziele hatten. Der Anhang, den sie bisher gewonnen hatten,
war naturgemäß klein: Massen lassen sich nicht durch
Gründe der Vernunft allein zu Taten fortreißen, unter denen
das Gemüt zu leiden hat. Jetzt war nun die Sachlage für
sie eine außerordentlich günstige. Der Zwiespalt zwischen
Kaiser[1]) und Papst war nicht nur allenthalben bekannt
geworden, das Kaisertum, dessen Besitz dem Selbstgefühl
der Deutschen in dieser romantisch angehauchten Zeit besonders schmeichelte, hatte sogar über den Verbündeten des
Papstes den glänzendsten, wie man annehmen durfte, den
entscheidenden Sieg davongetragen. Wenn je, so konnten
jetzt Leute von dem Schlage eines Münzer und eines Karlstadt hoffen, größere Massen für ihre Ziele zu begeistern

---

[1]) Der Ausdruck sei mir gestattet, obwohl Karl V. damals ja noch
nicht zum Kaiser gekrönt war.

und mit ihrer Kirchenpolitik durchzudringen. Seitdem Luther,
das sanfte Fleisch, wie man ihn nannte, ihrer Wirksamkeit
in seiner Nähe ein Ende gemacht hatte, hatten sie auf
Wanderfahrten im Süden Deutschlands ebensowohl für ihre
Ideen weiter Propaganda getrieben, wie sie sie im Gegensatz zu dem Reformator dogmatisch immer radikaler aus-
gebildet hatten — man denke an Karlstadts Abendmahls-
lehre, an die vom freien Willen. Kreise, die Luther bisher
gefolgt waren, waren durch den Streit um diese Positionen
an ihm irre geworden. Jetzt, seit dem März 1525, war
Gelegenheit ihm auch kirchenpolitisch den Wind aus den
Segeln zu nehmen.

Schon längst hat die Wissenschaft die Beobachtung
gemacht, daß neben den Unruhen auf dem Lande solche
in den Städten einhergingen. Vor dem März 1525 bereits
fühlten sich die städtischen Behörden hier und da, dort,
wo das Land vom Aufruhr ergriffen war, der niederen
Schichten der Bevölkerung nicht mehr sicher. Werden
diese in solchen unruhvollen Zeiten immer ökonomisch in
Mitleidenschaft gezogen, und schon deshalb bereit sein, sich
zu erheben, daß auch die Obrigkeit in den Städten die Sache
des Schwäbischen Bundes gegen die Bauern vielfach zu der
ihren machte, war dazu für sie ein weiteres Moment.
Immerhin waren bis zu jenem Zeitpunkt Unruhen in den
Städten nur vereinzelt. Wenn das seitdem anders wurde,
wenn jetzt die kleineren Reichsstädte wie die Landstädte
in ihren Mauern die stärksten Veränderungen hinsichtlich
ihres Regiments erlebten, so, daß von nun an Kreise daran
teilnahmen, die bisher davon ausgeschlossen waren, so wird
man darin eine Rückwirkung jener Ereignisse der hohen
Politik, den Einfluß der steigenden Macht der Männer er-
blicken dürfen, die sie zugunsten einer radikalen Politik

in Kirche und Staat auszunutzen gedachten. Nicht überall bedurfte es der Persönlichkeit eines Agitators wie sie etwa Münzer war. Man kann vielleicht sogar sagen, daß die Massen untergeordneteren Geistern eher folgten.[1]) Denn die Ziele durften nicht zu hoch gesteckt sein, es genügte vorläufig, wenn die Schichten ihres Einflusses und ihrer Macht beraubt wurden, die am Alten hingen oder einer Hinneigung dazu verdächtig waren. Nur selten verrät sich dem Forscher, zu wie hohem Fluge sich die Gedanken anschicken konnten. Der Plan einer Reichsreform, die die letzte Folge von alledem war, was angebahnt wurde, ist noch in der Zeit vor der Entscheidung zu Papier gebracht worden. Das Bauernparlament, das ihn beraten sollte, ist jedoch nicht mehr zusammengetreten.

Strömungen dieser Art waren es, die seit dem März 1525 die bestehenden Gewalten in Kirche und Staat fortzuschwemmen, dem politischen Leben ein ganz neues Gesicht zu geben drohten. Mit jener Reaktion der Massen gegen den Druck von katholischer Seite erschienen seitdem radikale Tendenzen verbunden, die sie benutzen konnten, und die die Gegensätze noch verschärfen, den Unruhen einen noch viel ernsteren Charakter aufprägen mußten. Alles war in Gefahr, darum war, nun erst recht, alles, was an dem Zustande wie er war ein Interesse hatte, gezwungen, an Gegenwehr zu denken. Damit wiederum wurden die Leidenschaften immer von neuem entzündet.

Es versteht sich von selbst, daß hierunter am meisten die geistlichen Territorien zu leiden hatten. Konservativ,

---

[1]) Es ist das Verdienst der Dissertation von Otto Merx, Thomas Münzer und Heinrich Pfeiffer (1523—1525), Göttingen 1889, nachgewiesen zu haben, daß in Mühlhausen Münzers Einfluß und Anhang in breiteren Massen nicht hervorragend war.

wie nichts anderes in der Welt dieser Jahre, erregten sie
eben darum bei der Lage der Dinge den stärksten Widerstreit; dabei waren sie ihrer staatlichen Organisation gemäß
nicht imstande, von sich aus eine energische Gegenbewegung
einzuleiten. Wer die Strömungen in diesen Monaten kennen
lernen will, der wird sie also am ehesten an dem Verlauf
der Erhebung in einem solchen Territorium studieren können.
Hier konnten sie ungehindert ihre Wege suchen.

Indem ich im Folgenden mich der Aufgabe unterziehe,
sie in einem solchen zu beobachten und zu verfolgen, wähle
ich dazu als Beispiel das Bistum Bamberg. Einmal ist uns
für den Bauernkrieg in diesem Bistum ein Quellenmaterial
von einer außerordentlichen Reichhaltigkeit erhalten geblieben, das zudem aus den verschiedensten Lagern stammt.[1]
Und dann hat Bamberg, ich möchte fast sagen in seiner
Ecke, ein Dasein ganz für sich führen können, anders als
es z. B. dem Bistum Würzburg, von dessen Wohl und Wehe
sehr viel mehr abhing, vergönnt war: die Bewegung konnte
hier eben deshalb den typischen Verlauf nehmen.

---

[1] Vgl. die Zusammenstellung im Anhang I!

Erstes Kapitel

Blick auf die politische Lage des Bistums Bamberg um 1525.

Eine eingehendere Darstellung der politischen Lage des Bamberger Stifts werde ich nicht geben. Sie ist für das Verständnis des Bauernkriegs im großen und ganzen nicht nötig, und sie kann auch bei dem Mangel jedweder zuverlässiger Forschung[1]) bisher ohne besondere Archiv-

---

[1]) Von solcher Forschung kann man weder bei den älteren Werken von Michael Heinrich Schubert, Benignus Pfeuffer, H. J. Jäck und Joseph Heller (aus dem 18. und dem Anfang des 19. Jahrhunderts) noch auch bei dem neuesten sprechen, dem Werke des Pfarrers Joseph Loos-horn, Geschichte des Bistums Bamberg, von dem für mich der 4. Band (Bamberg 1900) in Betracht kam. Von irgendwelcher systematischer Forschung oder Verarbeitung des Materials ist keine Rede. Sein Werk gibt mit Fleiß gesammelte Lesefrüchte aus dem Bamberger Kreisarchiv, aber auch solche nur, soweit sie nicht zu schwer zu lesen waren. Das Urteil ist, ohne daß es durch den Stoff irgendwie begründet wäre, das ultramontan-demokratische. — Im Jahre 1901 ward eine Arbeit von Joseph Prößl angekündigt, die nach ihrem Titel: Die Beschwerden der bischöflich bambergischen Untertanen im Bauernkriege 1525, wohl auch das Thema dieses Kapitels berühren mußte. M. W. ist davon jedoch nur ein verschwindend kleiner Teil, als Münchener Dissertation, erschienen, dessen Resultat, wonach die 12 Artikel den bambergischen Beschwerdeschriften als Vorbild gedient haben, zudem abzulehnen ist. — Die Studie von A. Altmann, der Staat der Bischöfe von Bamberg (Protokolle der Generalversammlung des Gesamtvereins der deutschen Geschichts- und Altertumsvereine zu Bamberg 1905, Berlin 1906, 159/83)

studien nicht geboten werden. Sogar über die beiden
Bischöfe, die in Bamberg während des Jahrzehnts vor
1525 regiert haben, Georg von Limburg (— 1522) und
Weigand von Redwitz, hat die Literatur fast möchte man
sagen, soviel Schriften soviel Ansichten gezeitigt. Die
Grundzüge der Entwicklung sind jedoch deutlich erkennbar.

Das Bistum Bamberg teilte mit all den geistlichen
und weltlichen Fürstentümern am Ausgang des Mittel-
alters das Bestreben, sich zu einem selbständigen
politischen Gemeinwesen heranzubilden, ein Bestreben, das,
weil es sich nur in einem gewissen Gegensatz gegen das
Kaisertum durchsetzen konnte, all denen zu gute kam, die
nicht durch Geschichte und Tradition speziell an dieses
gebunden waren. Fehlte auch in der Beamtenhierarchie
der Adel nicht, auf dessen Unterstützung ein Bistum Süd-
deutschlands weniger denn irgend ein anderes politisches
Gebilde verzichten durfte, wenn es sich behaupten wollte,
so ward doch in der Rechtsprechung sein Einfluß so gut
wie ganz ausgeschaltet. Gerade das Bistum Bamberg,
dem ein Johann von Schwarzenberg Jahrzehnte lang seine
Dienste widmete,[1]) ist in Bezug auf Gerichtsorganisation,
d. h. Zentralisation der Rechtsprechung und Prozeßwesen
vorbildlich für andere Territorien und das Reich vorangegangen. Immer wieder beschwerten sich auf den Landtagen die Städte und die Ritterschaft über den „Prokurator"
und über die Ausdehnung des Landgerichts auch auf Angelegenheiten, die ihm bis dahin nicht zustanden. Daß

---

beschäftigt sich nur ganz im Allgemeinen mit dieser Epoche. Die dort
angekündigte Fortsetzung steht noch aus.

[1]) Vgl. zu diesem jetzt Willy Scheel, Johann Freiherr zu Schwarzenberg, Berlin 1905.

das aber nicht nur deshalb geschah, weil die Urteils-
findung und Urteilsvollstreckung sich daraufhin sehr verzögerte, beweist die Forderung, die sie damit immer neu
verbanden, daß das Landgericht fortan mit rittermäßigen
vom Adel und „Erbaren" aus der Bürgerschaft von Bamberg besetzt werde, die selbst das Urteil zu finden hätten
und alle 4 Wochen dazu zusammen kämen.

Daß der Adel, die Reichsritterschaft, solcher Entwicklung nicht gleichmütig zuschauen konnte, versteht sich
von selbst. Noch war das Kaisertum nicht so mächtig,
daß sie auf die Dienste bei den geistlichen und weltlichen
Herren in der Nachbarschaft ganz verzichten konnte. Sie
erschien darum noch auf den Landtagen, von denen sie
sich später fernhielt, aber der Zweck, den sie damit verfolgte, war nicht die Förderung der Interessen des Stifts,
zu dem sie sich seit den Zeiten des Kaisers Maximilian
nicht mehr rechnete. Vielmehr war deutlich erkennbar
ihre einzige Absicht dabei, die Beschwerden, die sie fühlte,
immer neu dem Landesherrn zu Gehör zu bringen. Die
Beschwerden waren immer dieselben. Sie waren, wie man
sofort ersieht, zum weitaus größten Teil rein politischer
Natur und deshalb, wie die Dinge lagen, nicht abzustellen.
So, wenn die Ritterschaft wünschte, daß ihre bürgerlichen
Lehen in adlige verwandelt würden und damit aus dem
„Mitleiden", aus der Steuer und Reispflicht ausschieden,
ein Wunsch, den sie dann weiter auf alle die Güter ausdehnte, die sie oder ihre Hintersassen noch erwürben.
Oder wenn sie die Competenz der landesherrlichen Gerichte
für ihre und der ihren Besitzungen und Personen bestritt,
sich über deren fortgesetzte Übergriffe beklagte. Den
gleichen rein politischen Gegensatz erkennt man, wenn man
die Lehenqualität der Güter auf der einen Seite behauptet,

auf der andern verneint findet, oder wenn man in den
Gegenbeschwerden der Bischöfe hört, daß die Ritterschaft
wider ihr Verbot Juden auf ihren Gütern habe und von
ihren Hintersassen Handwerk treiben lasse.

Aber trotz aller dieser Zwistigkeiten war das Verhältnis zwischen Stift und Ritterschaft hier doch ein sehr
viel besseres, als in dem benachbarten würzburgischen
Territorium.[1]) Denn gerade im Gegensatz zu dem Bemühen des Würzburger Bischofs, die alte Herzogsgewalt
in Franken zu erneuern, einem Bemühen, bei dem sich alle
politischen Gewalten dieses Landstrichs gefährdet sahen,
scheint der Adel Frankens am Hofe zu Bamberg einen
Rückhalt gesucht und gefunden zu haben. Während er
sonst auf seine Selbständigkeit pochte, während ein Götz
von Berlichingen, ein Wilhelm von Henneberg und wie die
unruhigen Geister alle heifsen, niemals der Hilfe und
Genossen bei ihren Fehden im Würzburgischen zu entraten
hatten, eine Tatsache, die den Bischof dort veranlaßte, der
Ritterschaft gegenüber stets möglichst behutsam aufzutreten,[2]) ist es bemerkenswert, dafs gerade aus dem Bezirk
Bamberg Bestrebungen der entgegengesetzten Art hervor-
gingen. Von dem Ritterort Baunach, zu dem Bamberg
gehörte, wurde 1516 eine Einung veranlaßt, die gerichtet
auf die sittliche und rechtliche Besserung des Ritterstandes

---

[1]) Über die fränkische Reichsritterschaft unterrichtet jetzt am
besten das Werk von Robert Fellner, die fränkische Ritterschaft 1495—
1524. Mit einer Einleitung. Hauptsächlich nach Quellen aus dem
Hochstift Würzburg. Berlin 1905 (= historische Studien, veröffentlicht
von E. Ebering, Heft 50), ein Werk, dem ich auch für die Geschichte
Bambergs vielfache Belehrung entnahm, und auf das ich nachdrücklichst
aufmerksam machen möchte.

[2]) Vgl. hierzu außer Fellner Scheel 58 und meine Vorgeschichte
des Bauernkrieges 13, Anm. 8, 14, Anm. 2.

unter anderm eine Absage an jede gewaltsame Hilfe in
Rechtsstreitigkeiten gegen die Obern enthielt. An seiner
Spitze stand dabei Georg von Schaumberg, ein Ritter, der
sich in den Diensten des Bamberger Bistums auszeichnete,[1]
und dessen Angehörigen wir zahlreich eben hier begegnen.[2] Erst neuerdings ist wieder auf die tiefgreifende
Tätigkeit Johann Freiherrn zu Schwarzenbergs, des Bamberger Hofmeisters auch in dieser Richtung hingewiesen
worden.[3] Eben dieser Mann, dessen Tätigkeit für die
Neuordnung des Gerichtswesens in Bamberg ich bereits
gedachte, war gerade während seiner Bamberger Zeit die
Seele der Bestrebungen, innerhalb der Reichsritterschaft
an die Stelle der Fehden den rechtlichen Austrag zu setzen.
Vielleicht hängt mit der Hinneigung zu dem Stift, die wir
danach bei dem Adel voraussetzen dürfen, zusammen, daß
er sich in dieser Zeit in steigendem Maße der freieigenen
Güter an das Hochstift entäußerte, die er sich bis dahin
hatte erhalten können.[4] Offenbar tat er es nur, um sie
sofort als Lehen zurückzubekommen und auf diese Weise
den Schutz des mächtigen Nachbarn sich zu sichern. Wenn
Ruhe und Frieden neben dem Vorhandensein materieller
Mittel die Voraussetzungen für das Gedeihen von Kunst
und Literatur sind, so kann das oft geschilderte Leben
und Treiben am Hofe Georgs III., des Schenken von Lim-

---

[1] Fellner 188, Anm. 62.
[2] Siehe das Register bei Looshorn.
[3] Von Fellner. Auch Scheel a. a. O. hat Schwarzenbergs Stellung
zur Bewegung in der Reichsritterschaft Beachtung geschenkt. Wenn
er Fellners Werk, das kurz vor seinem erschien, auch für die betreffenden
Bogen noch hätte benutzen können, wäre sein Kapitel wohl ein wenig
anders ausgefallen. Ich kann mich seinen Urteilen, die von Vorurteilen
stark beeinflußt sind, hier nicht anschließen, so gerne ich ihnen sonst
folge. Vgl. 374, Anm. zu S. 43, auch 337.
[4] Looshorn 397 f., 435, doch hier anders motiviert.

burg (1505—1522) ein Beweis dafür sein, daß sich das
Bistum damals solcher gesegneter Zustände erfreute. Auch
in Bamberg hat der Adel natürlich nicht ganz auf Fehden
verzichten können. Daß das Bistum darunter aber stark zu
leiden gehabt hätte,[1]) ist eine Behauptung, die sich nicht
belegen läßt.

Neben der Ritterschaft gab es in·den Bistümern noch
einen Stand, der sich nur ungern in das Gefüge des neuen
Territorialstaates fand. Das waren die „Erbaren" in den
Städten, im Stift Bamberg die der Hauptstadt. Man hat
sich daran gewöhnt, mit dem 15. Jahrhundert die Bestrebungen der Bischofsstädte nach der Reichsfreiheit für
abgeschlossen zu halten. Der Mangel jeder eindringenden
Forschung in Bezug auf diese Städte erlaubt nicht festzustellen, ob das richtig ist. Nicht unmöglich, daß Kaiser
Maximilian in dem Wunsche, wenigstens über die Bistümer
des Reiches verfügen zu können, wie die Bestrebungen der
Ritterschaft so auch die der Städte begünstigte. Gewiß
scheint mir, daß man derlei Verdacht in den Bistümern
hatte. Auf dem Wege zur Selbständigkeit gab es für die
Erbaren kein gröfseres Hemmnis, als das Verhältnis des
Stadtgerichts zu den Immunitäten. Erst kürzlich ist das
Material über die jahrelangen Streitigkeiten veröffentlicht
worden, die bis zum Jahre 1440 zwischen diesen beiden
Bezirken in Bamberg herrschten. Der Vertrag jenes Jahres
beseitigte sie nicht für die Dauer, wenn auch ähnliche Bestimmungen noch öfter wiederholt zu sein scheinen. Aus
den Beschwerden der Bamberger Bürger, die während des

---

[1]) Vielleicht machten ihm in diesen Jahrzehnten die Banden her-
gelaufenen Gesindels, deren es nicht Herr werden konnte, sehr viel
mehr zu schaffen. Vgl. Scheel 198.

Bauernkrieges zusammengestellt wurden,[1]) können wir entnehmen, daß die „Muntäten" Jahrzehnte lang, „seit Menschen-
gedenken", mit der Stadt zu den gleichen Leistungen
herangezogen wurden, daß sie dafür einen Baumeister im
Bürgerhof und geordnete Einnehmer in der Wochenstube der
Stadt hatten, daß sie mit den Einwohnern der Stadt überhaupt gewissermaßen zu einem Gemeinwesen verschmolzen
waren. Aber wir hören weiter aus ihnen, daß eben darin vor
noch nicht langer Zeit eine Änderung eingetreten war. Die
Muntäten wurden aus dem engen Zusammenhang mit dem
Stadtgericht herausgerissen. War das für die Verwaltung
wie für das wirtschaftliche Gedeihen der Stadt um so
empfindlicher, als die Muntäten in den letzten Jahrzehnten
sich wirtschaftlich stark gehoben hatten, so bedeutete es
für alle Selbständigkeitsbestrebungen den härtesten Schlag.
Eben darum war jene Sonderung wohl auch nur getroffen.

Soweit ich sehe, ist noch so gut wie garnichts zur
Aufhellung der Bemühungen des Domkapitels während dieser
Zeit geschehen, über den Bischof in der Staatsverwaltung
ein gewisses Aufsichtsrecht auszuüben. Die Bewegungen
in der Reichsritterschaft, die in der Stadt Bamberg —, die
man vermutete, — gaben dazu augenscheinlich den Anlaß.
Der Bischof war, zumal er traditionsgemäß dem Adel ent-
stammte, nur zu leicht einzelnen Wünschen von Verwandten
oder von anderer Seite, zum Schaden des Bistums zugänglich.
Das Domkapitel vertrat ihm gegenüber die Traditionen
des Stiftes, in der Korporation als solcher lag die Gewähr
für eine mehr sachliche Behandlung der Dinge. Schon im
15. Jahrhundert hatte, soweit die Überlieferung erkennen

---

[1]) Ich habe sie auszugsweise in meiner Vorgeschichte des Bauernkrieges 25, Anm. 3 abgedruckt.

läßt,[1]) eine Differenz zwischen dem Bischof und dem Domkapitel auch die Verwaltung des Bistums berührt. In dem
Schiedsspruch, den 1482 der Bischof von Eichstädt fällte,
war daraufhin der Bischof in Bezug auf die Stadt Bamberg
und auf die Einsetzung der Amtleute wie des Schultheißen
der Hauptstadt an den Rat des Kapitels gebunden worden.
Auf dieser Bahn ging das Kapitel in den folgenden Jahrzehnten weiter. In die Wahleide wurden Bestimmungen
aufgenommen, die die Verfügungsfreiheit des Bischofs
vielfach beschränkten. Seit 1501 mußte er sich verpflichten,
die Immunitäten aufrecht zu erhalten und den Bürgern
von Bamberg keinen Festungsbau an der Stadt zu erlauben.[2])
Als dann nach dem Ableben Georgs von Limburg, dessen
Regierungsweise dem Kapitel noch zu absolutistisch erschienen war,[3]) in einer Zeit allgemeiner Gährung ein neuer
Bischof gewählt werden mußte, wußte sich das Kapitel des
Bischofs in einer Weise zu versichern, die bis dahin un-
erhört war. Der Bischof sollte nicht nur immer seinen
Rat vor allen anderen gebrauchen, er wurde eidlich verbunden, nur in Gegenwart des Kapitels fortan Bürger aus
der Stadt zu empfangen und niemandem vom Adel etwas
zu verleihen, das mehr als 200 fl. an Wert betrug, ohne des
Kapitels Einwilligung.[4])

---

[1]) Bei Looshorn 349 f. Schon 1422 hatte das Domkapitel einen
Versuch der Beschränkung gemacht (Looshorn 181), aber der Papst
hatte sich gegen die Kapitulation ausgesprochen (vgl. auch a. a O.
218 f.). Als der Papst 1482 dasselbe tat, mußte er vor dem Domkapitel
zurückweichen.

[2]) Looshorn 437.

[3]) Looshorn 527.

[4]) Vgl. die Bestimmungen bei Looshorn 544 f. und die Beschwerden
gemeiner Ritterschaft von 1524 (Bamberger Landschaftsverhandlungen
Nr. 3 1/2 Bl. 86).

War die innerpolitische Lage, wie aus alledem ersichtlich ist, zwar nicht gerade gefahrdrohend, so war doch so reichlich Stoff zur Beunruhigung vorhanden, daß bei dem Mangel an einem festen Rückhalt am Kaiser der an einer anderen näheren Macht dringend geboten erschien. Der Gang der Ereignisse vor dem Bauernkrieg aber war nun derart, daß sich solch Rückhalt nur bei Mächten fand, die in ähnlicher Lage wie Bamberg waren. In Wirklichkeit war also Bamberg 1525 so gut wie isoliert.

Bis zum Jahre 1524 hatte der Widerstreit gegen die Prätensionen des Würzburger Nachbarn den Angelpunkt der Politik gebildet.[1]) In ihm hatte sich Bamberg wie mit der Reichsritterschaft so mit dem mächtigsten weltlichen Fürsten Frankens, dem Markgrafen von Ansbach-Bayreuth zusammengefunden, mit dem es sich 1512, als die Spannung besonders grofs wurde, zu Forchheim auf 12 Jahre enger verband. Dieses Bündnis gab der Politik des Bistums den Charakter, obwohl es seit demselben Jahre 1512 auch dem Schwäbischen Bunde angehörte. Für die fränkischen Verhältnisse wollte die Zugehörigkeit zu diesem Bunde in dem zweiten Jahrzehnt des 16. Jahrhunderts noch nicht allzuviel besagen, da im Gegensatz zu ihm 1513 sich aus Würzburg, Württemberg, Pfalz und Baden ein Kontrabund bildete, dem 1515 auch Kursachsen beitrat. Eben weil Bamberg mehr an dem Bündnis mit Ansbach-Bayreuth gelegen sein mochte, als an dem Schwäbischen Bunde, sträubte es sich im Jahre 1520, diesem von neuem beizutreten. Schließlich mußte es sich allerdings dennoch dazu entschließen. 1522 war Würzburg Mitglied des Bundes geworden, weil es, wie der Bischof der darüber höchst empörten

---

[1]) Hierfür und für die nächsten Daten vgl. Fellner.

Ritterschaft vorstellte, nach dem Tode Herzog Georgs von
Bayern und der Veränderung der Herrschaft in Württemberg allein gelassen dem Bunde nicht habe fernbleiben und
dem Drängen des Kaisers weiter keinen Widerstand habe
entgegensetzen können.[1]) Bei der Gefahr, die daraufhin
verstärkt von dieser Seite drohte, blieb Bamberg nichts
übrig, als 1523 ebenfalls seinen Beitritt zum Bunde zu
erklären. War nun auch hiermit, bei der veränderten
Stellung zu Würzburg, eine neue Grundlage für die Politik
bereits gegeben, nicht diese rein politischen Rücksichten
haben schließlich den Wechsel in der Politik bedingt. Der
gemeinsame Gegensatz gegen Nürnberg hätte den Markgrafen Casimir noch einmal mit dem Bamberger Bischof
zusammenführen können. Daß es nicht geschah, daß im
Gegenteil allerdings erst nach dem Tode Casimirs die
Brandenburgische mit der Nürnberger Politik sogar eine
Strecke gemeinsam ging, daran waren die religiösen Verhältnisse Schuld, die neue Gruppierung der Mächte, die
Luthers Reformation veranlaßte. Markgraf Casimir war
keineswegs ein tief religiöser Mann, etwa wie sein Bruder
Georg, den das Gewissen auf die Seite Luthers trieb.
Persönlich stand er der Bewegung der Geister ziemlich in-
different gegenüber. Aber ein kluger Politiker, wie er war,
war er bei all den Aussichten, die sie eröffnete, nicht gesonnen,
ihr ein Halt zu gebieten und sich damit der geistlichen
Macht zur Verfügung zu stellen, gegen die er mit allen
andern weltlichen Ständen genug Beschwerden auf dem
Herzen trug. Im Jahre 1524 vereinigten daher er und sein
Bruder alle die weltlichen Stände Frankens um sich, um
in bestimmten Fragen im Widerstreit gegen die geistlichen

---

[1]) Fellner 236/7.

Fürsten dieses Kreises gemeinsam vorzugehen. Für Bamberg war damit der alte Bundesgenosse verloren. Das bedeutete aber um so mehr, als die religiösen Gegensätze sich auch im Stift ausbreiteten und damit neue Gefahren mannigfacher Art demselben erwuchsen, denen erfolgreich zu begegnen der einzelne Landesherr für sich nicht in der Lage war.

Zweites Kapitel.

Die kirchlich-religiöse Lage des Bistums Bamberg um 1525.[1]

Die Stellung zu den religiösen Problemen war für den Bamberger Bischof durch dreierlei gegeben, durch die Tatsache, daß das Bistum unmittelbar dem Papste unterstand, daß es weiter in dem Oberhaupte des Reiches die allein sichere Stütze gegen alle Gegner im Innern wie nach Außen hin hatte, und schließlich durch die Erfahrungen, die es infolge der Nachbarschaft Böhmens mit den Hussiten und mit sektiererischen Neigungen in Franken hatte machen können.[2] Je aufgeklärter das Volk in kirchlicher Beziehung, je regsamer seine religiöse Betätigung, desto ernster mußte der Bischof auf die Seite der konservativen Mächte treten, an die er bereits durch die Rücksicht auf Papst und Kaiser gebunden war. Zu einer Kirchenpolitik in dem Sinne Hermanns von Wied war in diesem

---

[1] Die fleißige Monographie des Pfarrers Otto Erhard, die Reformation der Kirche in Bamberg unter Bischof Weigand 1522—1556. Erlangen 1898, die für dieses Kapitel in Betracht zu ziehen wäre, leidet bedauerlicher Weise an einem derartigen Mangel an Kritik und hat für alle politischen Fragen so wenig Verständnis, daß ich ihr nur einzelne Materialien entnehmen konnte.

[2] Vgl. dazu die Nachweise bei Hermann Haupt, die religiösen Sekten in Franken vor der Reformation. Würzburg 1882.

ersten Jahrzehnte der Reformation keine Möglichkeit
vorhanden.

Bereits Georg von Limburg, den wegen seiner Beziehungen zum Humanismus so vielgerühmten Vorgänger
Weigands von Redwitz, wird man kaum in dem Maße, als
es vielfach geschieht, für einen Freund der neuen Bewegung erklären können; ein Planitz, der allerdings vielleicht ein wenig zu feinhörig war, wollte in ihm einen
schroffen Gegner Luthers erkennen.[1]) Gleichwohl konnte
sogar am Hofe eines Bischofs der Maximilianeischen Zeit
die neue Lehre Anhänger gewinnen. Nach dem Wormser
Edikt ging das nicht mehr an. Jedenfalls durfte öffentlich
hiergegen niemand weiter verstoßen. Es ist wahrscheinlich,
wenn auch naturgemäß nur zu erschließen, daß, als im
Jahre 1522 noch kein neuer Reichstag die Bedeutung des
Edikts geschmälert hatte, das Domkapitel eben deswegen
einen Mann wie Weigand von Redwitz wählte. Denn
über Weigands religiösen Ernst war nach der Wallfahrt,
die er nach Jerusalem gemacht, ebensowenig ein Zweifel
möglich wie über seine bestimmte Stellung zu Rom. Er,
der Oberpfarrer von Kronach,[2]) war es doch wohl gewesen,
der gegen den Pfarrverweser dortselbst 1522 die Klage
vor das Domkapitel gebracht hatte, daß er „sich mit eines
Bürgers Dochter gen Wittenberg getan und daselbst mit
ihr Hochzeit gehabt" habe.[3]) Wenn in den beiden Jahren
danach Weigand trotzdem den abweichenden Strömungen
keine starken Dämme entgegensetzte, so lassen sich dafür
die verschiedensten Motive denken. Die Rücksicht auf die

---

[1]) H. v. d. Planitz, Berichte aus dem Reichsregiment in Nürnberg
1521—1523, gesammelt von Wülcker, herausgegeben ... von H. Virck.
Leipzig 1898, 89, 110/1, 141. Vgl. auch Erhard 3 ff.
[2]) Looshorn 543.   [3]) Erhard 7, Anm. 4.

Politik des Reiches, die aus dem Schwanken nicht heraus kam, wird den Ausschlag gegeben haben.

So konnte es kommen, daß bis zum Jahre 1524 in Stadt und Land die neue Richtung sich ausbreitete. Die Daten, die wir darüber haben, sind nicht gerade sehr zahlreich, so daß wir uns nicht immer hinlängliche Klarheit verschaffen können, wieweit, wer in den Ruf kam, auch wirklich Lutherischer war. Bei der Koketterie mit religiösen Problemen, die dem hier nicht selten vertretenen Humanismus so vielfach eignete, und bei dem Einschlag von böhmischen Anschauungen über Kirche und Kirchendiener, den doch keine Verfolgung derselben ganz vernichten konnte, wird man in der Benutzung jener Daten die größte Vorsicht üben müssen. Auch über den Erfolg der Predigt wie über ihren Charakter wissen wir kaum mehr, als daß er Aufmerksamkeit erregte. Die Predigten von Johannes Schwanhausen, dem sein Biograph den Titel des Reformators von Bamberg beilegen möchte,[1]) besonders die von 1524 enthalten zwar gelegentlich sehr scharfe Ausfälle wider die Ordnungen der alten Kirche und predigen nachdrücklich die Gleichheit aller Gläubigen vor Gott, die Rechtfertigung des Menschen allein durch den Glauben, der sich sodann in guten Werken, namentlich gegen die lebendigen Heiligen, die Armen fruchtbar erweist. Aber auf große Massen zu wirken, dazu fehlte es ihnen an Einfachheit und einem bestimmt erkennbaren Ziel. Man wird dem innerlich frommen Manne glauben

---

[1]) Otto Erhard, Johannes Schwanhausen, der Reformator Bambergs (Koldes Beiträge zur Bayrischen Kirchengeschichte Bd. III, [Erlangen 1897] 1—23, 55—71). Schwanhausens Predigten sind zum Teil abgedruckt in den Beilagen zu Joseph Hellers Reformationsgeschichte des ehemaligen Bistums Bamberg. Bamberg 1825.

dürfen, daß es seiner Überzeugung entsprach, wenn er nach seiner Vertreibung aus Bamberg im Jahre 1525 die Gemeinde, die sich um ihn gesammelt hatte, zum Gehorsam gegen die Obrigkeit aufforderte. Predigten solchen Schlages werden die gewöhnlichen im Bistum gewesen sein. Bei der Persönlichkeit des Bischofs, die sogar Luther gerühmt ward,[1]) einer Persönlichkeit, in der sich religiöser Ernst mit Milde und Gütigkeit paarte, werden sich die Anhänger der neuen Lehre einer gewissen Mäßigung und Zurückhaltung beflissen haben.

Das Jahr 1524 war der Wendepunkt. Als sich nach dem zweiten Nürnberger Reichstage auf Veranlassung des päpstlichen Abgesandten die süddeutschen Gegner des Luthertums zusammentaten, gesellte sich ihnen Weigand sofort und ohne Besinnen zu. Weigand war der einzige Bischof Frankens, der auf dem Regensburger Tage seinen Vertreter hatte, und sich dessen Beschlüsse zu eigen machte. Entsprach die Stellung, die er somit ergriff, den besonderen Verhältnissen des Bistums und seinen eigenen Neigungen, so hatte er nun auch den Rückhalt gewonnen, ohne den er gegen die „Lutherischen" nicht vorgehen konnte.

Schon unter dem 11. Juni 1524 war unter Zustimmung des Domkapitels das Wormser Edikt erneuert worden.[2]) Jetzt blieb es nicht mehr bei halben Maßregeln. Zunächst, wohl in Erwartung der kaiserlichen Entscheidung über das in Aussicht genommene Nationalkonzil zu Speyer,

---

[1]) Luther hatte über ihn urteilen hören, daß er „ein feiner vernünftiger Mann sei, bei welchem leichtlich zu handeln, was chriftlich und recht ist", der „dazu auch gelehrte Leute lieb habe" (Erhard, Reformation 9, Anm. 1).

[2]) Das Mandat bei Erhard, Reformation 23, Anm. 3.

wahrte Weigand noch den Schein, daß nur überwiesene
Ketzer die Strafe der Verbannung treffe. Die Prediger
der „neuen Lehre", vor allem der Custos zu St. Gangolph,
die Pfarrer zu Hallstadt und Memmelsdorff und andere
ihresgleichen wurden vorgeladen und auf Grund des Abschiedes „auf dem Reichstage beschehen", in Anwesenheit
des Weihbischofs Hanlin, Weigands Abgesandten zum
Regensburger Convent, und anderer einer Prüfung auf
Glauben und Lehre unterworfen.[1] Bald hielt er das nicht
mehr für nötig. Mit Schwanhausen mußten bis in die
ersten Monate des Jahres 1525 die neugläubigen Geistlichen das Bistum räumen.[2] Sie taten es ohne Widerstand, ein Beweis, daß sie ihre Sache hier für aussichtslos
hielten. Mit der Vertreibung der Prediger gingen Maßnahmen parallel, die die möglichst vollständige Restitution
des Katholizismus bezweckten. Soviel wir aus den Domkapitelrecessen ersehen können, holte man sich die Kandidaten für vakante Pfarreien aus Leipzig, aus Ingolstadt,
während der Besuch der Wittenberger Universität verboten wurde. Die Mißbräuche im Klerus, die schon so
oft das Ärgernis der Laienwelt gewesen waren, wurden
nun energischer bekämpft.[3] Konnte man sich dabei auf
die Regensburger Beschlüsse stützen, so ist doch fraglich,
ob sie bei allen anderen Beteiligten mit soviel sittlichem
Ernst durchgeführt wurden.[4]

---

[1] So wenigstens der Beschluß des Domkapitels „auf Anbringen
des Fürsten" vom Dienstag nach Divis. apostol. (19. Juli). — Domkapitelrezesse.

[2] Die einzelnen Nachweise bei Erhard, Reformation verstreut.

[3] n. b., soweit die Rezesse des Domkapitels es erkennen lassen.
Wieweit für die ordnungsgemäße Versorgung der Pfarren etwas
geschah, entzieht sich der Kenntnis.

[4] Schornbaum, Kasimir 141 bringt einige Stellen aus den Dom-

Es lag in der Natur der Dinge, daß der Erfolg aller dieser Bestrebungen nicht sobald eintreten konnte. Selbst wenn das Bistum ganz für sich in der Welt gestanden hätte, wäre die Zeit von einem Jahre dazu zu kurz gewesen. Es bedeutete schon etwas, daß, als im Jahre 1524 der Bischof auf dem aus den verschiedensten Gründen zusammenberufenen Landtage seine Stände auch zu einer Meinungsäußerung über die religiöse Frage veranlaßte, die Stände und zwar insgesamt, auch die Prälaten, gegen den Beschluß der neuen Lehre halber protestierten, den wie ihnen berichtet sei, der Bischof in Regensburg neben andern gemacht und bewilligt habe, und daß sie, als Weigand darauf ihnen keine Zusage eines Stillstands in dieser Anlegenheit geben zu können erklärte,[1] die dringende Bitte an ihn richteten, sich zu keiner Ungnade gegen Übertreter des Edikts bewegen zu lassen „vor erscheinung des furgeschlagen Reichstags zu Speier". Wenn die Stände sich auch nicht in die Competenzen des „Ordinarius des Stifts" damit einmischen wollten,[2] die zeitliche Beschränkung vielmehr die Bitte dahin bestimmte, daß der Bischof mit seinen Maßnahmen den Beschlüssen des Nationalkonvents

---

kapitelrezessen bei, die beweisen, daß das Domkapitel „die Verkündigung der Regensburger Reformation" ohne eine vorhergehende Vereinbarung mit anderen geistlichen Fürsten für inopportun hielt. Das besagt nichts gegen die Zustimmung desselben zu der praktischen Durchführung der Beschlüsse jener Reformation.

[1] Außer dem Hinweis, daß er, „dieses Stifts Ordinarius und oberster Bischof", „sich selbst schuldig zu sein erkenn", dem Wormser Edikt zu folgen, und daß es ihm ferner gebühre, „Bepstlicher Heilligkeit und kaiserlicher Majestät schuldigen Gehorsam zu leisten", führte Weigand zur Begründung seiner Haltung noch an, daß er „in diesem Fall" nicht nur sich selbst, „sondern auch die 8 Stände seiner Gnaden Stiftsverwandten und Untertanen bedenke".

[2] Das betonen sie immer wieder.

nicht vorgreifen solle, so konnte wer wollte aus der
Haltung der Stände doch eine gewisse Hinneigung zur
neuen Lehre ablesen.[1]) Der Bischof handelte vielleicht
nicht nur seiner Natur gemäß, sondern auch im Gedenken
an die Stände, als er auf die mildeste Weise gegen jene
Prediger vorging.[2]) — Viel bedenklicher war, daß die
Nachbarn, und zwar alle mit Ausnahme des Bischofs von
Würzburg, nicht nur das Luthertum nicht ebenso wie
Weigand bekämpften, daß im Gegenteil 1524 die mächtige
Reichsstadt im Süden, Nürnberg, den kirchlichen Anordnungen
ihres Bamberger Ordinarius offenen Widerstand entgegensetzte. Unter diesen Verhältnissen mußte auch hier eintreten,
was ich bereits an der Schweizer Grenze zu beobachten
hatte. In das Gebiet, das Weigand gegen die neue Lehre
abzuschließen hoffte, drang sie ein, nun aber auf verborgenen
Wegen und damit in um so bedenklicherer Prägung. Dort
im Süden hatten die nächstliegenden Fragen den Gegenstand der Auseinandersetzung abgegeben. Von Nürnberg,
der Welthandelsstadt, wo die letzten beiden, für die
religiöse Frage so bedeutsamen Reichstage getagt hatten,

---

[1]) Erhard, Reformation 29, folgert daraus „die entschiedene, ver-
ständnisvolle Stellungnahme der Stände für die Reformation". Da die
Stände im Verlauf der Tagung einmal erklärten, sie könnten inbetreff
der neuen Lehre ja keine endgültige Antwort geben, weil nur in
kleiner Zahl versammelt, der Bischof möge daher alle Untertanen und
Stiftsverwandten auf einen Tag beschreiben lassen, und von diesen sich
dann Antwort holen, meint Erhard schließen zu dürfen, daß ganz „allgemein das Volk in Stadt und Land im ganzen Bistum der Lehre
Luthers zugefallen war", sonst hätte die Berufung keinen Sinn gehabt!

[2]) Die Prälaten und die Ritterschaft (nicht die Stände insgesamt,
wie Erhard, Reformation 30, Anm. 3 sagt) hatten zuletzt sich für eine
milde Behandlung des damals inhaftierten Priesters Jörg Kreutzer zu
Forchheim ausgesprochen, „da der Bischof sich den andern Schuldigen
gegenüber gütig und mild erwiesen habe". Der Bischof erklärte darauf
dieser Bitte eingedenk sein zu wollen.

konnten weiterausschauende Gedanken ins Volk geworfen
werden. —

Im Mai 1524, als im südlichen Schwarzwald die
Untertanen des Abts von St. Blasien zum ersten Mal ihre
Forderungen vortrugen, brachen auch im Gebiete von
Nürnberg wie in den benachbarten Bezirken von Bamberg
gewisse Unruhen aus, die sich gegen den Zehnten richteten
und hier zweifellos ebenso prinzipiell gedacht waren, wie
die ähnlichen im Gebiete des alemannischen Stammes.[1]
Ob die Bewegung im Nürnbergischen, die übrigens sehr
rasch, durch Festnahme der Rädelsführer, gestillt ward,
sich gegen bestimmte Hebungsberechtigte wandte, oder
ganz allgemein nur auf die Abschaffung dieser Abgabe
drang, lassen die mir vorliegenden Berichte nicht erkennen.
Die Zehnten in den bambergischen Ortschaften Eggolsheim,
Drosendorf, Ebermannstadt und deren Umgegend, die man
sperrte, wie die Weiher, die. gleichzeitig 25 Forchheimer
Bürger ausfischten, gehörten dem Bamberger Dompropst
Marquart von Stein. Man würde nun gern erfahren, ob die
Bamberger Untertanen damit nur eine Kundgebung gegen
den Dompropst planten, der wegen seiner andauernden

---

[1] Vgl. hierzu die Arbeit von Joh. Kamann, Nürnberg im Bauernkrieg. Jahresbericht über die Königliche Kreisrealschule zu Nürnberg
1877/8. Nach den Daten, die Kamann aus den Nürnberger Archivalien
beibringt, scheinen die Unruhen im Nürnbergischen denen im Bambergischen einige Tage vorangegangen zu sein. Die späteren Werke
über die Nürnberger Geschichte dieser Jahre bedeuten inbezug auf
Solidität gegenüber Kamann einen Rückschritt. — Über die Unruhen
im Bambergischen vgl. Erhard, Reformation 17 ff., ferner Martin
Gückel, Beiträge zur Geschichte der Stadt Forchheim im 16. Jahrhundert
(Programm des königlichen neuen Gymnasiums in Bamberg). Bamberg
1898, 20 ff. und die Domkapitelrezesse. Vgl. zur Beteiligung Nürnbergs
an den Forchheimer Unruhen den Bericht des Amtmanns von Bayers-
dorf an Casimir in A. S. T. I 25/6 und 31.

Abwesenheit vom Stift damit seiner Einnahmen verlustig erklärt werden sollte, oder ob sie auf solche Weise das ganze Domkapitel treffen wollten, das den Propst gewiß nicht verlassen konnte. Was wir den Quellen entnehmen können, ist nur, daß das Domkapitel diese Angelegenheit mit den ernstesten Augen betrachtete.[1]) Es hatte Recht damit. Die Zehntverweigerungen waren der Anfang von noch Schlimmerem. Der Bischof hatte am 24. Mai ein Mandat ausgehen lassen, das die Zehnten weiter zu reichen gebot und zugleich alles Rottieren mit strengen Strafen bedrohte. Als der bischöfliche Schultheiß in Forchheim, Wilhelm von Wiesenthau, dieses Mandat am 26. Mai anschlug, ward es für „etlich los gesinds" in der Forchheimer Gemeinde nicht nur das Signal zu einem Aufruhr, der alsbald einen erschreckenden Umfang annahm — Bürgermeister und Rat mußten zur Gemeinde schwören, die Bewohner der umliegenden Dörfer, aufgemahnt, zogen am folgenden Morgen in die Stadt ein, — es ward dabei auch ein Programm enthüllt, das Forderungen von der größten Tragweite umfaßte. Abgesehen davon, daß fortan Wasser, Wildbann und Vögel frei sein sollten, verlangten nämlich die Forchheimer und ihre Genossen die Aufhebung des Zehnten, aber nur soweit er dem Dompropst, den Domherren und Geistlichen zukam. Der „gnädige Herr" sollte ihn weiter erhalten, wenn auch vermindert auf das 30. Band. Diese Forderung bedeutete an sich eine vollständige Säkularisation der Abgabe. Doch hatte sie noch einen weiteren Sinn. In zwei Artikeln, die die Forchheimer ihr anreihten, verlangten sie nämlich, daß „auch das geistliche Gericht um

---

[1]) Es forderte am 24. Mai den Bischof zur schleunigen Beschreibung der Stände auf (Domkapitelrezesse).

Zins oder Schuld aufhören, daß die Weihsteuer fernerhin unserm gnädigen Herrn von Bamberg allein in die Kammern gefallen solle", ohne daß das Kapitel davon einen Teil sich nehme. Wenn man der Ziele der Bewegung des Jahres 1525 gedenkt, so erkennt man sie schon in diesen Artikeln, wenn auch noch nicht so deutlich ausgesprochen: der Bischof sollte fortan der einige Herr im Bistum, das Domkapitel seiner Würden entsetzt sein. Daß die Forchheimer an letzter Stelle alle gefreiten Häuser in das Mitleiden hineingezogen zu sehen wünschten, paßte in das Programm vortrefflich hinein. Zugleich erneuerten sie damit nur ein altes Begehren aller unteren Volksschichten. Bei einem solchen Programm waren Verhandlungen nicht möglich. Vorkehrungen wurden getroffen, daß sich der Aufruhr nicht weiter verbreite. Es bezeichnet die Ansicht von ihm in den fürstlichen Kreisen, daß sich Markgraf Casimir daran beteiligte. Bemerkenswerter Weise wurden vor allem die Klöster zur Vorsicht gemahnt. Die Lehnleute des Bischofs wurden beschrieben, die auf dem Gebirge in die Hauptstadt, deren man, wie es scheint, sich nicht sicher fühlte,[1]) die auf dem Steigerwald gen Höchstadt, Kriegsknechte wurden geworben. An die benachbarten Fürsten, an den schwäbischen Bund gingen Hilfsuche ab. Mochten nun alle diese Maßnahmen die Aufrührer schrecken, mochten diese, da eine Hilfe nirgends weiter sich zeigte,

---

[1]) Am 28. Mai wurde in der zweiten Sitzung des Domkapitels an diesem Tage (ad vesperas) Beratung darüber gepflogen, wie die Burg (Altenburg? bei Bamberg) bestellt und der Torwärter geändert, wie die Heiligtümer und die Barschaft im Segerer verwahrt werden könnten. Dem Kloster auf dem Münchberg wurde besondere Achtsamkeit anempfohlen. — Daß das Kapitel übrigens von bewaffnetem Einschreiten abgeraten habe, wie Looshorn 569 angibt, ist ein Irrtum, der auf flüchtigem Lesen beruht.

die Aussichtslosigkeit ihres Vorhabens einsehen, — genug,
da der Bischof die Klugheit hatte, Amnestie allen denen
zuzusichern, die „gedrungen oder aus Furcht" sich der
Bewegung angeschlossen hatten, konnte er schon am
3. Juni persönlich an der Spitze einer kleinen Truppenmacht in Forchheim einreiten. Die Strafen, die er gegen
29 Bürger und Bauern sofort verhängte, waren, soweit
man sehen kann, nicht streng. Ein Rest von 11 blieb
einstweilen noch im Gewahrsam, unter ihnen der Priester
Georg Creutzer, dem man einen großen Teil der Schuld an
diesen Unruhen beimaß.

Der Aufruhr war damit beendigt. Aber damit waren
die Ideen nicht vernichtet, die in Forchheim zu Tage getreten waren. Im Gegenteil warben sie nun im Bistum
neue Anhänger. Fortan hörten die Unruhen nicht mehr auf.
Das Mandat wegen der Zehnten scheint auf diese Frage erst
recht aufmerksam gemacht zu haben. Die Notizen über
Zehntverweigerungen reißen bis zum Bauernkrieg in den
Domkapitelrecessen nicht mehr ab. Niemand fand sich mehr,
der sie „bestehen" oder Scheuern dazu herleihen wollte, weil
gar zu oft die Lieferungen ein Raub der Flammen wurden.[1]
Im März 1525 versuchte man mit interterritorialen Abmachungen dem Unwesen zu steuern. Ende des Monats
traten Bischof und Kapitel mit dem Nachbarstift deswegen
in Verbindung. Verhandlungen mit andern fränkischen

---

[1] Unterm 20. August 1524 wurde denen, die Anzünder von Zehnt-
scheuern anzeigten, eine „Verehrung von 50 fl." zugesagt (Conc. in B.
I. S. L.). Auf dem Landtage des Jahres 1524 ward strenge Bestrafung
sowohl dieser Zehntenverbrenner, wie auch aller derer verlangt, die
austräten, Feinde würden und zu Aufruhr geneigt seien (Bamberger
Landschaftsverhandlungen Nr. 3½ S. II, Gest. 1, Blatt 70). Die Angaben bei Looshorn IV, 567 ungenau datiert. Dortselbst 568 weitere
Notizen!

Mächten sollten folgen, der Schwäbische Bund um einige
Reiter und Fußknechte angegangen werden, die die Un-
gehorsamen sofort strafen könnten. Der Bauernkrieg
brachte schließlich größere Sorgen, vor denen diese zurücktreten mußte. Aus den Domkapitelrecessen erfahren wir
ferner, daß im Amte Fürth dem Dompropst der Handlohn
verweigert wurde (14. Juni, 5. Juli), daß die Frage inbetreff der Weihsteuer nun auch von der Stadt Bamberg
angeregt ward (12. August). Das Kapitel wünschte eine
schriftliche Antwort des Bischofs darauf vermieden, endlich
mußte es sich zu ihr doch verstehen (23. August). In der
Hauptstadt „rumorte" es überhaupt. Die Wühlereien be-
zogen sich dabei augenscheinlich auf das Domkapitel, in dem
zugleich alle anderen Stifter mit getroffen wurden, da es
diese seit langem in den wichtigsten Anliegen vertrat. Schon
zur Zeit des Forchheimer Aufruhrs hatte man von etlichen
„seltzamen reden" im Kapitel zu handeln, die „durch etliche
Munteter geschähen und nur zu Empörung und Aufrur
dienten" (3. Juni). Bald darauf hatte es sich über „mut-
willige Handlungen der von Bamberg" zu beklagen (7. Juli).
In Nürnberg waren am 5. Juli ein Wirt aus Wörd und ein
Nürnberger Tuchknappe wegen ihrer Agitation gegen das
Ungeld hingerichtet worden.[1]) Solche Agitation begann nun
auch hier. Lag ein Fall davon schon am 23. August vor,
so beweist der Receß vom 21. März 1525, der die Antwort
des Kapitels auf eine Supplikation der Muntäten zu St. Stephan,
St. Jakob und auf dem Kaulberge in dieser Angelegenheit
enthält, daß sich das Kapitel bis dahin darüber noch nicht
hatte schlüssig werden können. Ja, das Kapitel mußte
nun sogar erleben, daß auch der Rat der Stadt ihm offen

---

[1]) Kamann 10.

gegenüberzutreten wagte. Wiederholt hatte es sich mit der Forderung desselben zu beschäftigen, einen freien Zutritt zum Bischof zu erhalten. Unter dem 12. August hören wir von Vorstellungen der Bürger „wegen der Schlüssel". Wir werden anzunehmen haben, daß die Stadt sich wieder in den Besitz größerer Selbständigkeit setzen wollte. — Während es so bereits in Stadt und Land gährte, zogen „fremde Buben" durchs Land, die Gährung auch dorthin zu tragen, wo sie noch nicht bestand. Am 5. Juli 1524 bereits war eine Abrede ihretwegen zwischen Bamberg und Würzburg getroffen worden. Am 5. August mußte ein Mandat ergehen, wonach die „fremden Buben, so hin und wider im Stift umziehen und des Zehenden halben die armen Leut bedrohen sollen", mit den härtesten Strafen bedroht werden.[1]) Aber noch am 6. März 1525, einem Tage, der besonders energische Entschlüsse des Kapitels zeitigte, sah sich dieses zu der dringenden Vorstellung beim Bischof genötigt, „zur Verkommung allerlei Übels" zu erwägen, wie mit „ernstlicheren Strafen" gegen die mutwilligen Übeltäter im Stift vorgegangen werden könne. Ja es verstieg sich jetzt zu dem Ansinnen an ihn, einige Räte und Amtleute zu ändern, offenbar, wie uns gelegentliche Erwähnungen zeigen, in dem Sinne eines schärferen Anziehens der Regierungsgewalt gegen alle Strömungen im Volke. Alle zu weichen, zu nachgiebigen Charaktere sollten jetzt ausscheiden.[2]) Wie notwendig das war, beweist eine Suppli-

---

[1]) Abgedruckt bei Gückel 26, Anm. 2.

[2]) Aus dem Domkapitelrezeß vom Samstag nach Reminiscere 1525 (18. März) ergibt sich, daß man im Domkapitel vor allem an einen Wechsel im Schultheißen-Amt zu Bamberg dachte — dieses sollte mit einem „Statlichen vom Adell" bestellt werden, damit dieser das Übel strafe und „damit mancherley entpörung so sich täglich begeben vorkoͤmen werde". Weiter wünschte das Domkapitel, daß Wilhelm von

kation der Bierbrauer und der Gemeinde auf dem Kaulberg
bei Bamberg um die Mitte des Monats, die auf nichts
geringeres hinauslief, als auf die Forderung, das Bier, das
sie seit ungezählten Jahren in die Keller des Domstifts
geliefert hatten, fortan ihnen zu bezahlen. Die Dinge
reiften, wie man daraus ersieht, dem Konflikte entgegen.

Schon heute wäre es kaum möglich, gegen eine so
allgemeine Aufregung erfolgreich anzugehen. In einem
Bistum der Reformationszeit, bei dem Widerstreit der
politischen und kirchlichen Anschauungen, die in ihm
lebten, war dazu die geringste Aussicht vorhanden. Gegen
den isolierten Forchheimer Aufstand hatte man schnell genügend Lehnsleute · aufbieten, hatte man Kriegsknechte
werben können. Zudem ward Hilfe auf allen Seiten angeboten.
Aber seit dem Mai 1524 hatten sich die Verhältnisse vollständig gewandelt. Wie in Bamberg so hatten überall
unruhige Bewegungen an ein Zusammenhalten der Kräfte
gemahnt. Seitdem nun aber gar von dem südlichen Schwarzwald her der offene Aufruhr sich über ganz Schwaben
ausgedehnt hatte, war an solche Hilfe um so weniger zu
denken, als jeder einzelnen Macht in Süddeutschland durch

Wiesenthau, jener bischöfliche Schultheiß in Forchheim, in den Hofrat
aufgenommen und Gabriel von Streitberg seines Amtes entsetzt werde,
weil er bei vielen vom Adel verhaßt sei und mit der Zeit aus diesem
Verhältnis viel Nachteil entstehen könne. — Diese Sitzung vom
18. März erscheint gewissermaßen als eine Fortsetzung der vom 6. März.
Gegen die Übeltäter empfahl das Kapitel jetzt die Anwendung der
Halsgerichtsreformation (über deren Strafen vgl. Scheel 200, 202, 243).
Im Anschluß an den Beschluß, an den Bund mit der Bitte um einige
Reisige und Fußknechte zu gehen, (s. oben S. 165), war von der Stadt
Forchheim die Rede, die man, da sie sich jüngst „vil böser reden" habe
vernehmen lassen, in guter Achtung behalten müsse. Wenn das geschehen
ist, so ist damit erklärt, daß Forchheim während des Bauernkriegs wohl
die einzige Stadt im Stift war, in der es ruhig blieb.

den Schwäbischen Bund die eigenen Kräfte bereits stark beschnitten waren.

In der Tat waren die Anforderungen des Schwäbischen Bundes ganz außerordentliche. Sehr bald hatte er bemerkt, daß, bis die beiden ersten Drittel der „eilenden Hilfe" angezogen seien, die er am 11. und 18. Februar ausgeschrieben hatte, zuviel kostbare Zeit verloren gehe, uud so hatte er sich denn entschlossen, als sich ihm ein Haufen Knechte bot, diesen außerdem anzunehmen. Die Umlage, für Bamberg 825 fl., die er dafür am 25. Februar auf die einzelnen Bundesmitglieder verteilte, blieb nun aber nicht die einzige. Als sich der Aufstand der Bauern in Oberschwaben immer bedrohlicher entwickelte, verlangte er am 7. März das 3. Drittel der Hilfe, aber dieses in Geld, am 30. März sogar noch ein 4. Drittel, um den Bundesständen, „so überlast leiden", soviel möglich Rettung und Hilfe zu leisten, in Ansehung dessen, daß der Aufruhr nicht allein dem Bunde, sondern dem ganzen Reich gefährlich werden könne. Er stellte dabei anheim, dieses 4. Drittel entweder an Volk oder in Geld zu leisten. Doch das war noch nicht alles. Am 21. März war der Aufruhr in der Rothenburger Landwehr ausgebrochen, der sich alsbald weiter ausdehnte. Am 24. März hatte daraufhin Markgraf Casimir von Brandenburg beim Bunde unter energischer Betonung dessen, was er im Vorjahre und in diesem bereits ohne Inanspruchnahme des Bundes zur Unterdrückung der Unruhen geleistet habe,[1] das dringende Gesuch gerichtet,

---

[1] „So habenn wir Im Monat Juny des 24 ten Jars negst vergangen, alls sich dazumal die Nurmbergischenn vnnd annder herrschafft pauren vmb Nürnberg zw Reichelsdorff, Buschendorff vnnd annder ende der ort gelegen Inn mercklicher zale versamletten unnd weitter zuuersamlen vnntterstunden, die unnsern Inn treffenlicher anzol zw Roß upnd fueß

ihm gegen „die Bauern um Rotenburg, gegen der Jagst und auf dem Geu die Tauber hinab und sonst in Franken" sowohl sein eigenes zum Bunde gesandtes Kriegsvolk zurück- als auch sonst noch Truppen zuzuschicken, sodaß er eine größere Macht beisammen habe. Er hielt das für nötig, „damit die last nit allain uff uns lige, und das man sehe, das wir von allentailn obeinander halten und ein- ander nit verlassen . . . ." auch darum, weil „Itzt anfenck- lich bei der Zeit Inn der eyl mit ainem clainen costen (sich) viel guts schaffen und nachtails furkumen (lasse), dann hernach mit gantzer macht gescheen mag".[1]) Der Bund hatte Casimir darauf nach anfänglichem Zögern zwar nicht die gewünschten Truppen zurückgesandt, da er sie im Süden nicht entbehren konnte, wohl aber die

---

mit ettlichen feltgeschutz dawider geschickt, ernstlich vnnd thetlich gegenn Inen zuhandeln, unnd dozemal einenn solichen schrecken Inn sie bracht, das sie desselben ende bißher weiter kein versamblung oder emporung furgenomen. Unnd wiewol sich nochmaln ains vnsers pre- latenn des Abbts zw Munchaurachs unndersessenn zw Rudischbrun an der aisch widersetztenn dem obt seinen zehenndenn zugeben unnd der- halb austratenn, ein emporung zumachen, haben wir doch dieselbenn auch durch vnser fleissig nachtrachten und handlung, durch die unsern zw Roß und fuß mit (?) zw unnser straf bracht und Im thurn hertigk- lich gestraft. Desgleichen Auch alls . . . ." Es folgt die Erzählung von seiner Aktion gegen die Bauern zu Weiltingen (vgl. dazu Ludwig Müller, Beiträge zur Geschichte des Bauernkrieges im Rieß und seinen Umlanden, in der Zeitschrift des historischen Vereins für Schwaben und Neuburg Band XVI). Dann heißt es weiter: Wo wir unns nit so vleißig unnd getrewlich fur unnsselbs mit unnser aigenn macht, ober zuuorderst der hillft gottes wider der paurn emporung gesetzt Sonnder Jedesmal zuuor der pundßhilff hetten suechen, unnd derselbenn er- werttenn wollen, were die aufrur hienidenn diser land art ehe dann daobenn Inn mercklich anfwachssenn unnd übung komen unnd gleich so beschwerlich hieniden alls jetzt daobenn bei euch zuwenndenn gewesst Inn bedacht das Inn sollichenn fellenn wie Ir selbst gemelt habt ein stund zugesehenn zw lang ist."

[1]) Das wichtige Schreiben ist uns im Conc. erhalten A. S. T. II, f. 89—93.

kleine Macht von 300 Pferden zugebilligt, die ihm von den anstoßenden Bundesverwandten gestellt werden sollte.[1]) Auf Bamberg entfielen davon 70 Mann.

Das Geld für die ersten beiden Drittel der Hilfe hatte in Bamberg — nach den Domkapitelrecessen — z. T. schon aus der Steuer, z. T. aus der Weihsteuer bestritten werden müssen, da bei der Kammer — wohl infolge des Vorjahres — Geld nicht vorhanden war. Ob diese Hilfsquellen bereits damit erschöpft waren, ist nicht ersichtlich. Jedenfalls erging schon am 2. März, also nach dem Ausschreiben der 825 fl., seitens des Kapitels an den Bischof die Mahnung, sich allenthalben umzusehen, wie er (zu Erhaltung des Kriegsvolkes im Bunde) mit den geringsten Kosten Geld aufbringen könne. Die weiteren Forderungen des Bundes erhöhten die Verlegenheit, um so mehr, je dringlicher sie gestellt wurden.[2]) Man hat den Eindruck, daß die

---

[1]) So nach dem Schreiben Casimirs an Weigand (Ausf.) d. d. Onoltzbach, Samstag nach Laetare (1. April) (B. I. S. II 1). Das Schreiben des Bundes an Bamberg, Würzburg, Eichstädt, Bayern und Nürnberg den 26./III. 1525, im Augsb. Stadtarchiv, Literalien 1524—25. Das Original des betreffenden Bundesschreibens an Casimir ist nicht erhalten, wohl aber, in A. S T. II, 93/6, das Schreiben des Bundes vom 27. März, die Antwort auf Casimirs vom 24., auf die sich Ecks Schreiben vom 26. März (bei Vogt 421) bezieht. Vgl. auch Fries I 56 und B. I. S. II 2 (Schreiben Weigands an Casimir vom 5. April — Conc.)

[2]) Bis zum 11. März hatte Hans von Rotenhan 1000 fl. zu 5 % geliehen. Am 15. März (Mitwoch nach Reminiscere) heißt es in den Domkapitelrecessen: der Fürst soll zur Bezahlung der bündischen aufgelegten Hilfe sich geschickt machen, „damit ein guter will allenthalben erhalten würde", und nicht achten, daß dem Stift ein ziemlicher Schade „darauf ging". Daß er um Frist ansuche oder die 180 fl., die er dem Bunde dargeliehen hatte, abzuziehen begehre, hielt man „nach gelegenheit der sach" nicht für nützlich. Damit er sich desto stattlicher mit der Bezahlung „geschickt machen mög", erboten sich die Kapitelsherren, ihm aus dem Segerer 1000 fl. einen Monat lang zuleihen (Daß sie sich dazu nicht früher entschlossen hatten, daran waren wohl

regierenden Kreise im Bistum die Schwierigkeiten sehr hoch einschätzten, und daß sie derart auch waren.

Bis zum April hatte der Bischof davon absehen können, seine Ritterschaft nach Bamberg zu berufen. Die Reisigen oder Fußknechte, die er immer zur rechten Zeit nach dem Süden entsandt hatte, waren wohl aus den Kriegsknechten genommen, die sich zu jeder Zeit anboten. Der letzten Forderung des Bundes, 70 Pferde Casimir zu schicken, war nun der Bischof entweder nicht mehr imstande oder nicht mehr gewillt, aus eigenen Mitteln zu entsprechen. Am 4. April, an dem Tage, an dem ihn die erste Aufforderung Casimirs wegen der 70 Pferde erreichte, war bereits der Entschluß gefaßt, deswegen an die Ritterschaft zu schreiben und sie nach Bamberg zu bestellen; es bleibt im Ungewissen, mit welchen Bitten und Fragen Weigand an sie herantreten wollte. Aber das Schreiben ging an diesem Tage noch nicht ab, sondern erst am 5. April, nicht ohne eine, wie wir annehmen müssen, wichtige, vielleicht wesentliche redaktionelle Änderung seitens des Domkapitels. Dieses hatte nämlich ebenfalls am 4. April zum ersten Mal sich mit den immer bedrohlicher werdenden Zeitläuften beschäftigt und war dabei zu dem Gutachten gekommen: dieweil sich die leufft allenthalben geschwind anlassen, daß mein gn. herr von Bamberg seiner gn. lehen- und Ambtleuten geschrieben hette, sich in gereitschafft zuhalten, und uf des negst schreiben zuerscheinen. Der Bischof ging zweifellos auf diese Anregung

---

die fortgesetzten Streitigkeiten mit dem Dompropst seiner Einkünfte wegen schuld). In der Angelegenheit der 1000 fl. heißt es Freitag nach Oculi (24. März), daß das Kapitel „in Ansehung der großen Not" dem Fürsten die 1000 fl. leihen werde, doch gegen einen Revers, daß er sie bis Pfingsten wieder erlege.

um so lieber ein, als er selbst bei seinem Ausschreiben wohl auch an derartiges gedacht hatte. Das Ausschreiben ward nun in diesem Sinne gefaßt, unter der weiteren Anteilnahme des Kapitels.[1]) Am 11. April sollten die Stiftsverwandten und Lehenleute, ein jeder aufs stärkste mit Knechten und Pferden gerüstet, in Bamberg erscheinen. Als Grund wurden nicht der spezielle Anlaß dazu, sondern, um ihn als recht dringlich auch für den Adel hinzustellen, ganz im allgemeinen die „Läufte" angegeben, die sich „zu auffruor unnd empoerung, auch ungehorsam etlicher der unsern und anderer fürsten und obrikeitten underthanen unnd der Bauerschafft richten, wellichs nit allein unns und unnserm Stifft, sonnder dergleichen Dir unnd andern vom Adel zu untreglicher beschwerd und nachteil, unnd on zweiffel mit der zeit (so nit ufs ehst unnd unuerzoglich mit dapfferm ernst dagegenn gehanndelt) zu entlicher entziehung aller unterthanen gebürenden schuldigen gehorsamen unnd dienstbarkeiten gegen jrer Oberkeit gewießlich

---

[1]) In das Protokoll der Sitzung vom Dinstag Ambrosii (4. April) ist nach den im Text angeführten Worten mit anderer Tinte, also wohl zu späterer Stunde geschrieben: das Kapitel sieht für gut an, daß in das Ausschreiben des Fürsten auch gesetzt würde: Auch ungehorsam der underthanen, die uns und unserm Stifft, auch Dir und andern vom Adel zue nachtheil reichen möchti, richten etc. Eine andere Anregung des Kapitels, am 5. April gegeben: ‚in dem Ausschreiben solle den Lehnsleuten gemeldet werden, daß er vorhabe, dem Markgrafen „einen Nachtbarlichen Reutersdienst zu leisten" und auf 1 Pferd 12 fl. zu geben' kam wohl zu spät. Das Ausschreiben bei Erhard, Reformation 35, Anm. 1. — Zu der Darstellung, wie ich sie oben gab, war noch das Schreiben Weigands an Casimir vom 5. April zu benutzen (siehe Anm. 1 auf S.170): Er wäre wohl gewillt, dem Wunsche Casimirs (wegen der 70 Pferde) nachzukommen. Doch wisse dieser ja, daß er etliche Reisige bei dem Bundesheer und 'zur Stunde soviel Reisige an seinem Hofe nicht habe. Darum habe er in Eil des Stifts Lehnsleute nach Bamberg erfordert zum nächsten Dienstag. Er würde die gewünschten Pferde lieber heut als morgen schicken.

gedeyen würde". So sollte nun also in der Stadt
Bamberg eine Truppenmacht zusammengezogen werden,
ähnlich wie sie Markgraf Casimir bereits besaß, fähig
und stark genug, allen aufrührerischen Bewegungen im
Bistum sofort ein Ende zu bereiten, sie womöglich im
Keime zu ersticken, während Casimir, mit der Unterstützung
dieses Stiftes, an den Grenzen und in der Nachbarschaft
derselben Aufgabe oblag. Es war kein Zweifel, daß die
Schicksalsstunde dem Bistum gestellt war. Daß dies Ausschreiben gedruckt, wie es der Menge wegen sein mußte,
einer weiteren Allgemeinheit unbekannt blieb, war nicht
möglich. Wie würde diese solche neue Regung ultra-
konservativen Geistes hinnehmen?

Vor dem 4. April findet sich in den Domkapitelrecessen keine Äußerung der Sorge, daß sich im Bistum
ein Aufstand wie der Forchheimer des Vorjahres wiederholen werde. Jetzt wurde Rats gepflogen, wie „die Stifts-
privilegien, Kleinodien und Barschaft an sichere Orte gebracht" werden könnten und ob man Wächter in der
Altenburg bei Bamberg anstellen solle. Solche Maßregeln
der Sorge auf der einen Seite aber pflegen den Mut auf
der anderen nur zu erhöhen. Man weiß nicht, wieweit
die Vorkehrungen gegen den drohenden Sturm schon ge-
diehen waren. Da brach am 11. April der Sturm los.

Der Ausbruch des Bauernkrieges in Bamberg, die Erhebung gegen das Domkapitel und gegen die Klöster.

Die Unruhen, die im Februar und März Oberdeutschland erfüllten, blieben, soweit man sehen kann, in Bamberg unbeachtet. Da im nächsten Süden und im Osten wie im Westen alles ruhig war, so kam noch kein Moment der Unruhe in die Massen hinein, das von denen hätte ausgenutzt werden können, die eine Änderung irgendwelcher Art sich wünschten. Das wurde anders, als sich in der Rothenburger Landwehr und im benachbarten Würzburgischen Gebiet die Untertanen erhoben und Markgraf Casimir daraufhin eine Tätigkeit entwickelte, die nach allem, was man vor Augen sah, sich zum Ziele setzte, die Dinge hier so zu erhalten wie sie einmal waren. Da Casimir alle Fürsten Frankens in Neustadt a. d. Aisch um sich versammelte,[1]) so wußte jedermann, daß er auch diese zu energischen

---

[1]) Der erste Neustädter Tag, von Casimir 27. März berufen, obwohl das Recht dazu nur der Bischof von Bamberg hatte, der der Zeit Vorsitzende im Kreise, vom 3. und 4. April. Abschied bei Fries I 31/2. Am 7. April im Domkapitel daraufhin Beschluß („sehen für gut an"), daß sich der Fürst zu allem bereit mache, was ihm aufgelegt werde. Der zweite Tag zum 11. April einberufen.

Maßnahmen gegen den Aufruhr bestimmen wollte. Ver-
doppelte Aufmerksamkeit wird die Folge gewesen sein.
Man kann sich denken, welches Aufsehen es daher machte,
als nach dem 5. April, wenn auch nicht in großer Anzahl,
so doch in größerer als gewöhnlich Angehörige der Ritterschaft in Bamberg eintrafen.[1])

Wann das Ausschreiben Weigands vom 5. April in
Bamberg bekannt ward, entzieht sich unserer Kenntnis.
Gewiß ist, daß es am Abend des 10. einer Versammlung
von Bürgern der Stadt Bamberg vorlag, die sich eben
seinetwegen im Zinkenwörth, an dem Südende der Stadt,
zusammenfand, in dem Hause eines Schlossers.[2]) Von dem

---

[1]) Auf 25 Reisige gibt Weigand die Zahl in seinem Schreiben nach
Neustadt vom 12. April an, „doch sei der Mehrteil wieder verritten",
wahrscheinlich erst am 11. April.

[2]) Wie groß die Versammlung war, entzieht sich unserer Kenntnis.
Hans Hartlieb, ein Bader, der nach dem Bauernkriege hingerichtet
wurde, sagte in seiner zweiten Aussage aus (wo ist die erste und wo
sind die Frageartikel?) ad Art. 46: die vorigen, die er angezeigt, (Art.
34: Cleßlein Johannes, Hans Nußbaum, Bildschnitzer und Stubenrauch?)
seien in des Schlossers Hause in Zinkenword gewesen und mer daß
Schnitzerlein (wohl der Bildschnitzer Hans Nußbaum im Zinkenwörd),
der Köttler, Dachdecker, ein Schuster gegen Sant Martha über, Heinz
Gotfried, Kürschner in der Au, Veitt Schuster im Schudhaus, Fritz
Schuster zum schwartzen Rad, Paulus Weber, Franz Sporer, Niclas
Schwertfeger, Christoff Pudner beim Lochhaus, des Kustos Schwager
Heinz Trechßler, Erhard Reuß in der Keßlergasse, Cuntz Dunning im
Zinckenwerde, Jorg Hagelstoin, Hans Roßner, Weißgerber, Michel Eich-
horn, Weißgerber, Cuntz Steinmetz, Michel Reussen aiden (?) der Ulein
Kopp. Weiter wisse er keinen anzuzeigen (B. I. S. I.). — Aus den
„Auszügen, was Blasius Schneider (wohl = Blasius Plochinger oder
Plochlein, der Schneider war) in den Urgichten besagt ist" (B. I. S. I.),
ergibt sich, daß weiter dieser Blasius Schneider, ferner Niklas Feitt
(= Veitt Schuster?), Hans von Kitzing, Zimmermann und ein Sporer
bei der Unterbrücken (= Franz Sporer?) an dieser Versammlung (Montag
in der Charwochen) beteiligt waren, ferner der Kartenmaler Jorg Mantel.
— Daß schon seit der Vertreibung von Schwanhausen solche Versammlungen stattgefunden hätten, wie Looshorn 570 behauptet, ist

Buchbinder Quatsch mitgeteilt,[1]) gab es wohl für die Anhänger Schwanhausens oder vielmehr für alle Neugläubigen
das Zeichen ab, sich zusammenzutun, um in dem letzten
Augenblick, ehe die herbeigerufene Ritterschaft vollzählig
in Bamberg eingeritten war, auf jede mögliche Weise die
Rückberufung dieses Predigers, die evangelische Predigt
nach ihrem Verstande durchzusetzen und sicherzustellen.
Denn solcherlei Sinnes waren, die im Zinkenwörth zusammenkamen. Der Bader Hans Hartlieb, der Schwager
Schwanhausens Heinz Trechsler waren neben Paul Lauten-
sack, dem bekannten Maler, Hauptmann in Bamberg, den
man vergeblich in der Versammlung sucht, ausgesprochene
Freunde des vertriebenen Custos von St. Gangolf. · Daß
die anderen Mitglieder der Versammlung mindestens
ähnliche Ansichten hegten, zeigen die Beschlüsse, am
nächsten Morgen um 7 Uhr auf dem Markt wieder zusammen-
zukommen und das Volk, das aus der Predigt käme, dort
mit der Nachricht um sich zu sammeln, daß ein Schlag
gegen die Lutherische Meinung beabsichtigt sei. Ob außerdem für gut erachtet wurde, von dem Ausschreiben
Weigands und der Situation, die dasselbe schuf, dem
Bürgermeister und dem Rate der Stadt Mitteilung zu
machen — wie die eine Quelle meldet[2]) —, oder ob dieser

---

freie Erfindung seiner Phantasie. Die Versammlung kam ad hoc zusammen. — Der Eindruck, den einwandsfreie Zeugen von dem Aufruhr
hatten, war, daß er im Zinkenwörd und in der Langengasse seinen Ursprung gehabt habe (B. II. S. I 10).

[1]) Diese Notiz entnehme ich Looshorn (571), der dazu setzt, daß
das Ausschreiben der „Graber und die Verschworenen" erhalten hätten.
Da mir nur ein Graber bekannt ist, der aber erst später eine Rolle
spielt, und „die Verschworenen" gewiß nicht in Looshorns Quelle stehn,
so darf man hinter diesen Teil der Notiz wohl ein Fragezeichen setzen.

[2]) Die „Beschreibung der geschicht, so sich In der Paurn aufrur
A. 1525. Im stifft Bamberg zwischen der oberkeit vnd vntherthanen

der andern zufolge[1]) von der Versammlung im Zinkenwörth sonstwie Kenntnis erhielt, genug, noch an demselben
Abend hatten der Rat und von diesem benachrichtigt
auch der Bischof sichere Kunde davon, daß sich eine
gewisse Aufregung der Bürgerschaft bemächtigt habe.
Ohne mehr zu wissen und wohl nicht der Meinung, daß
eine Gefahr im Anzuge sei, gab der Bischof den Befehl,
schnell zu allen Gassenhauptleuten zu schicken, durch sie
die Einwohner Bambergs an Eid und Pflicht mahnen und sie
vor Aufruhr warnen zu lassen. „Das geschah also von
stundan, vor Nachts".[2]) Wer noch an nichts Böses dachte,
ward nun dadurch an den Ernst der Stunde erinnert. Die
Würfel waren gefallen.

Die Arbeit für die Verschworenen des 10. April war
leicht. War durch alle die Anzeichen, die man hatte, der
Verdacht bereits geweckt, daß auch der gutmütige und
freundliche, immer volkstümliche Fürst seine Hilfe den
Fürsten nicht versage, von deren erbarmungslosem Vorgehen gegen die Bauern vielleicht nicht nur eine dunkle
Kunde von der Schlacht des 4. April, sondern auch die
12 Artikel Schrecken und Mitgefühl erregend zu den Bam-

Daselbst, Auch dem Schwebischen Pundt zugetragen hat", fortan nach
ihrem Aufbewahrungsort, dem Nürnberger Kreisarchiv, N. A. zitiert.
Über ihren Charakter vgl. den Anhang II.

[1]) Den Angaben des Ratsherrn Hans Sayler in seiner „kriegsbeuestigung contra m. gn. Herrn von Bamberg" vor dem Schwäbischen
Bunde, fortan H. S. zitiert. B. II. S. 9. — Vielleicht gibt, wie beide
Diktionen entstehen konnten, die Mitteilung des Oberbürgermeisters
Stephan Gutknecht an, wonach er diese Nachricht im Bade erhielt,
wohin Blasius Schneider, Niclaus Feitt, Hans von Kitzing, Zimmermann
und der Sporer bei der Unterbrücken als Abgesandte der Versammlung
zu ihm kamen (B. I. S. I).

[2]) So N. A. Hans Sayler sagt vom Bischof: dieser „handelt nichts
dagegen, denn allein, daß er wünscht, man solle die Wache in der
Nacht desto besser in Acht haben".

bergern gekommen waren,[1]) so mußte die bestimmte Nachricht, die das gedruckte Ausschreiben vom 5. April brachte,
die Massen leicht zu dem Entschlusse veranlassen, solche
Hilfeleistung dem Bischof fortan unmöglich zu machen.
Sofort wurden Vorkehrungen getroffen, die Ritter, die man
ja zu diesem Tage in größerer Zahl zu erwarten hatte,
nicht mehr einzulassen: die Tore wurden gesperrt, Ketten
über die Straßen gezogen. Eine große Menge blieb auf
dem Marktplatz. Vergebens erwartete der Rat vom Bischof,
dem er, kaum daß er die Ansammlung gewahr ward, „die
mehr" verkündet, energische Maßnahmen, zu denen dieser
nicht imstande war. Die Antwort, die er auf die Frage
nach der „Ursach ihrer Zusammenhauffung" von der
Menge erhielt, „sie wollten ihren Prediger, den Johann
Schwanhausen wieder haben", konnte er nicht anders denn
als Hohn auffassen. Denn gewißlich hatten die wenigsten
daran gedacht, als sie bei der Heimkehr von der Predigt
hier sich festhalten ließen, und als sich der Bischof
sofort bereit zeigte, diesem Begehren zu willfahren, ward
ihre Zahl nicht kleiner. Es zeigte sich denn auch sofort,
daß sich die Masse mit diesem Zugeständnis nicht begnügte.
Nun einmal versammelt, tauchten in ihr wieder alle die
Wünsche auf, die seit dem Forchheimer Aufstande nicht
wieder zur Ruhe gekommen waren, und die, wie ich zeigte,
mit der neuen Lehre, mit den kirchlichen Tendenzen
gewisser Reformatoren ja auch in naher Berührung standen.
Es waren 7 Artikel, teils wohl von dem Bader Hans Hartlieb bereits am Abend zuvor formuliert — zu den wesent-
lichsten bekannte er sich in seiner Urgicht unumwunden, —

---

[1]) Als etwas später der „Meynmüller", Hans Schwartz aus Hallstadt
nach den „Swartzweldischen Artikelen" fragte, konnte sie Hans Hartlieb geben (B. II. S. VIII).

teils wohl hier noch schnell niedergeschrieben.[1]) Der erste
gab nur die Einleitung zu allen übrigen. Er verlangte
das, was auf allen Gassen damals verlangt ward, selten
wohl nach Inhalt und Umfang verstanden, aber durch den
Gebrauch zum Schlagwort aller „Evangelischen" geworden:
das Wort Gottes soll frei, unverdunkelt, lauter und klar
gepredigt werden. Die nächsten 3 richteten sich nun sofort gegen das Domkapitel und seine innerpolitischen Bestrebungen. 2. Keiner „außerhalb der Burge" soll „anderß
nit gefreiht, Sonnder Inn allem mitleiden, wie ein ander
Mitburger sein". 3. Sie wollen „unsern gn. herrn von
Bamberg als für unsern herrn unnd landsfursten unnd
sonsten keynen andern herrn haben, unnd mit dem Kapittel
garnichts zuthun, oder unter worffen sein, unnd das die
vom Kapittel unnsern gn. herrn von Bamberg seins Eids
erlassen sollen". 4. „Niemand soll an dem Ungelt teil-
haben, und es soll niemandem gegeben werden, als nur
unserm gn. herrn vonn Bamberg unnd gemeiner Stat Bamberg, und das ungelt nach Rathe meins gn. herrn von
Bamberg unnd denen des Rats sambt der gemeinde wissen
verordent unnd gesetzt werden". Waren bereits diese
Artikel geeignet, auch beim Rate und bei den „Erbaren"
für die Bewegung Teilnahme zu erwecken, so zielte der
nächste, der fünfte, darauf vielleicht sogar ab: die Herren
des Rats und der Gemeinde sollen die Schlüssel zu den
Toren haben und nicht „unser gn. herr oder die vom
Kapittel". In dem sechsten Artikel lebten die Bestrebungen
nach der Änderung des Zehnten wieder auf: „der kleine

---

[1]) Die Artikel, in B. I. S. VII, 49 erhalten, hat Const. Höfler in
seinen Fränkischen Studien abgedruckt (Archiv für Kunde österreichischer Geschichtsquellen VIII, 267/8), doch mit soviel sinnlosen
Fehlern, daß dieser Abdruck nicht zu gebrauchen ist.

Zehent soll ganz frei abgetan werden, es sey lebenndig
oder todt" und nicht mehr denn die 4 Körner „geburlicher
maß" gegeben werden „wie Landesbrauch ist". Der
siebente verlangte schließlich Zusicherung der Amnestie:
solches ihr „Fürbringen unnd erweckung" soll durch
„unsern gn. herrn vonn Bamberg, der vom Kapittel oder
der Iren, gegen unnsern herren des Rats auch gegen
ganntzer gemeind nymermere zu ewigen Zeitten geant
werden alß dann genugsam verbrift unnd besiegelt, wie
sich gebürt, werden" [soll]. Die Artikel waren für
den Bischof schon deshalb unannehmbar, weil sie ihm
abgetrotzt werden sollten, aber erst recht darum, weil
er außer zu der Bewilligung des siebenten Artikels
gar keine Competenzen hatte: wie durfte er, ganz abgesehen von seinem Eide vor dem Kaiser, wagen, in seinem
Machtbereich zuzulassen, was für alle anderen präjudizierlich
war! Es ist daher wohl verständlich, daß der Bischof
Stunden brauchte, um eine Antwort darauf zu finden.[1]
Da ihm bis zur „Schlafglocken", also bis 6 Uhr Zeit gelassen war, so eilte diese auch nicht. Was unterdes geschah, war außerdem vorauszusehen. Die Menge auf dem
Markt blieb natürlich nicht ruhig, während Abgesandte
des Rats beim Bischof waren.[2] Neue Artikel wurden eingegeben, die „ebenfalls mit unsern Herrn des Rats samt
der Gemeinde verbessert werden sollten", Artikel, bei
denen man an die 12 erinnert wird: Item, daß die gemeinen fließenden Wasser um die Stadt ganz frei sein
sollen. Item daß Wild frei sein solle. Mehr und mehr
Unruhe kam in die Masse, je länger die Antwort sich
verzögerte: der Bürgerhof wird schließlich gestürmt, man

---

[1] Nach N. A. 3, nach H. S. 4 Stunden.
[2] Unter ihnen Hans Sayler.

versieht sich mit Geschütz, langen Spießen, Hellebarden und anderem. Dann werden Arm und Reich unter Drohungen zum Markt entboten, „wer das Nit thet, dem wolten sie es geben, der teufel halet sie dann". Hauptleute werden gewählt, die Massen zum Kampf organisiert. Als die Kaulberger bei ihren Herrn, dem Kapitel, um Rat fragen, — „Ir gemueth sei nit anders, dann bey Irer Herrschafft Leib unnd Leben zuuerhalten ungespart unnd sich sambt Iren guettern finden zulassen", erhalten sie auf mehrmaliges Andringen den Bescheid, sie sollten „Inen heyssen Gott helffen, sie die Herren westen Inen nit zuhelffen". Auch sie schließen sich darauf der Bewegung an, und mit ihnen die andern Muntäten, die wie sie nicht aus noch ein wußten.[1]) Die Domherren fliehen aus der Stadt, nach der Altenburg und anderswohin.[2]) Auf die Kunde davon, wohl nicht früher,[3]) wird Sturm geläutet:

---

[1]) Von der Muntät St. Gangolph ist uns überliefert, daß sie sich erst durch Drohworte seitens der Bamberger Gemeinde zum Anschluß bewegen ließ (vgl. die Aussage von Hans Goell, B. I. S. II. f. 249). So wenig hatte die Predigt Schwanhausens und das unsittliche Treiben der Herren von St. Gangolph auf ihre Haltung Einfluß auszuüben vermocht!

[2]) Nach N. A. bis auf Weyprecht von Seckendorf, der krank war. In Kürze kehrten ebendanach jedoch Jorg von Bibra und Jakob Fuchs wieder zurück „zu dem Rath", tun Bürgerpflicht und bleiben während des ganzen Aufruhrs bei dem Rat. Das Domkapitel hatte am 11. April noch eine Sitzung abgehalten. Aus dem Rezeß ist nicht ersichtlich, welche Gefahren dem Kapitel drohten. Es war die letzte Sitzung bis zum 19. Juni 1525. — Jorg von Bibra kann nach einem Schreiben an Wilhelm von Henneberg vom 14. April nicht vor dem 15. in Bamberg eingetroffen sein. Er hörte, fern von Bamberg, von dem Aufruhr. Danach sollte „ein ider sweren die gerechtigkeit zu handhaben, haben ein fan, ein mergebil, di unsern schopfer am arm" (nach einer Mitteilung von Herrn Dr. Merx aus dem Meininger Hausarchiv).

[3]) Diesen Zeitpunkt gibt N. A. an, dessen Darstellung, als der innerlich wahrscheinlichsten, der nichts an Quellen entgegensteht, ich hier folgte. H. S. spricht davon überhaupt nicht; die von Georg Ernst

schien diese Flucht doch das beste Zeichen von der Gesinnung
zu sein, die oben herrschte. Mag sein, daß nun endlich auch
die Antwort des Bischofs eingetroffen war, von der der
Ratsherr Hans Sayler meint, es sei ein schlechter Abschied
gewesen. Wie auch immer, es lag in der Natur der Dinge,
daß der Aufstand sich ausbreitete und vertiefte. Einige
Stunden danach kamen etwa 150 Hallstädter an. In der
Nacht und am folgendem Morgen traf weiterer Zuzug ein.
Der Knecht, der am 12. April ein Schreiben Weigands
nach Neustadt a. d. A. brachte, um dort mit der Empörung
das Ausbleiben der bambergischen Räte zu entschuldigen,
meldete von gegen 3000 Mann, die von Scheßlitz, Memmelsdorff und andern Flecken hierher geströmt waren.[1]) Weigand
aber verließ jetzt ebenfalls die Stadt, wohl im Dunkel der
Nacht und suchte Zuflucht auf der Altenburg, die wenigstens
notdürftig geschützt war: die Zuversicht, die er noch am
Mittag selbigen Tages gehabt hatte,[2]) daß sich noch alles
zum Guten wenden werde, war jetzt wohl dahin.

Die Dinge ließen sich auch immer schlimmer an. Wenn
bis dahin die Bewegung eine rein städtische war, geleitet
und getragen von Männern, die des Bischofs Wesen zu
gut kannten, um ihn durch Maßregeln der Gewalt zu verletzen, so ward sie vom 12. April ab mehr und mehr eine

---

Waldau in dem „Beytrag zur Geschichte des Bauernkriegs in Franken,
besonders im Bißthum Bamberg" Nürnberg 1790, veröffentlichte Quelle,
setzt das Sturmläuten früher an (vgl. S. 16). Über diese vgl. den
Anhang II.

[1]) B. II. S. V, 1. Das Schreiben Weigands vom 12. April bei Fries I
70—71.

[2]) In dem Schreiben an die Würzburgischen und Eichstädtischen
Räte in Neustadt vom 11. April (auszugsweise bei Fries I 70, Original
in A. S. T. IV, 18) hatte der Bischof bemerkt, daß die Räte zwar nicht
mehr am 11. in Neustadt würden eintreffen können, „sollen aber ob gott
will morgen frue zeitlich daselbst ankomen".

territoriale, bei der nur die sachlichen Gesichtspunkte entschieden. Die Bewegung kam nun in die Hände der
tatkräftigeren Elemente unter jenen Verschwörern vom
10. April, namentlich in die des Baders Hans Hartlieb und
des Zimmermanns Hans von Kitzing,[1]) denen Leute wie
Burckhart Zimmermann, einer der geworbenen Knechte,
ferner der Büttner Hermann Fischer, der Fischer Kunz
Quicker, der Seiler Fritz Hubner und andere Handwerker
gern Gefolgschaft leisteten.[2]) Da sich die Absichten dieser
Männer in der Gemeinde mit Wünschen berührten, die im
Rate der Stadt schon lange ihre Vertreter hatten — Autonomie der Stadt inbezug auf ihre Tore, Mitleiden der
Muntäten —, so kann wohl der Verdacht Weigands nicht
ganz unbegründet gewesen sein, daß sich auch Mitglieder
des Rats, ein Hans Sayler und ein Georg Graber tiefer
mit jenen Leuten einließen, als im Interesse des Bischofs
lag.[3]) Ihren Hauptstützpunkt aber fanden sie in den Massen
der Landleute, auf die die Abwesenheit Weigands und der

---

[1]) Ob dieser Hans von Kitzing nach seiner Vaterstadt (Kitzingen)
so genannt wurde und den Draufgängern sich deshalb zugesellte, weil
er von dorther wußte, daß die Obrigkeit ohne Weiteres zum Nachgeben
nicht gebracht werden konnte? Er war nach B. II. S. VII überall
dabei, wo es energisch vorwärts ging, bei der Ausbrennung des Klosters
Ebrach, Anfang Mai in den Lägern der Würzburger Bauern, und zu
Hallstadt, als dort die Empörung neu ausbrach.

[2]) Vgl. B. II. S. VII, 4: „Was ein Erber Rat zu Bamberg für Vermutung und Verdacht gegen nachfolgende Personen, so zu Nürnberg
liegen, hat."

[3]) Hans Sayler wie Georg Graber waren die Vertreter der
Bambergischen Städte in dem Auschuß, den der Landtag von 1524 nach
seinem Abschied zur Beratung der Beschwerden der drei Stände zurückgelassen, und der bis ins Jahr 1525 hinein getagt hatte. Sie beide
sind es wohl gewesen, die immer wieder die Frage nach dem freien
Zutritt zum Bischof dort zur Verhandlung brachten. — Es mag hierbei bemerkt werden, daß H. S. in seiner Verteidigungsschrift gegen
den Bischof (Kriegsbeuestigung) von diesem Tage am wenigsten berichtet.

Kapitelsherren den bedenklichsten Eindruck machen und
die weiter mangelhaft verproviantiert bald zu allem fähig
sein mußten. Mit welcher Sorge der Rat der Stadt diese
Massen ankommen sah — sie werden auf 8000 Menschen
angegeben und mußten sich in zwei Haufen sondern, einer
auf dem Markt und einer in der Langen Gasse[1]) —, zeigt
die Tatsache, daß er alsobald ihretwegen Knechte annahm,
unter Billigung des Bischofs, und diese eine Zeitlang
besoldete, „den uffrurigen zu widerstand, unnd frid und
ainigkait zu erhallten."[2]) Überhaupt zeigte sich der Rat
zunächst noch fähig und gewillt, die Ordnung zu wahren,
soweit es ging: am 12., eben als jene Scharen eintrafen,
und vielleicht auch im Hinblick auf sie, legte er einzelne
sichere Leute in die Klöster, diese zu beschützen bei Tag
und Nacht.[3]) Lange aber war er dazu nicht mehr imstande.
Verhandlungen, die zwischen dem Bischof und dem Volke
gepflogen wurden, hatten kein Ergebnis; auf die Ermahnung
des Bischofs, Eide und Pflichten zu bedenken und ihre
Gebrechen auf andere Weise dem Fürsten mitzuteilen, wenn
sie heimzögen und von dort aus sie ihm vortrügen, würde
er ein gnädiges Einsehen haben, antwortete das Volk, Eid
und Pflichten hätte es längst bedacht, seine Gebrechen
längst vorgetragen,[4]) aber weder Antwort noch Besserung,
sondern täglich mehr Überlast und Beschwerung mit Wild-

---

[1]) N. A. Der Haufe auf dem Markt „was allersampt Andern, so
nit in diesen Hauffen stunden, Sonndern sich in der Statt verlegt hetten,
auf 8000".

[2]) Nach den Angaben von H. S.

[3]) Vgl. dazu den Bericht der Äbtissin des St. Clara-Klosters in
Bamberg an einen Geistlichen, abgedruckt in Koldes Beiträgen zur
Bayrischen Kirchengeschichte, Bd. I, 180.

[4]) Damit kann nur auf die Landtagsverhandlungen von 1524
zurückverwiesen worden sein.

pret, Zinsen, Frohnen, „Reis", Mehrung der Gulten und Steuern
samt andern Übeln gefunden. Ohne bestimmtes Programm,
nur unzufrieden mit Dingen, die sich ganz nach Wunsch
und Bedürfnis vermehren ließen, also durch keine Zusage
zufrieden zu stellen, ward die Menge umso unwilliger, je
weniger nachgiebig der Bischof erschien.[1]) Die Regierung
der Stadt entschwand dem Rate immer mehr. Wenn richtig
ist, was die eine Quelle meldet,[2]) so konnte er nicht mehr
hindern, daß „die Stadt und die Munthet geringsum ver-
graben, die Fuhrt und Wege verlegt wurden, also daß
schwerlich aus und in die Stadt zu kommen gewest."[3]) Was
ein Programmpunkt war, ward so praktisch ins Werk
gesetzt. Zu den Wachen an den Toren und Schranken
sowie an den Ketten wurden unterschiedslos gefreite und
nicht gefreite Personen gezogen. Der Unterschied zwischen
den verschiedenen Klassen der Bevölkerung verschwand
im allgemeinen Mitleiden, Muntäten und Stadtgericht steuerten
beide zum allgemeinen Nutzen bei. Doch wußten Rat und
Abgesandte des Bischofs am Abend des 12. noch einmal

---

[1]) Noch eine Äußerung, wie die oben erwähnte uns von N. A.
überliefert, mag hier erwähnt werden: das Volk, das so wie oben
berichtet auf die Zukunft vertröstet wurde, sagte den 3 Räten des
Bischofs, die mit ihm unterhandelten (Emeran von Redwitz, der Bruder
des Bischofs, Hans Braun [nach den Angaben des Rats in B. II. S. VII 4:
Hans Mulner] und Hieronymus Cammermeyster, damals Kanzler), es
wolle gleich wissen, wie es sich hinfort halten solle, es hätte kein Korn
auf den Böden, kein Geld in der Truhe, ihre Kinder hätten nichts zu
essen, darum könne es sich auf langes Tagleisten nicht einlassen.

[2]) Waldau 19—20. Doch ist Waldau, dem ich auch weiterhin nicht
folge, in der Beschreibung dieses Teils des Aufstandes nicht zuverlässig,
wohl weil er nicht Augenzeuge war. Vgl. Anhang II.

[3]) H. S. nennt Bamberg „eine offene, mit Mauer und Graben ganz
unbewahrte Stadt, da man bei Tag und Nacht an viel Orten einkommen
kann"; deshalb hätten sich in der Stadt soviel Aufrührer von der
Bauerschaft und Landschaft versammeln können. Vgl. auch oben S. 150.

die Verabredung einer persönlichen Aussprache des Bischofs
mit dem Volke durchzusetzen. Indem dem Bischof Geleit
von der Altenburg bis wieder dorthin zugesagt wurde,
endigte der Tag, ohne daß die Revolution nach außen hin
sichtbare Fortschritte gemacht hatte.

Der 13. April mußte also die Entscheidung bringen.
Wer rückschauend die Ereignisse überdenkt, der sieht wohl,
daß die Rechnung mit dem Einsatz der Persönlichkeit des
Bischofs eine falsche war. Wo bisher nichts hatte erreicht
werden können, war auch bei dem ausgesprochen rechtlichen
Charakter des Bischofs nichts mehr zu erreichen. Man
setzte damit nur das Ansehen des Fürsten auf das Spiel,
das bisher bei den Massen noch ungeschmälert geblieben
war. Schon sehr früh begab sich der Bischof von der
Altenburg fort. Wenn wir der einen Lesart folgen,[1]) suchte
man bereits auf dem Wege zu seiner Hofhaltung in der
Stadt „unterhalb des St. Theodoreß-Kloster, in den Sutten"
ihn durch Schreckmittel zur Nachgiebigkeit zu veranlassen.
Einige Leute, in Wehr und Harnisch, die sich ihm in den
Weg stellten, ihm ihre Beschwerden vorzutragen, schossen
ihre Büchsen ab, als sie Weigand mit dem Bescheide, daß
er niemandem das Seine unverhört fortnehmen könne, zum
Frieden, und im übrigen auf spätere Verhandlungen verwies.
Nach der anderen Lesart, die, in Ermanglung irgendeiner
Bestätigung jener dramatischen Erzählung, wohl den Vorzug
verdient, gelangte er ungehindert zur Stadt, erschien dort,
unter dem Geleit einiger Ratsherren vor den zwei Haufen
und hielt an diese zunächst eine Ansprache: „was alles
nit hoch angenem." Dann ging es an die verabredete
Verhandlung auf dem Rathaus, zu der von der Gemeine zu

---

[1]) Waldau 20—21.

Bamberg und vom Lande je 30 Mann abgeordnet wurden. Nur zwei Artikel hatte der Sechziger-Ausschuß dem Fürsten vorzulegen, zwei Artikel, in denen allerdings die Summe aller Forderungen begriffen war.[1]) Auf so wenig konnte letztlich gebracht werden, was die Massen bewegte. Der erste bat in ungelenken Worten, daß der Bischof neben Gott der einzige Herr von allen in Stadt und Land sei, „prelaten monch pfaffen Nunnen alles ausgeschlossen, allein die vom Adel nit." Man sieht, daß auch hier, wie schon in Schwaben zu bemerken war, die Aufrührer zunächst garnicht daran dachten, gegen den Adel vorzugehen, als gegen einen privilegierten Stand. „Mit denen vom Adel hatten sie nit sonnders zu schaffen", so läßt eine andere, die best unterrichtete Quelle, die Leute des Ausschusses zum Fürsten sagen.[2]) Der zweite Artikel, dem ersten eng angeschlossen und von ihm auch nicht zu trennen, forderte den Bischof auf, Pfaffen-, Mönch- und Klosterleute in Pflicht zu nehmen und, wenn er dem Domkapitel gegenüber anders sich verpflichtet habe, daran keinen Anstoß zu nehmen: wollen alle meinen gnädigen herrn darzu handthaben, schutzen unnd schirmen. Kein Wort über irgendwelche Reformation, die mit den Klöstern vorzunehmen sei, kein Wort gegen Pfaffen, Mönche und Klöster als solche überhaupt! In dem Widerstreit gegen das Domkapitel, gegen dessen Macht in Stadt und Land, die man als pièce de resistance auf politischem wie kirchlichem Gebiet betrachtete, in diesem Widerstreit erschöpfte sich, was das Volk begehrte. Der Bischof verhielt sich naturgemäß völlig ablehnend. Er könne „mit keinen Ehren" anderer

---

[1]) Sie sind uns erhalten in B. I. S. III b 7. Siehe Anlage I.
[2]) Vgl. auch den in der Anlage II abgedruckten Bericht des Weißmainer Stadtschreibers vom 14. April 1525.

Herren Leute einnehmen, besonders nicht die des Kapitels.
Einzelne seiner eigenen Räte, Hans Braun, Eucharius von
Aufses¹), Hieronymus Kammermeister, bitten ihn mit Tränen
in den Augen, den Artikel anzunehmen, sie machen ihn
darauf aufmerksam, daß seine Absage Blutvergießen und
anderes nach sich ziehen würde. Weigand bleibt dabei:
„ob man schon mich In Einem thurm het, gedecht ichs
doch nit zu tun." Als das Volk, der Ausschuß ihn darauf
bittet, es seiner Pflicht „ledig zu zeln, wo aber E. F. Gn.
das nit thun wöllen, wöllen wirs hyemit selbs aufgesagt
haben", verweist Weigand darauf: „Ich hab euch ewer
pflicht nit ledig zugeben, so habt Irs nit aufzusagen." Die
Verhandlung endete damit, daß die Mitglieder des Ausschusses ihm dennoch im Namen des Volkes „alle Ir pflicht"
aufsagten; sie wollten „Ir eer bewart haben".²)

Die Verbindung zwischen Fürst und Volk war damit
gelöst, den bestehenden Gewalten der Rückhalt genommen.
Kaum, daß der Bischof in seine Hofhaltung zurückgekehrt
war, weigerte sich der „alte Rat", weiter zu sitzen: Ihnen
sei die Last zu schwer. Was in den sieben Artikeln verlangt war, ward nun ausgeführt. 21 Personen wurden

---

¹) N. A. hat im Text dafür Cargas von Rosna. Am Rande
ist dazu vermerkt: „schau, ob es nit Eucarius von Aufses gewest". — Von Eucharius von Aufses, Ritter von Wolkenstein ist uns
eine vielleicht charakteristische Szene vom Landtage von 1524 aufbewahrt. Auch er war vom Landtage in den oben (S. 183, Anm. 3) erwähnten Ausschuß gewählt worden. Da er aber nicht durchsetzen konnte,
daß die drei vom Bischof dazu Verordneten zurückgewiesen wurden
(Johann Folck Dr., Joh. Scharpff und Hieronymus Cammermeister, Kanzler),
so trat er zurück.

²) Die Darstellung bei W. ist ausführlicher, aber ihr Kredit ist
dadurch verringert, daß in ihr die Geistlichen und der Adel in einem
Atem genannt werden. Sonst stimmt sie im Wesentlichen mit der
oben gegebenen überein.

aus dem Ausschuß gewählt, 7 aus der Gemeine im Stadtgericht, 7 Mann aus den Muntäten und 7 von den Bauern.[1])
Nachdem sie den Bürgermeistern (Stephan Gutknecht Ober-
und Christian Frank Unterbürgermeister) Ratspflicht getan,
waren sie neben oder mit dem alten Rat die bestellte
Behörde für die Stadt.

Ihre erste Aufgabe war, das Volk in seine Schranken
zu weisen. Empört wie es über Weigands Antwort war,
hatte es sich mit dem Gedanken getragen, ihn in der Stadt
festzuhalten. Eine Abordnung der beiden Haufen, gute
Handschützen darunter, hatte ihm darum das Jakobs-
tor „verlaufen". Nur mit Mühe gelang es Marx Halbritter,
einem Mitglied des alten Rats, den die 21 dem Bischof
mitgaben, das freie Geleit aufrecht zu erhalten. Dann
brach die Volkswut los. Die letzte Bitte Weigands war
noch gewesen, seinen Hof samt zwei Wagen, darauf
seine Briefe, Regalien, Lehnbücher und Register etc.
sich befanden, zu verwahren. Er hatte ihn kaum verlassen,
als die Plünderung begann. Vor allem war's auf die Dom-
herrenhöfe abgesehen. Alles wurde zerschlagen und zer-
rissen, was sich erreichen ließ. Viele wertvolle Bücher,
Register, Briefe und anderes mag dabei verloren gegangen

---

[1]) N. A. hat uns die Namen überliefert. Danach waren die sieben
aus der Gemeine: Jörg Rudiger, Huter Ewalt Seywersdorffer, Karl
Schwertzer, Hans Seyten, Marx Felberger, Eberhard Schutz und Erhart
Starck, aus den Muntäten: Jörg Lang, Paulus Lauttensack, (Hans)
Angermann, Hans Putelein, Jobst Aschermann, (N. = Hans) Roth und
N. N. (= Pankrath Hübner), von den Bauern die drei Halstätter Hans
Schulteys, Hans Tobs, (N. = Hans) Fleischmann, Jörg Sauer von Frens-
dorff, Felix Froschweyer (von Burgebrach), Fritz Clarman (von Unternheid),
(N.) Daum (= Cuntz Baumann von Bischofsberg). Die (offizielle?) Liste,
die uns in B. I. S. VII, 60 erhalten ist, und nach der ich die Zusätze in
den Klammern machte, gibt statt der Namen Felberger und Schutz die
Namen Sigmund Kebitz, Eberhart Rinderfelt und Hans Hagelstein.

sein. Doch hat man den Verlust deshalb nicht zu hoch
zu bewerten, weil das wichtigste gewiß von den Domherren
zwei Tage zuvor schon mitgenommen war, und weil der
Hof des Bischofs mit seinem Inhalt geschützt werden
konnte.[1]) Alle Höfe wurden abgerissen; außer dem des
Bischofs blieben charakteristischerweise nur der Daniels
von Redwitz, des Bruders von Weigand, in dem des Bischofs
kranke Mutter lag, und des ebenfalls kranken Weiprecht
von Seckendorf, wohl des reichsten Domherren, unversehrt.[2])
Auch an dem Dome suchte man sich zu vergreifen. Nach
dem allerdings nicht ganz einwandsfreien Bericht des Ratsherrn Hans Sayler waren schon einige Schlösser an der
Sakristei gebrochen, als es neben anderen ihm gelang, das
Heiligtum zu retten. Wie den Domherrenhöfen erging es
nun auch den Klöstern. Der Wunsch, diesen den eigenen
Willen und die Selbständigkeit zu brechen, die gefüllten
Keller der Klöster, der schwache Schutz, den sie an den
Wachen des Rates hatten, dem das Rückgrat gebrochen
war, all das waren für die Massen Gründe genug, nun auch
den Klöstern zu nehmen, was nicht niet- und nagelfest
war. Sämtliche Klöster innerhalb und außerhalb der Stadt
erhielten an diesem Tage von ihren Nachbarn ungebetenen
Besuch, den sie in Küche und Keller noch lange zu spüren
hatten.[3]) Nur die Heiligtümer, was zum Kultus gehörte,
blieb bemerkenswerter Weise unversehrt.

---

[1]) Wie hoch trotzdem der Schaden sein konnte, mag man aus den
Angaben der Domherren ersehen, die Looshorn 577, 578 abdruckte.

[2]) So meldet ein Nürnberger Bericht (Nürnberger Kreisarchiv.
Ratsbriefbuch 101, 129), dem andere nicht widersprechen.

[3]) Vgl. die Schadenanzeigen des Vikars Petrus Drunck zu
St. Gangolf (B. II. S. V, 2), der Äbtissin und des Klosters zu
St. Theodorsen (B. I. S. VII, 67), des Vikars Nikolaus Fleischmann an
St. Jakob (B. II. S. V, 5).

Auch sonst wurde nicht gefeiert. Der Ausschuß entfaltete eine fieberhafte Tätigkeit, sich im Lande den Anhang zu verschaffen, ohne den er seine Sache nicht durchführen konnte. Von der „gemeinen Stat Bamberg sampt der Landtschafft versamlet zw Bamberg" gingen Ausschreiben an alle Städte und Flecken des Bistums: da „etlich treffenlich mangel und beschwerde des gotlichen worts und andrer" der Bischof nicht abgestellt und sie darum „zu Krig und widerwillen gegeneinander" gekommen wären, bäten sie, „weil wir zw euch und jr zw uns gehort", so stark als möglich ihnen zuzuziehen, doch so, daß ihre Stadt oder ihr Flecken genug besetzt bleibe.[1]) Es kam wohl vor, daß in der Eile an denselben Ort zwei Schreiben abgingen.[2]) Ein Schreiben an die Ritterschaft wurde angeregt, das auch diese nach Bamberg berufen sollte.[3]) Daraus, daß man sich dazu als Mittelspersonen der Mitglieder des Ausschusses bedienen wollte, der von dem letzten Landtage gewählt bis in das Jahr 1525 über die mancherlei Beschwerden des Landes mit dem Bischof verhandelt hatte, läßt sich die Absicht erschließen, die Bewegung in das alte Gleis ständischer Verhandlungen hinüberzuleiten, denen diesmal die Tatsachen der nächsten Vergangenheit einen besonderen Nachdruck geben mußten. Aber eben deshalb wurde am 13. April davon wohl noch Abstand genommen.

Mit dem, was man an diesem Gründonnerstag erreicht, war das Volk zufrieden. Das Domkapitel war tatsächlich seiner Macht beraubt, seine Mitglieder waren in alle Winde

---

[1]) In dem Schreiben ist die Zahl derer, die die Burg und das Domstift innehatten, auf ungefähr 6000 angegeben.

[2]) Zwei davon an Burgermeister und Rat des Markts Baunach sind erhalten (B. I. S. II, 3 und IV, 8).

[3]) So H. S., der derlei selbst angeregt haben wollte.

verstreut. Da aller Ecken und Enden in den geistlichen
Territorien ähnliche Bewegungen ausbrachen, so war an
eine Unterstützung desselben von dieser Seite nicht zu
denken. Von den weltlichen Fürsten aber versah man sich
solcher bei der bekannten Gegnerschaft zwischen geistlichen
und weltlichen Gewalthabern nicht, oder man traf, soweit
es nötig erschien, gewisse Gegenmaßregeln, von denen noch
zu reden sein wird. Die Ermattung, die sich nach allen
solchen Ereignissen zeigt, kam hinzu. So war denn bald,
nachdem sich Fürst und Volk getrennt hatten, die Voraussetzung für eine neue Verständigung gegeben.

Weigand war nicht der Mann, sich in die Dinge nicht
zu fügen, wenn sie einen Verlauf gegen seinen Willen genommen hatten. Seinen Untertanen gegenüber ein vielleicht
nur zu milder Herr hatte er in den Schreiben, die er am
14. April in der Frühe an das Reichsregiment und an den
Schwäbischen Bund richtete, sich nur auf die Mitteilung
der Ereignisse beschränkt, ohne auch diese in ihrer ganzen
Tragweite zu schildern, und um nichts anderes gebeten,
als um Räte, die helfen sollten, den Aufruhr in der Güte
zu stillen.[1]) Es ist übrig zu forschen, wer von beiden
Parteien die Initiative zu der neuen Verständigung ergriff.
Weigand und seine Untertanen trafen sich in demselben
Wunsche. Das Ergebnis der Verhandlungen, die nur teil-
weise am Charfreitag noch zum Abschluß kamen, die
Zusicherung einer allgemeinen Amnestie für all und jedes,
was geschehen, und die sogenannte Verfassung zeigen, daß
Weigand den ernsten Willen hatte, seinem Lande den Frieden

---

[1]) So die Konzepte in B. I. S. VI. Am Sonnabend den 15. April
Abends war man am Schwäbischen Bunde jedoch schon über die wirk-
liche Sachlage orientiert (vgl. Leonhard v. Ecks Schreiben von diesem
Tage bei Vogt, Bayr. Politik 433).

wieder zu geben und ihn zu sichern, und daß diesen Wunsch die Kreise der einundzwanzig teilten. Weigand versprach nicht nur in weitestgehender Weise allen, die sich gegen ihn „zusammenrottiert und gehaufft", „denen des Rats, Gemeind, Munthettern, auch denen von der landtschafft und allen Iren erbenn" Straflosigkeit, da sie auf seine „handlung, gnedige antwort und erwitung von der Zwiträchtigkeit unnd that abgestanden" seien, er anerkannte nicht nur die Tatsache der Aufhebung der Befugnisse des Domkapitels und anderer geistlicher Institute, indem er sich zu ihrem Herrn erklärte und die gewöhnliche Huldigung aller dieser fremden Untertanen annahm, er sagte weiter zu, auf unverzügliche Abstellung aller ihrer Beschwerden hinzuarbeiten. Damit dies als seine ernstliche Absicht erscheine, stellte er in der „Verfassung", deren Einzelheiten wohl erst am Sonnabend bestimmt wurden, fest, wie er sich die Verwirklichung dieser Zusage dachte.[1]) Alle Städte und Flecken des Bistums sollten danach binnen kürzester Zeit — bis Donnerstag nach Pfingsten — ihre „Irrung und geprechen" fürbringen. Zu ihrer Beratung und Entscheidung sollten achtzehn Männer sich verpflichten, von denen drei die Stadt Bamberg und sechs die Landschaft, die übrigen neun der Bischof zu ernennen hätte. Es wurde festgesetzt, daß, falls sich die Mehrzahl nicht auf dieselbe Entscheidung einigen könnte, ein unparteiischer Obmann aus dem Lande erwählt werden sollte. Ja es wurden sogar Bestimmungen getroffen betr. der Ersetzung jener Zusätze für den Todesfall, ein Zeichen ebensowohl, daß man sich auf langdauernde Beratungen von vornherein gefaßt machte, wie daß man ältere erfahrene Leute dazu verordnen wollte. Die Zusätze sollten sich an-

---

[1]) Die Verfassung ist bei Waldau (27—32) gedruckt.

heischig machen, nicht vor Erledigung aller Irrungen und Gebrechen ihrer Aufgabe sich zu begeben. Mußte schon aus all diesen detaillierten Bestimmungen der Eifer des Bischofs hervorleuchten, so tat er noch ein übriges, indem er, „damit ye gespurt mog werden, das sein gnad zu solchem schleunigen austrag seiner gnaden unterthanen zu gut selbst eillet und gar keinen verzug sucht", bis dahin auf alle Zehnten und Zinsen von sich aus verzichtete.[1]) Die Stadt Bamberg aber unterstützte den Bischof in seinem Bestreben, den Frieden zu sichern, indem sie sich einverstanden erklärte, daß die Eingaben der Landschaft vor denen der Städte erledigt würden.[2])

Man kann sich denken, daß, als diese Zugeständnisse des Bischofs am Osterabend, besiegelt vom Bischof und der Stadt zugleich im Auftrage der Landschaft, angeschlagen und bekannt wurden, ein Jubel der Freude überall losbrach, daß die Glocken der Kirchen, die letzthin nur zum Sturm geklungen hatten, jetzt wieder friedlichere Töne kundgaben. Der Friede war nicht nur wieder da, bessere Bürgschaften für seinen Bestand schienen garnicht denkbar. Nicht ebenso leicht läßt sich jedoch vorstellen, was die einzelnen Parteien dabei dachten. Zwar die Mitglieder des Rats, die sich in die Bewegung eingelassen hatten, konnten damit sehr wohl zufrieden sein. Weigand sicherte

---

[1]) Nach N. A. f. 215 ward weiter außerdem „meniglich erlaubt sein Wilpreth auf dem seinen zuschiessen oder zu fahen. Hierumb war gebotten, das sich niemandt rotten noch meutherey noch heimlich Im winckel mit anschlegen, die zu aufrur sich ziehen möcht, zusammen machen solten, Bey straff fridbruch gehörig".

[2]) Daß der Vertrag vom 15. April nur einen Monat Gültigkeit gehabt habe, wie die Äbtissin von St. Clara und ihr nach Erhard, Reformation 41 und 47 behauptet, ist eine Kombination der Ereignisse, die durch nichts, am wenigsten durch den Wortlaut des Vertrages gestützt wird.

ihnen für ihr Unterfangen Straflosigkeit zu. Den Zielen, die die Stadt, allerdings auf gesetzlichem Wege, lange verfolgt, war sie somit ein gut Stück nähergekommen. Auch die Aktionspartei vom 10. April wird sich im großen und ganzen am Ende ihrer Wünsche gesehen haben. Die evangelische Predigt war gestattet. Was einzelne Männer in ihr, etwa der Bader Hartlieb in Anlehnung an Matth. XX erstrebten, deckte sich, wenn auch nicht in den Motiven, mit den Zielen des Rats. Wer gewiß am wenigsten gern sich auf diese Lösung einließ, war Weigand. Es hätte eine Lösung gegeben, die ihn aller Schwierigkeiten überhob: er hätte so wie sein Nachbar, der Bischof Konrad von Thüngen in Würzburg, einige Wochen später tat, anstatt sich zu unterwerfen, sein Heil und das seiner Sache in der Flucht suchen können. Ob er das deshalb nicht tat, weil die nächsten Nachbarn, die Reichsstadt Nürnberg und der Markgraf Casimir eigensüchtige politische Gegner waren, oder weil er in Würzburg die Schwierigkeiten, mit denen man dort bereits zu kämpfen hatte, zu unüberwindlichen gemacht hätte, das wissen wir ebensowenig wie uns bekannt ist, ob das Motiv zu seinem Ausharren auf dem Posten in dem nicht verteidigungsfähigen Zustand der Altenburg lag; nach ihrer Einnahme wäre im Bistum nicht nur alles drunter und drüber gegangen, die Besatzung, Domherren und Räte nebst ihrem Gesinde, hätten entweder über die Klinge springen müssen oder wären vor dieselbe Frage gestellt gewesen, wie er jetzt. Man braucht nun nicht zu denken, daß Weigand in seiner Ohnmacht Versprechungen gab, die er nicht zu halten gedachte. Als er mit der Amnestie das Friedenswort sprach, wußte er zwar sicher von der Schlacht bei Leipheim und dem machtvollen Auftreten des Bundes. Aber war es noch ganz ungewiß, wieweit dieser der Bewegung Herr werden würde, da sie nun nicht mehr allein das zerklüftete Oberschwaben, sondern auch die weiten Bistümer Frankens ergriffen hatte, so war doch auch sicher, daß die Verhandlungen über jene Gebrechen soviel Zeit in Anspruch nehmen mußten und soviel Schwierigkeiten in sich bargen, daß nur der Optimismus der Masse darüber sich täuschen konnte. Nichts aber veranlaßt uns an der Absicht Weigands zu zweifeln, in aller Zukunft an der Amnestie festzuhalten. Für die weitergehenden Zugeständnisse schließlich mag die Sorge den Ausschlag gegeben haben, daß die Fortdauer der Wirren Nürnberg und Casimir zum Schaden des Bistums ausnutzen könnten. Der vorübergehende Ausfall an Zehnten und Zinsen wog nicht im Entferntesten so schwer wie das, was ihm von dieser Seite zugefügt werden konnte. —

Sobald sich die Aussicht auf Frieden eröffnete, bemühten sich die städtischen Kreise, der Rat zusammen mit den einundzwanzig, die Zuzügler vom Lande aus der Stadt zu entfernen. Daß diese sich nicht gleich wieder in ihre Heimat begaben, dafür mag das gewiß immer rege erhaltene Mißtrauen in den Ernst der Zusagen Weigands Anlaß gewesen sein. Sie ließen sich nun aber bereit finden — nicht ohne daß man die Führer durch Geld dazu ermunterte[1] —, vor der Stadt, nicht allzuweit von St. Gangolph entfernt, bei der sogenannten Wunderburg ein Lager zu

---

[1] So versprach H. S. nach seinen eigenen Angaben am Charfreitag und Osterabend mit Wissen eines namhaften bischöfl. Rates einem der Führer der Bauern 200 Gl., damit er die Bauerschaft berede, Burg und Lager zu räumen und den Austrag und Anstand zu bewilligen. Ein Teil der Summe ward bezahlt. Einer der Hauptschreier, Burckhart Zimmermann, ward durch ihn auf demselben Wege zum Schweigen gebracht. — Nach dem Schreiben Johann Scheffers, Amtmanns zu Maimburg an Wilhelm v. Henneberg (von Herrn Dr. Merx mir aus dem

beziehen. In der Stadt sorgten fortan die vom Rate ge-
worbenen Söldner, daß die Ordnung wieder einkehrte.
Verstöße dagegen wurden streng bestraft, wie ein Profoß
erkennen mußte, dem, als er die Klosterfrauen zum heiligen
Grabe beschädigt hatte, ohne langen Prozeß der Kopf vor
die Füße gelegt ward. Aus dieser Polizeitruppe konnte
Weigand nun die Besatzung der Altenburg verstärken.
Da von der Bürgerschaft am 15. herbeigerufen[1]) mit den
Mitgliedern des Ausschusses vom letzten Landtage weitere
Angehörige des Ritterstandes in Bamberg erschienen, so
vermehrten sich damit die Elemente der Ordnung. Am
dritten Osterfeiertag wagte der Bischof wieder die Altenburg zu verlassen und in seinen Hof überzusiedeln.[2])

Wenn das Leben auf diese Weise wieder in den ge-
wohnten Gang kam, so unterschied es sich doch in zwiefacher
Hinsicht wesentlich von dem vor dem 15. April. Weigand
hatte gestattet, daß Schwanhausen nach Bamberg zurück-
kehre. Auf das Gesuch von „Bürgermeistere, Rat und
Gemeine der Stadt Bamberg" an Nürnberg, wo Schwanhausen
eine neue Heimat gefunden, erhielt dieser unterm 26. April
für drei Monate Urlaub.[3]) Ob er in Bamberg daraufhin
von neuem gewirkt hat, wissen wir nicht. Von eingreifender
Bedeutung war seine Wirksamkeit jedenfalls nicht. Im
übrigen aber wachte das Volk eifersüchtig darüber, daß

Meininger Hausarchiv mitgeteilt) vom 20. April hatte er einen Bericht
über die große Furcht, die man in der Bamberger Bürgerschaft vor
dem Landvolk hatte: „diese nähmen derhalben vil fußknecht uf und
besolden die von dem geplündert gut der thumherrn, das dan alles im
thurm verwart ligt".

[1]) Das Ausschreiben habe ich in den Anlagen abgedruckt.

[2]) Dieses Datum hat N. A., Waldau 33 dagegen den 17. April.
Ich folge auch hier der zuverlässigeren Quelle.

[3]) Nürnberger Kreisarchiv. Nürnb. Ratsbriefbuch 101, 143—144.
Koldes Beiträge zur Bayrischen Kirchengeschichte, B. VI 227.

keine offenen Verstöße gegen das, was man unter der
neuen Lehre verstand, vorkamen. Die Äbtissin des Klosters
St. Clara berichtet darüber, daß diesem das Läuten und
die Predigt einiger „Vetter" verboten ward; wenn sie
dennoch predigen sollten, würde man sie von der Kanzel
werfen. Nur unter dem Geleit von Landsknechten konnten
die Väter in ihr Heim zurückkehren.[1]) Hatten schon bis
dahin Mönche und Nonnen ihre Klöster geflohen, so werden
unter solchen Umständen die Klöster immer leerer geworden
sein, sodaß man im Volk bereits sich mit der Frage be-
schäftigte, was mit ihnen anzufangen sei.[2]) Gewalttaten
gegen sie hatten jetzt jedoch keine Aussicht auf Erfolg, da,
sobald der Friede nahe erschien, von neuem sichere Leute zum
Schutze derselben vom Rat und den einundzwanzig hinein-
gelegt worden waren. Wie die Predigt, so mußte nun auch
der Kult ein anderes Gepräge annehmen. Die Schätze
der Sakristei waren dazu nicht mehr nötig. Um jeder
Unordnung und Gewaltsamkeit vorzubeugen und der Beute-
lust des Pöbels keinen Vorschub zu leisten, wurden drum
gleich nach dem 15. April Inventarisationen derartiger
Besitztümer der Klöster und Stifter obrigkeitlicherseits
vorgenommen, denen dann in der Regel die Fortnahme
aller nun entbehrlichen Sachen[3]) von derselben Seite folgte.
Als der Bischof von der Altenburg zurückkehrte, rechtfertigte
er diese Maßnahmen noch nachträglich durch die Bitte an
den Rat, „das Hailigthum fleissig unnd lennger zu verwaren."[4])

---

[1]) Koldes Beiträge zur Bayrischen Kirchengeschichte I, 183.
[2]) Vgl. Hartliebs Aussage ad art. 22: er habe geraten, daß man
sie (Mönche und Nonnen, soweit sie in den Klöstern blieben) ließe ab-
sterben und die Jungen herausnehme, aber nicht plündern oder zerreissen.
[3]) Nach dem Bericht der Äbtissin von St. Clara blieb diesem Kloster
nur ein Kelch und ein vergoldeter Becher (Koldes Beiträge I, 182).
[4]) N. A. f. 216.

Aber noch in einer anderen Beziehung erhielt das öffentliche Leben ein anderes Gesicht. Da der Bischof zugesagt hatte, der „einige Herr" aller Einwohner des Bistums sein zu wollen, so gehörte zur Beruhigung des Volkes, das die auf Reichsordnungen beruhenden Unterschiede der Stände nicht mehr anerkannte, daß alle diese Unterschiede beseitigt wurden. Wohl auf Anregung des Bischofs, vielfach aber auch aus eigenem Antrieb meldeten sich daher noch am Osterabend in mächtiger Zahl gefreite Personen, geistliche und weltliche, edle und unedle, auch drei Domherren darunter,[1]) beim Rat und Ausschuß der Stadt zur Aufnahme in das Bürgerrecht, voran die Umgebung des Bischofs. Klosterleute, die nicht kommen konnten, baten, man solle zu ihnen schicken und von ihnen Pflicht nehmen. Auch die, die sich nicht so bereitwillig zeigten, wie etwa die Insassen des Klosters St. Clara, mußten sich fügen. Wie in der Stadt so war's auf dem Lande. Auch hier gaben die Klöster ihre Sonderstellung auf, ebenso wie die Städte und Flecken, die bisher dem Domkapitel unterstanden, und leisteten dem Amtmann Pflicht oder dem Rate der nächsten Stadt. Aber, wenn schon in der Stadt Bamberg das Landvolk nur schwer in seinem Übermute namentlich den Klöstern gegenüber zu bändigen war, so gelang das auf dem Lande noch unvollkommener. Andauernd liefen Klagen ein über Plünderungen, die man an Klostergut versucht und vorgenommen hatte. Diese Klagen aber blieben nicht die einzigen. Wenn auch noch kein Mensch

---

[1]) Nach N. A. Ihre Namen: Weiprecht v. Seckendorf, Jakob Fuchs und Jörg v. Bibra(ch). Nach B. II. S. V 4 wurden am 18. Juni die Domherren Weiprecht v. Seckendorf sr., Georg v. Bibra, Jakob Fuchs und Sylvester v. Rosenau ihrer Pflicht gegen die Stadt Bamberg ledig gesprochen.

daran dachte, gegen den Adel als Stand vorzugehen, so
war die Zeit doch außerordentlich günstig, private Miß-
helligkeiten zum Austrag zu bringen und wo auf dem
Rechtswege nichts zu erreichen gewesen war, es nun mit
Gewalt zu versuchen. Wegen der „Plünderung Unserer
geistlichen, vom Adel und anderer Häuser, auch Abhauung
der Hölzer, Fischung der Weiher und Wasser und ander
thätlichen Handlung und Beschädigung" erließen deshalb
Weigand und „der verordnete Ausschuß des Stieffts, Ritterschaft, von Städten und der Landschaft" ein gedrucktes
Ausschreiben ins Land hinein, das in ernstlichen Worten
zur strikten Innehaltung des Vertrages vom 15. April aufforderte. Allen Pflegern, Amtleuten, Voigten, Befehls-
habern und Untertanen wurde darin „bei ihren Pflichten"
befohlen, jeden, der mit der Tat oder auch nur mit Worten
gegen den Vertrag verstieß, „zu Pflichten und Straf annehmen zu lassen."[1]) Da in den nächsten Wochen derlei
Klagen seltener wurden, scheint das Ausschreiben gewirkt
zu haben.

Im übrigen ging die Zeit nach dem 15. April mit der
Zusammenstellung der Beschwerden von Stadt und Land
hin. Da die in dem Vertrage festgesetzte Zeit bis zu ihrer
Einbringung sich als zu kurz erwies, suchten und erhielten
die Bauern eine weitere Frist bis zum Sonnabend nach
St. Georgentag, dem 29. April. In Bamberg trat zur Zusammenstellung der Beschwerden ein Ausschuß der Gemeinde
zusammen, 43 Personen, nach dem Gutachten des Rats aus
jeder Hauptmannschaft ein von den andern gewählter Vertreter. Da es in diesem Ausschusse nicht allzu ordentlich
zuging, so erbat er sich zwei Mitglieder des Rats zur

---

[1]) Das Ausschreiben ist gedruckt bei Waldau 35—38.

Leitung.[1]) Ende des Monats mußte schließlich der Ausschuß den Rat zur gemeinsamen Feststellung der Beschwerden hinzuziehen.

Ehe der Ausschuß der achtzehn, der alle die Beschwerden von Land und Stadt beraten sollte, zusammentrat, schien noch einmal ein Konflikt zwischen dem Bischof und seinen Untertanen ausbrechen zu wollen. In dem Vertrage vom 15. April war nichts darüber bestimmt, woher der Bischof seine „Zusätze" nehmen dürfe. Als er nun dazu außer anderen Mitglieder des Kapitels, die noch bei ihm waren, und einige Geistliche ernennen wollte, fand er Widerspruch.[2]) Weigand war verständig genug, daraufhin davon abzusehen und sich nun bei den benachbarten Fürsten und sonstwo um Räte hierzu zu bemühen. Am 21. April gingen Schreiben dieses Inhalts an das Reichsregiment, an den Schwäbischen Bund, nach Würzburg, Eichstädt, an den Herzog Friedrich in Bayern, den Markgrafen Casimir von Brandenburg und Johann von Sachsen ab.[3]) Der Bambergische Landschreiber

---

[1]) Nach N. A. Ihre Namen Hans Dück und Marx Halbritter.

[2]) Von diesem Zwischenfall, der an sich wahrscheinlich wäre, berichtet Waldau 33. Vielleicht ist hiermit ein Schreiben Weigands an den Dompropst (Marquart von Stein), Dechant (Sebastian von Kündsberg) und Gottfried von Wolfstein, allen dreien jetzt zu Augsburg zu kombinieren, das ohne Datum, in den Bamberger Landschaftsverhandlungen 3½, 121 aufbewahrt ist. Diese sollten spätestens in acht Tagen in Bamberg sich einfinden und außerdem einen geschickten Redner mitbringen, „der eurer nottorfft geredt vnd fürbracht het". Das Kapitel, „souil der bey der handt sind", schloß sich diesen Wünschen Weigands in einem eigenen Schreiben an. Am 5. Mai entschuldigten diese ihr Fernbleiben mit den Empörungen überall im Lande, sodaß sie nicht sicher reisen könnten. „Sofern aber durch e. f. g. vnd ander ie mueste gleich yetzt gehanndelt werden, wollen wir vns darInnen, was e. f. g., dem Stifft, Capitel vnd vns nit zu sondern vnd mercklichem nachtail raichet, gebürlich vnnd vnuerweyslich beweisen" (B. I. S. I 16).

[3]) Konzepte. — B. I. S. I 11. Die Angaben bei Waldau 33—34 sind falsch resp. ungenau.

Johann Scharpt, der zur Zeit beim Schwäbischen Bunde die Interessen Bambergs wahrnahm, wurde am selben Tage zurückberufen, da Weigand auch ihn zu gebrauchen dachte. Nicht überall fand der Bischof Entgegenkommen: z. B. lehnte der Bund solche Unterstützung ab, „damit nit gesagt werde, der pundt hete in solhe handlung [den Vertrag vom 15. April] bewilligt und dergleichen eingangk bej andren fürsten zu verhindern." [1]) Um die bestimmte Zeit erschienen nur Abgesandte des Pfalzgrafen Friedrich, des Markgrafen Casimir wie des Bischofs von Eichstätt, also nur ein kleiner Teil von denen, um die Weigand gebeten hatte. Die übrigen sechs entnahm er daraufhin seinen Räten oder der Ritterschaft, die wie berührt in Bamberg jetzt zahlreicher vertreten war.[2]) Die Wahlen der neun Zusätze seitens der Stadt und der Landschaft verliefen ohne Zwischenfälle. Die Stadt Bamberg, die dazu den dreiundvierziger Ausschuß zuzog, wählte zwei Ratsmitglieder, den schon öfter er-

---

[1]) Vogt, Bayrische Politik 442. Das Schreiben des Bundes vom 25. April (Aftermontags nach Georgii) bei Ulrich Artzt Nr. 268 (VII, 303).

[2]) N. A. f. 216/7 nennt die Namen: Doctor (Paul) Modler (Pfalzgraf), Doctor Peter (nach den Akten: Friedrich) Kreutner (Brandenburg), Doctor Georg Wurm (Eichstädt), Georg v. Schaumberg Ritter, Fritz v. Redwitz, Bernhart v. Schaumberg, Wolf v. Schaumberg (Amtmann zu Lichtenfels), Wilhelm v. Wiesenthau (Schultheiß von Forchheim) und Bastian Stieber, Burggraf zu Rotenberg. Nach diesen Angaben sind die Waldaus falsch. Doktor Kreitner war nach Förstemann, Neues Urkundenbuch zur Reformationsgeschichte (1842) I, 189 jahrelang Rat am Kammergericht; von hier entlassen, weil er in den Fasten Fleisch aß und in den Verdacht kam, lutherisch zu sein, trat er wohl in die Dienste Casimirs, der ihn zu dem Landtage vom September 1524 (Beratung der religiösen Frage) zuzog (Schornbaum, Casimir 38). Markgraf Casimir hatte übrigens schon früher einen Abgesandten zur Unterstützung bei Weigand, wol auf Grund des von Fries I 71—72 abgedruckten Schreibens Jorg von Streitberg, der Rechten Doktor, für dessen Überlassung dieser 26. April (Mitwoch nach Quasimodogeniti) dankte, zugleich mit dem Bedauern, einen so fleißigen Helfer schon fortgeben zu müssen (Ausf. A. S. T. I, 102).

wähnten Hans Sayler und Marx Halbritter, außerdem aus
der großen Familie der Kammermeister den Magister Joachim,
den später berühmten Pädagogen, dessen Freundschaft mit
Melanchthon ihm wol noch eine besondere Empfehlung zu
diesem Amte war.[1]) Als Abgeordnete der Städte gehörten
ein Holfelder, ein Cronacher und der Stadtschreiber von
Weißmain, als Abgeordnete der Bauern einer aus Memmelsdorf, einer aus Staffelbach und einer aus Nimbitz den Zusätzen
an.[2]) Diese achtzehn Leute wurden durch den Bischof
und den Rat aller Pflichten gegen den Bischof ledig gezählt.
Zur Ernennung des in der „Verfassung" vorgesehenen Ob-
mannes war vorläufig noch keine Veranlassung.

Die Verhandlungen, die am 2. Mai,[3]) also einige Tage
nach dem angesetzten Termin eröffnet wurden,[4]) begannen
mit einem Zusammenstoß zwischen den Zusätzen und dem
Bischof, der sich, wie die Dinge auf beiden Seiten standen,
nicht wohl vermeiden ließ. War die ganze Bewegung von
der neuen Lehre ausgegangen, so war bisher doch Weigands
einziges Zugeständnis in dieser prinzipiellen Angelegenheit
seine Einwilligung zu der Zurückberufung Schwanhausens
gewesen. Der erste von den sieben Artikeln des 11. April

---

[1]) Daß Joachim Kammermeister während der unruhigen Zeit des
Bauernkrieges in Preußen gewesen sei, ist eine Angabe von Horawitz
(Allg. Deutsche Biographie III, 721), die ich nicht auf ihre Richtigkeit
prüfen kann.

[2]) Auch ihre Namen nennt N. A.; nach den Angaben in den Akten
darf man die Liste als richtig bezeichnen. Danach waren die Städte-
vertreter: Hans Hartmann von Holfeld, Hans Weiß von Cronach und
„einer von Weißmain, der damals Stadtschreiber war", die Bauern-
vertreter: Hans Suß von Memmelsdorff, Claus Pertelt von Staffelbach
und N. Fen von Nimbitz.

[3]) Dieses Datum geht aus den Bamberger Landschaftsverhandlungen
hervor ($3^1/_2$).

[4]) Vgl. dazu außer den Landtagsverhandlungen das Aktenstück
„Annfangk der sachen nachgemelter massen zuemachen" (B. I. S. I 13).

hatte zwar verlangt, daß das Wort Gottes frei und lauter
gepredigt werden sollte. Wie die Folge zeigte, war aber
danach von dieser Forderung nicht mehr die Rede gewesen.
Wohl möglich, daß die Kreise, die sich um die Festsetzungen
des 14. und 15. April verdient machten, mit einem Dringen
darauf das Werk zu gefährden meinten. Jetzt aber, da
prinzipiell alles geregelt werden sollte, da in den Beschwerden,
die die Dörfer und Städte seit dem 15. April zusammengestellt hatten, immer wieder wenigstens die Forderung
laut wurde, in der damals das ganze Programm der Re-
formationsfreunde gipfelte, nämlich nach der freien, klaren,
reinen und unverdunkelten Predigt des Gotteswortes,[1]) jetzt
war nicht mehr möglich, dem Zusammenprall mit dem
Bischof auszuweichen. Es ist nicht meines Amtes zu richten
ob Weigand recht daran tat festzubleiben. Daß er die
Sache der Ordnung vertrat und sie vertrat, ehe die andere
Seite gezeigt, daß auch sie sie zu wahren verstände, ist
ebenso sicher wie sicher ist, daß das Opfer seiner Überzeugung ihm zugemutet werden mußte. Die Zusätze, es
waren die der Städte und der Landschaft, versuchten
wieder und wieder ihn dazu zu bestimmen.[2]) Man erkennt

---

[1]) Noch weiter in derselben Richtung ging eine Eingabe
der Memmelsdorffer, die für sich und das ganze Pfarrvolk daselbst (die
Pfarrkinder des vertriebenen Johannes Eichhorn) 6. Mai vortragen ließen:
Nachdem das wort gottes lauther vnd clar vnuerdunckelt zupredigen
erkant, vnd ein Christenliche gemein einen pfarrer zusetzen vnd zu-
entsetzen durch die zusetz erkantnus zuerlangen verhoffen, das derselbig pfarrer Christlich vnd erlich mit einem Ehelichen gemahel Nach
lere des Euangeliums leben soll, damit vernher einer gemeind kein
ergernus erstee.

[2]) Erhard, Reformation 42—44 gibt den Inhalt der Verhandlungen
im Ganzen richtig wieder, doch hat er sie derartig willkürlich datiert,
daß ihr Gang ein ganz anderes Gesicht erhält. Die Replik des Redners
der Städte und der Landschaft erfolgte nicht einen Tag nach der

in den Ausführungen ihres Redners das ganze Ungestüm
der Anhänger einer Reform im Sinne Luthers, die sich
weder der äußeren noch der inneren Schwierigkeiten ihres
Vorhabens bewußt waren. Es war alles vergeblich. Da
Weigand sich auf sein Gewissen berief wie auf die Reichsordnungen, die ihn banden, so blieb den Zusätzen schließlich
nichts anderes übrig, als auch ohne seine Zustimmung, die
verfassungsgemäß ja nicht nötig war, was sie für gut und
richtig hielten als Gesetz für das Bistum zu veröffentlichen.
So entstand am 4. Mai das Religionsmandat, das kraft der
Verfassung von den Zusätzen gegeben die freie, lautere,
klare, reine und unverdunkelte Predigt und Verkündigung
des Gotteswortes gebot, soweit das Bistum reichte.[1]) Der
Konflikt war da, aber er wurde verdeckt. Indem das „Erkenntnis" als ein einmütiges aller Zusätze hingestellt
wurde,[2]) ward der Schein erweckt, als ob sich auch der
Bischof damit einverstanden erklärt habe. Der Schein blieb
wol nicht immer gewahrt. Für eine kurze Zeit aber ward
damit der Zweck erreicht, der offenbar beabsichtigt war:
die Ruhe ward vorerst nicht wieder gestört.

Mit dem Religionsmandat war die Hauptforderung
aller Eingaben bewilligt. Es dauerte dann eine geraume
Zeit, bis die Zusätze sich zu einem neuen „Erkenntnis"
verstanden. Man ging so vor, daß zunächst die Vertreter
der Dörfer, nach Prüfung ihrer Vollmachten, deren Beschwerden eingaben. Augenscheinlich hielt man sich bei
der Reihenfolge an die Einteilung des Landes in Zenten.

Antwort des Bischofs, sondern noch denselben Tag (3. Mai), dagegen
war Weigand mit seiner Duplik nicht auch schon an diesem Tage
bereit, sondern vielmehr erst am 4.

[1]) Das Erkenntnis hat Erhard, Reformation 44 abgedruckt.

[2]) Ob vorher bereits der Eichstädtische Rat Bamberg verließ?

Die meist langen und nicht immer leicht verständlichen
Beschwerden wurden dann durch Niklas Strobel vorgelesen
und gesammelt. An eine schnelle Erledigung war natürlich
bei dem meist lokalen Charakter derselben nicht zu denken,
um so weniger, als sie sich häufig genug durch Nachtrags-
artikel vermehrten. Erst am 12. Mai wurden weitere Beschlüsse von den Zusätzen bekannt gemacht. Sie betrafen
die Jagd auf Wildpret, die in allen bischöflichen Wäldern
völlig frei gegeben wurde, mochte es sich um hohes oder
anderes Wild handeln — die oft lästigen Verpflichtungen
der Bauern dem Bischof als Jagdherrn gegenüber (Hunds-
geld, Hundslager etc.) fielen damit fort —, und die Jagd
auf Wildgevögel, die ebenfalls keine rechtlichen Schranken
mehr finden sollte. Kamen bereits diese Beschlüsse weitest-
gehenden Wünschen der Bauern entgegen, so war das noch
mehr der Fall bei denen des nächsten Tages. Danach
wurde nämlich jene Aufhebung des Zehnten, die Weigand
am 15. April als Zeichen seines guten Willens für die Zeit
dieser Verhandlungen zugestanden hatte, für alle Zeiten
proklamiert, soweit es sich um den lebendigen und den
kleinen toten Zehnten („heydel, hirß, arbeyß, hew, hopffen,
ops, kraut, pflantzen, rüben, flachs, hanff unnd alle andere
schmalsat") handelte. Ja damit nicht genug, dasselbe
ward von allen Fronen, „die mit bitte oder bezwangk
den personen oder Gütern aufferlegt waren", und vom
Hauptrecht festgesetzt, jener uralten Abgabe bei der
Mutung der Güter. Bestehen blieb nur der sogenannte
harte Getreidezehnt (von Korn, Weizen, Dinckel, Gerste
und Hafer) und die Abgabe vom Weinwachs, die auf die
zehnte „putte" bestimmt wurde, soweit Verpflichtungen
überhaupt vorgelegen hatten.

        Ich werde noch zu zeigen haben, unter welchen Umständen diese Beschlüsse zustande kamen. Hier ist nur noch soviel zu sagen, daß sie die letzten blieben. Noch waren nicht alle Eingaben der Bauern verlesen, die Mehrzahl der Städte war sogar noch garnicht zu Worte gekommen, da brachen neue Stürme los, die die Zusätze zunächst zwangen, ihrer Tätigkeit eine andere Richtung zu geben, und dann sie ganz einzustellen.

Viertes Kapitel

Die Erhebung der Bauern gegen die Schlösser.

Während die Bewegung im Bistum Bamberg seit dem
15. April fast möchte man sagen in friedliche Bahnen ge-
lenkt war, hatte sie in den übrigen geistlichen Fürstentümern allmählich einen sehr viel stürmischeren Charakter
angenommen. Die Ziele waren dieselben. Vielleicht hatte
das Bistum Bamberg die andern Bistümer erst auf sie
gewiesen. Aber Mangel an Entgegenkommen und Neigung
zum Widerstande, wo doch die Mittel dazu nur an einzelnen
wenigen Punkten vorhanden waren, die drohende Haltung
der weltlichen Fürsten, deren Untertanen sich nur hier und da
zum Aufstande gegen ihre mehr oder minder jeder Reaktion
abgeneigten Herren verleiten ließen, nicht zuletzt die
Angriffsbewegung des Schwäbischen Bundes, dessen Heer
Anfang Mai plötzlich vom Hegau nach Norden, ins Württembergische abschwenkte, all das gab der Bewegung namentlich
im Würzburgischen einen Zug zum Gewaltsamen und ein
Tempo, das von dem im Bistum Bamberg sehr verschieden
war. Wie in Schwaben, so wurden nun auch hier die
Klöster und Schlösser abgebrochen und angezündet. Nur
auf diese Weise glaubte man das Ziel der Bewegung erreichen und zugleich sichern zu können. Aber während

in Schwaben und an andern Stellen einzelne Adelssitze
verschont blieben, wurden sie in Franken unterschiedslos
in das Werk der Zerstörung einbezogen. Der gesamte
Adel mußte dafür büßen, daß einzelne seines Standes die
Besatzung des Unserfrauenberg vor Würzburg verstärkten,
der einzigen Feste im ganzen Land, die sich durch die
stürmischen Wochen hindurch hielt und jedem Angriff trotzte.

Unmöglich konnten die Ereignisse in dem benachbarten
Stift ohne Rückwirkung auf den Gang der Dinge im Bistum
Bamberg bleiben. Ganz der Anregungen zu geschweigen,
die von Würzburg her immer von neuem kamen, sich ebenfalls die Sicherheit zu verschaffen, die keine Zusage des
Bischofs stark genug geben konnte, — Anregungen, die
sich bis zu Drohungen steigerten, nötigenfalls selbst das
Werk der Vernichtung der letzten Bollwerke der Reaktion
in Franken in die Hand nehmen zu wollen, — allein die
Tatsache jener Gewaltsamkeiten, die wochenlangen Störungen
von Handel und Wandel, die sie im Gefolge hatten, genügten
ein Moment der Unruhe von neuem in die Massen zu bringen.
Bei der Neigung zu Übergriffen, die in den Bauernhaufen
auch eine kräftigere Disziplin, als sie oft möglich war,
nicht hätte vernichten können, lag für die Bamberger
Untertanen ferner nur zu nahe, sobald sich fremde Haufen
den Grenzen näherten, für deren Sicherung die Sorge zu
tragen, die der Landesherr zu tragen im Augenblick nicht
imstande war. Die Massen, die aus diesen Gründen mehr
zusammenkamen, als in solchen unruhvollen Zeiten wünschens-
wert ist und im Interesse der Lebenshaltung liegt, waren
aber eben in solcher Verfassung sehr viel leichter allen
jenen Bemerkungen zugänglich, die aus dem Würzburgischen
und anderswoher laut wurden — wir wissen, daß Nürnberger
Flugschriften aus der Offizin von Marx Kiener im Bam-

bergischen vertrieben wurden, von denen der Nürnberger
Rat einige Zeit später mit Schrecken hörte, und die er
dann sofort aufzutreiben und zu vernichten befahl.[1])

Aber auch abgesehen von alledem — wieviel fehlte,
um den Bamberger Untertanen das, was sie erreicht hatten,
als gesichert erscheinen zu lassen! Zwar an Weigand
selbst wagte sich der Verdacht nicht heran, daß er auf
eine Reaktion dagegen hinarbeite.[2]) Auch von dem Domkapitel brauchte man derlei nicht zu erwarten, nachdem
die dreizehn Mitglieder desselben, die sich allmälich in
Bamberg wieder eingefunden hatten, am 13. Mai den Zusätzen
die Pflicht und Verschreibung des Bischofs gegen das
Kapitel übergeben und denselben seiner fürstlichen Pflichten
ihm gegenüber ledig gesprochen hatten.[3]) Aber noch

---

[1]) Unter dem 5. Juni (Schreiben an die Abgesandten des Rats in
Bamberg. — Kgl. Kreisarchiv zu Nürnberg. Nürnberger Ratsbriefbuch
102, 10—11). Zu der Literatur, die damals von Nürnberg ausging,
vgl. Fr. Roth, Einführung der Reformation in Nürnberg (1885) 163.

[2]) Bei Baumann, Akten 264 berichtet der Landschreiber zu Ravens-
burg von einem gemeinschaftlichen Hilfsgesuch von Würzburg, Bamberg
und Brandenburg beim Schwäbischen Bunde, d. 30. April. Diese Nachricht muß auf einem Irrtum beruhen. Für Bamberg ist wohl Eichstätt
zu lesen. Wenigstens wird diesem zugleich mit den beiden anderen
nach dem Bundesbeschlusse vom 1. Mai eine größere Truppenmacht
zugebilligt (Artzt Nr. 327 und 324 [VII, 331 und 330]), die Casimir zur
Niederwerfung des Aufstandes in ganz Franken, also auch in Bamberg
benutzen wollte. Was der Bambergische Landschreiber Johann Scharpf,
der seit dem März 1525 beim Bunde weilte, zugunsten seines Herrn
tat, tat er auf eigene Initiative, auf die Mitteilungen Casimirs hin. —
Nach dem Bauernkriege machte Weigand den beiden Ratsherren Georg
Graber und Hans Sayler den Vorwurf, sie hätten seinem Begehren
nicht stattgegeben, seine Ritterschaft und Verwandten um Befriedung
willen zu sich zubeschreiben und zu erfordern, noch viel weniger des
Stifts Schlösser und Häuser vor gewaltigen Überfällen mit Proviant und
anderer Notdurft zu versehen (Bamberger Bundesakten IX).

[3]) Am 14. Mai ward davon in Bamberg und Hallstadt öffentlich
Kenntnis gegeben (N. A. Vgl. auch Waldau 84).

standen die Klöster unversehrt: der Kultus war zwar in
ihnen ein anderer geworden, aber die Kultusgegenstände
waren nicht vernichtet, sondern wurden von Personen aufbewahrt, deren kirchliche Absichten sich durchaus nicht
als eindeutig erwiesen. Es fiel in Bamberg auf, daß die
beiden Bürgermeister wie es schien mit einer gewissen
Heimlichkeit die Stadt in südlicher Richtung verlassen
hatten.[1]) Und dann standen noch die Schlösser. In Memmelsdorf wollte man bemerken, daß auf dem bischöflichen
Schlosse Giech ein fortwährendes Ab- und Zureiten statt-
finde.[2]) War der Pfleger, der Bruder des Bischofs, vielleicht
schon als Gegner jeder Neuerung verschrieen,[3]) so schloß
man daraus auf die Absicht, hier in Giech einen Stützpunkt
für die Reaktion zu schaffen. Auch die Besatzung der
Altenburg ward immer stärker, und wenn das auch wie
von selbst geschah, indem sich neben den Domherren auch
zahlreiche Adlige hier um den Bischof scharten, so war
dem Verdacht doch neue Nahrung zugeführt. Aber vor
allem war man über die Haltung und die Absichten des
Adels ganz im Ungewissen. Anfang Mai etwa hatte in
Bamberg ein Ritterschaftstag getagt, der für die Würzburgischen wie für die Bambergischen Angehörigen des
Standes ausgeschrieben,[4]) wegen der Ereignisse im Würz-

---

[1]) „Sye sein bis gen Hirscheid zu fus ganngen vnd darnach auf
eim kan gefaren bis gen Nurmberg" (N. A.).

[2]) Waldau 39—40.

[3]) Christoph von Redwitz war wol schon damals zum Schwäbischen
Bunde geritten, bei dessen Heer er wenig später erscheint.

[4]) Das geht aus einem Schreiben Jorgs von Schaumberg an Wilhelm
von Henneberg d. Mitwoch nach dem Ostertag (19. April) hervor,
mir aus der Sammlung von Herrn Dr. Merx bekannt, in dem es nach
der Erwähnung eines Ratschlags Hans von Sternbergs an Wilhelm von
Henneberg heißt: Solches ich an meine freund, so in ausschus zu
Bamberg von wegen der dreier stend hab gelangen lassen, die dan an

14*

burgischen wohl nur von den Bambergischen besucht war.
Über die Beschlüsse desselben ward, soviel wir sehen, das
Stillschweigen gewahrt. Auch heute wissen wir von ihnen
noch nichts.[1]) Daß der Adel im ganzen aber jedenfalls
sich nicht der Bewegung anschließen würde, die in Bamberg
am 11. April eingeleitet war, stand vor allem wegen des
besonderen Interesses nicht zu erwarten, das er an der
alten Kirchenverfassung hatte. Wer das Neue sichern
wollte, durfte sich nicht darauf verlassen, daß der Adel
bisher untätig geblieben war.

Es läßt sich nicht mehr erkennen, was letztlich den
Anstoß gab, auch hier die Bauern zum Kampf gegen die
Schlösser zu sammeln, ob man ihn in den Nachrichten über
die Niederwerfung des Fuldaer Aufstandes durch Philipp
von Hessen zu suchen hat, ob in denen vom Vorrücken

---

hern Hanssen schreiben und seinem ratschlag ein sondern guetten gefallen,
mir derhalben befollen, nachdem di emporung und aufrur beder stift
Bamberg und Würzburg grausamlich und ernstlich erzeigen, das wol
von notten und zu dem aller forderlichsten als es umer sein kont oder
mocht, so wer es euer gnad vor guet ansehen, das e. f. g. bei der stadt
Würzburg und an den enden, da es e. g. deucht von notten, derwegen
gehandelt, domit beder stift etlich von der riterschaft zusamen an ein
gelegene malstat beschrieben, oder aber uns in schriften zu erkennen
geben, damit in solicher merklicher emporung alle ritterschaft beder
stift auch gemainer landschaft er und nutz bedacht, domit soliche aufrur gestilt, auch pluetvergissen und anders, so daraus entsten mag zu
verhueten und wil e f g nit bergen, das nemlich in dem vertrag ist
abgeredt, das man auf freitag nach Sant Jorigentag [= 28. April] gegen
den abent zu Bamberg einkumen u. von solgem und anderm zufallenten
sachen zu handeln; auf das ist bewegen, das wir des ausschuß von der
riterschaft des stifts Bamberg, auch auf diesen obbemelten dag zu erscheinen u. daneben ander unser freunden in einer merer zal euch
beschrieben etc.

[1]) Vielleicht war eine Frucht dieses Tages der Plan, das Bistum
Würzburg zu säkularisieren, den Wilhelm von Henneberg in dem oft
zitierten Schreiben an Casimir vom 10. Mai 1525 offen aussprach, und
zu dessen Durchführung er diesen aufforderte zu helfen.

des Bundesheeres. Etwa am 12. Mai war die Stimmung
der Massen bereits so, daß das Ärgste zu befürchten war.
An diesem Tage hören wir von den ersten Anzeichen des
neuen Sturmes. Vergeblich war jetzt alles Entgegenkommen. Die Beschlüsse des achtzehner Ausschusses inbetreff der Jagd und der Zehnten vom 12. und 13. Mai
waren wahrscheinlich durch die Rücksicht auf die unruhige
Menge diktiert. Jetzt ward ihr Radikalismus als ein
Beweis dafür angesehen, daß sie nicht ernst gemeint seien.
Andere fanden sie ungenügend. Wieder etlichen gingen
die Arbeiten dieser Männer zu langsam; man wolle die
Bauern hinhalten, bis eine Entscheidung der Beschwerden
überhaupt nicht mehr nötig sei. Schon am 12. Mai sahen
sich daher die Zusätze zu der Bekanntmachung genötigt,
daß sie „täglich in stätter emssiger übung unnd arbeit
seien, alle andere gemeyner lanndtschafft unnd Stiffts-
verwandten eingegeben artickel unnd beschwerden (neben
andere gemeyner landtschafft täglichen fürfallenden hendlen
und sachen)[1] zum aller fürderlichsten zuerörtern und
darinn erkantnus zethun, Also das sich menigclich keins
verzugs besorgen darffe". „Da das Volk rumorisch ward",
verließen in diesen Tagen die fremden Fürstenräte die
Stadt, soweit sie noch in dem Ausschuß saßen.[2] Drohte
man ihnen doch mit dem Fenstersturz, falls sie etwas
wider den Willen der Bauern beschließen würden.[3]

---

[1] In solchen Angelegenheiten traten die Zusätze zusammen mit
dem Ausschuß als „Verordente aus der Ritterschaft, Auch von Stetten
und der Landtschaft des Stifts Bamberg sambt den verordenten Hauptleuten und Befehlhabern jetzo daselbst" auf.

[2] Der Eichstädtische war wohl schon früher fortgeritten. Vgl.
oben S. 205, Anm. 2.

[3] Vgl. den in den Anlagen abgedruckten Bericht des Branden-
burgischen Rates Friedrich Kreitner vom 16. Mai.

Die neuen Unruhen gingen bemerkenswerterweise nicht
von der Stadt Bamberg aus, wo man die leitenden Persönlich-
keiten kannte und in ihrer Tätigkeit kontrollieren konnte,
sondern von dem benachbarten Kammerdorf Hallstadt, wo
die sachlichen Erwägungen vorherrschten. Hier in der
Nähe der würzburgischen Grenze, an der sich bis zum
6. Mai ein großer Haufe würzburgischer Bauern aufgehalten
hatte, an der Main- und Regnitzstraße, die mit dem Fluß-
und Straßenverkehr die Kunde von den Fortschritten der
Bauernbewegung und dem Widerstande, den sie fand, von
allen Seiten her brachte, an dem Ort, der immer durch
die Nähe der Hauptstadt gedrückt unter den obwaltenden
Zeitläuften das gewohnte Leben und Treiben besonders
stark gestört sah, hier war der rechte Boden für die
Propaganda der Tat von selbst gegeben. Aus den Akten
wissen wir, daß die Hallstadter (Bürgermeister und Rat,
auch Gemeinde zu Hallstadt) die ersten Schritte taten,
nachdem der aus Memmelsdorf gebürtige Feldhauptmann
in Bamberg Hans Sues bei ihnen gewesen war.[1]) Da Hans
Sues aus seinem Heimatsdorf von dem Kunde hatte, was
auf Schloß Giech vorging, da er ferner als Mitglied des
achtzehner Ausschusses die Vorgänge in diesem kannte,
namentlich von dem passiven Widerstande des Bischofs in
der Frage des „Erkenntnisses der neuen Lehre" wußte,

---

[1]) B. I. S. I 18: Schreiben der Hallstadter an „Bürgermeister vnd
gemein zu Geysfelt": heute sei der Feldhauptmann Hans Sues bei ihnen
gewesen. Sie bäten, auf morgen, Samstag, zwei Mann früh um 5 h.
zu ihnen nach Halstadt zu verordnen, „In sachen, vns alle betreffennd
vnd wie ir dan vernemen werd". — Nach einer Aussage von Hans
Schultes von Hallstadt, der seit dem 14. Mai als der eine Führer der
Hallstadter unter den Ausschreiben derselben erscheint, einer Aussage,
die uns N. A. f. 251 überliefert, hatte „die aufrur nit ursprung von Paurn,
sonnder vom Suessen von Memmelsdorff".

so sehen wir, wie hier die Vorgänge außerhalb und innerhalb des Stiftes in gleichem Maße Einfluß auf den Entschluß sich von neuem zu erheben ausübten.[1])

Bereits am Sonntag Cantate (14. Mai) war in Hallstadt eine solche Menge Volks versammelt, hauptsächlich aus den vier Kammerdörfern, ferner gewisse, mit dem Erreichten aus irgendeinem Grunde nicht zufriedene oder infolge der Not der Zeit zu allem aufgelegte Schichten der hauptstädtischen Bevölkerung (Gärtner aus der Siechengasse), daß man schon zu der Schaffung einer gewissen Ordnung schreiten mußte.   Unter einem Ausschreiben ins Land hinein, in dem „aus etlichen beweglichen Ursachen" zum Zuzug „mit wagen, hauen und schaufell, auch Speis und andernn, so zu einem feltzyehen gehort", aufgefordert wurde, wurden neben Bürgermeister, Rat und Gemein zu Hallstadt zwei „verordente Oberst Haubtleuth", die Hallstadter Hans Schultes und Jakob Wilhelm genannt.[2])   Ob das Ausschreiben den Erfolg hatte, den man sich davon versprach, ist unbekannt. Da auf die erste Kunde von den neuen Ansammlungen in Hallstadt die Zusätze wie der Bischof Abmahnschreiben unter Berufung auf die Verfassung vom 15. April erließen,[3]) so äußerten zunächst viele Ortschaften den Wunsch, auf dem Boden dieser Verfassung zu verbleiben.   Die Ereignisse waren jedoch stärker als solche Vorsätze.   Wo das erste Schloß, der erste Adelssitz niedergebrannt oder niedergelegt ward, ob der Hallstadter Haufe mit dem Anzünden des Schlosses Rodt am 14. Mai oder einer der anderen Haufen, die sich an der nürnbergisch-brandenburgischen

---

[1]) Es mag noch bemerkt werden, daß sowohl in Hallstadt wie in Memmelsdorff bis 1524 „evangelische" Prediger gepredigt hatten.

[2]) Das Ausschreiben in den Anlagen!

[3]) Eine Vorstellung derart in den Anlagen.

und an der sächsischen Grenze, im Ebermannstadter Tale und in dem kleinen Orte Hochstadt bei Lichtenfels[1] gebildet hatten, damit vorangingen, das wissen wir nicht. Die Schnelligkeit, mit der überall den Anregungen von Hallstadt aus Folge geleistet ward, beweist, daß man weit und breit im Lande die Überzeugung von der Notwendigkeit solchen Vorgehens teilte. Auch die widerstrebenden Ortschaften mußten ihren Widerstand aufgeben, wollten sie nicht ihre Nachbarn auf sich laden. Binnen ganz kurzer Zeit waren die sämtlichen Klöster und Schlösser mit wenigen Ausnahmen der Zerstörung verfallen. Eine Gegenwehr fanden die Bauern nirgends, höchstens bei einzelnen Städten, die die innerhalb der Mauern gelegenen Schlösser aus den verschiedensten Gründen nicht abbrechen oder anzünden wollten. Die einzelnen Burgen waren ja zumeist auf die Bewehrung mit den Bauern der Umgegend angelegt und angewiesen. Da diese sich jetzt gegen die Burgen erhoben, so war die Besatzung zur Verteidigung unzureichend. Aber auch wo zufällig mehrere Mitglieder des Adels mit ihren Knechten anwesend waren, gab man den Widerstand auf. Auf einen Erfolg konnte man nicht hoffen. Der Bund war noch fern, vor allem aber war von dem Landesherrn nichts zu erwarten. Irgendwelche Macht stand ihm nicht zur Seite. Zudem aber hatten die Hallstadter bereits bei ihren ersten Zusammenkünften fest beschlossen, auf keinen Fall eine Unterhandlung oder Unterredung mit dem Bischof eher zuzulassen, als ihr Vorhaben ein gewisses Ziel erreicht

---

[1] Über die Bildung dieses Haufens, der zunächst das Kloster Langheim gegen Angriffe von außen schützen wollte, sind wir sehr gut durch den Bericht des Lichtenfelser Forstmeisters Heinz Meyer an Claus Bader zu Cronach unterrichtet (B. I. S. VII 8), zu dem B. I. S. II 8, 9 und B. I. S. I 20 heranzuziehen sind.

habe. Der große persönliche Einfluß Weigands war also ausgeschaltet. Als dieser daher am 15. zum ersten Male eine Unterredung mit den Bauern nachsuchte, erhielt er keine Antwort, und ebenso erging es ihm, als er ein zweites Mal am 18. darum bat.[1]) Erst am 24. kam sie zustande, nachdem überall im Lande die Festen in Trümmer gelegt waren, unter Umständen, die eine solche auch den Bauern erwünscht erscheinen ließen.

Ich betrachte es nicht als meine Aufgabe, den Verlauf der Unruhen seit dem 14. Mai eingehend zu schildern. Nur die Haupttatsachen derselben seien hier noch kurz hervorgehoben.

Am Mittwoch nach Cantate (17. Mai)[2]) zog der Hallstadter Haufe vor Bamberg, von wo aus noch immer Gegenwirkungen versucht worden waren. Man wollte diese damit unmöglich machen, zugleich aber auch sich der Beihilfe der Stadt bei dem Vorhaben versichern. Die Bewegung vom 11. April war von der Stadt ausgegangen. Die Hallstadter durften also hoffen, daß die Stadt sich

---

[1]) Weigand an Bürgermeister, Rat und Gemeinde „unsers marckts Halstat, Auch der versamlung der vnsern Itzo daselbst" — Montag nach Cantate (B. I. S. I 19), und derselbe an die „Versamlung der Stat vnnd Landtschafft bey vnnser Stat Bamberg" — Donnerstag nach Cantate (B. I. S. IV 13). — Nach dem N. A. war Weigand sogar erbötig, wie er durch Jorg von Schaumberg und etliche von der Ritterschaft dem Bamberger Rat 18. Mai mitteilen ließ, wenn die Bauern durch den Ausspruch der Achtzehn hinsichtlich der Zehnten noch nicht befriedigt wären, den 15. oder sogar den 20. oder 30. Teil, ja eventuell sogar garnichts zu nehmen.

[2]) Wenn Weigand in einzelnen Schreiben den Montag nach Cantate angibt, so liegt bei ihm eine Verwechslung des Hallstadter Haufens mit dem kleinen Haufen von Bamberger Gärtnern und anderen vor, der am Montag nach Hallstadt zog und, da zwischen dem, was sie und was die Hallstadter wollten, eine Vereinigung nicht zustande kam, nach Bamberg zurückkehrte, woselbst er sich in das Kloster zum heiligen Grabe einlagerte.

ihnen anschließen werde, da sie ja nur das zu sicherem
Ende führen wollten, was die evangelisch gerichtete Partei
am 11. April begonnen hatte. In dieser Hoffnung sahen
sie sich getäuscht. An der neuen Bewegung nahm die
Hauptstadt im wesentlichen keinen Anteil. Zwar ward
dem Rate, dem man mißtraute, von neuem ein Ausschuß,
nunmehr von 80 Personen, zur Seite gesetzt. Aber, als
die Bauern, in der Suche nach einem Lager vor der Stadt,
den Durchzug auf den Mönchberg begehrten, da kam es
zu der bemerkenswerten Szene, daß die sämtlichen Bürger
Bambergs, auch die der Gemeinde, mitsamt den Landsknechten, die auch hier den offenen Kampf mit den Bauern
verweigerten, sich an den beiden Seiten der Straße aufstellen und so die Bauern durchmarschieren ließen. Auch
die Gemeinde wollte ihnen nicht von neuem Aufenthalt in
den Mauern gestatten. Als dann dem Haufen jenes Lager
bei der Wunderburg wieder eingeräumt war, das schon
nach dem ersten Aufruhr einen solchen beherbergt hatte,
erschienen allerdings neben den beiden Hallstadter Führern
unter den von hier ausgehenden Schriftstücken und zwar
jenen vorgeordnet zwei Mitglieder der Bamberger Gemeinde,
ein Huter und ein Riemenschneider.[1]) Dem Lande gegenüber war damit die Einigkeit zwischen Stadt und Land
hergestellt, die für das Auftreten des Haufens nach außen
notwendig war.[2]) Aber wir dürfen den Aussagen der
beiden wohl glauben, daß sie nur auf den Wunsch des
Rates der Stadt, der durch sie mäßigend auf die Massen

---

[1]) Nach N. A. ward noch ein dritter Bamberger zum Hauptmann
gewählt, Hans Halbritter, der aber „ausdinget, das er nicht aus der
Stadt noch zu den Bauern woltt".

[2]) Diese Eintracht zeigt sich weiter in dem Siegel des Haufens:
ein Löwe, die Landschaft in einem Schild und drei Pflugscharen in
dem andern.

einzuwirken hoffte, sich zur Hergabe ihrer Namen bereit finden ließen, und daß sie nicht um jedes Schriftstück wußten, das ihre Unterschriften trug.[1])

Wer die Literatur über den Bauernkrieg kennt, ist zu der Annahme geneigt, daß die Masse der Aufständischen überhaupt, mindestens aber die, die tätlich gegen die Klöster und Schlösser vorgingen, Proletarierexistenzen stellten, die sich, da sie die Macht hatten, für das Gefühl der politischen, wirtschaftlichen und intellektuellen Ohnmacht durch die tollsten Schandtaten an ihren Peinigern rächten. Widerspricht dem bereits eine unvoreingenommene Betrachtung der wirtschaftlichen Lage des Bauerstandes, so zeigt auch hier ein näheres Zusehen, wieweit man mit jener Annahme in die Irre ginge. Wenn auch hier und da einmal die Bauern ihr Vorgehen gegen die Schlösser mit dem Schaden begründen, den sie und andere daraus erlitten hätten,[2]) wer sehen will, wie diplomatisch und wie mit allen Leidenschaften rechnend die Bauern verfuhren, der kann es aus den bei Fries zahlreich erhaltenen Korrespondenzen des Bildhauser Lagers im Würzburgischen ersehen, in die erst die Sorge vor einem Angriff Philipps von Hessen einen andern Inhalt und Ton brachte. Es war nicht der eigentliche Zweck der ganzen Bauernerhebung, der jetzt erst zu Tage trat, im Gegenteil blieb dieser nach wie vor, der Gerechtigkeit Beistand zu leihen, das Evangelium, das auch in Bamberg neu bedroht schien, zu retten und zu schirmen. Sehr richtig bestimmte daher der Bader

---

[1]) Vgl. die Aussage des einen, des Huters Ewalt Seyfersdorffer in den Anlagen. Die Aussage des anderen, des Riemenschneiders Michel Distelmann in N. A. f. 251—252.

[2]) So z. B. in dem Schreiben an das adelsfeindliche Nürnberg vom 23. Mai (siehe in den Anlagen).

Hans Hartlieb in seiner Urgicht den Inhalt der Kriegs-
ordnung der Bamberger Bauern dahin, „daß man Gott nit
lestern, nit rauben und andere Mißhandlung unterlassen
soll".[1]) Der einzig bemerkenswerte Paragraph der Ordnung
„des Lager Bamberg" lautet in der Tat dahin, daß die
Hauptleute, die sooft es anginge zu Gericht sitzen müßten,
zuvorderst dasjenige aburteilen sollten, „so wider got den
Almechtigen gehandelt als gotslesterung, fullerey, Spielen,
auffrur, fluchtmachen, verretterey vnnd andere laster".
Daß der Paragraph aber nicht allein auf dem Papiere
stand, beweist die Tatsache, daß ein „Pfaff aus Canstatt"
im Bamberger Lager verurteilt und enthauptet wurde,
weil er einen Knaben anlernte „Stedel" anzuzünden, und
beweisen die verschiedenen Gebote ins Land hinein, streng
alle Eigentumsrechte zu wahren.[2]) Selbst Hab und Gut
der Klöster blieb unangetastet, soweit es nicht zur Be-
streitung der Kosten beizutragen hatte, die die verschiedenen Haufen verursachten. Denn die Nahrung ward
bezahlt und nicht kriegsmäßig requiriert. Gegen die
Schlösser aber wie gegen alle Adelssitze und ihre Eigen-
tümer und Insassen ward die mildeste Praxis angewandt.
Da es den Bauern nur darauf ankam, wie in den Ausschreiben mehrfach betont wurde, daß von dorther ein
Widerstand unmöglich werde, so wurde den Schloßinhabern
gewöhnlich freigestellt, selbst den Abbruch zu leiten und

---

[1]) In seiner zweiten Urgicht ad art. 37.
[2]) Ganz ähnlich wars im Bildhauser Haufen (vgl. Fries I 384 und
385). Wenn uns aus dem sogenannten Fränkischen Haufen derlei nicht
bekannt ist, so mag das z. T. dadurch begründet sein, daß seine Korrespondenz uns nicht mehr so reichlich erhalten blieb, dann aber lag für
ihn hinsichtlich einer strafferen Disziplin insofern noch eine besondere
Schwierigkeit vor, als er aus den Angehörigen der verschiedensten
Herren bestand.

mit ihrem Eigentum sich in den Schutz der nächsten
Stadt zu begeben, die sie dann zum Mitleiden aufnahm.
Nur, wo der Abbruch zu langsam ging oder nicht möglich
war, hat wohl das Feuer den Dienst versehen müssen,
aber auch in solchen Fällen nach der Sicherung des
anderweitigen Eigentums. Soll damit nun auch nicht
geleugnet werden, daß sich Gewaltsamkeiten auch hier
nicht vermeiden ließen, zumal dann, wenn ein Haufe in
einem Schloß oder einer Burg nicht das gesuchte Entgegenkommen fand, und daß auch hier Frauenzimmer ihre Rolle
in den Klöstern spielten,[1]) so können diese Tatsachen doch
nun nicht mehr beweisen, als daß sich in den zusammen-
gewürfelten Haufen auch Elemente fanden, die sich jenem
Geist der Ordnung widersetzten.

Im übrigen wurden streng die Grenzen des Bistums
eingehalten. Man hat wohl behauptet,[2]) daß nur im Bambergischen und in einigen anderen geistlichen Gebieten die
Bewegung entschieden partikularistisch gewesen sei. Wer
genauer zusieht, wird das auch von allen andern Gebieten
sagen können, nur daß dieser Charakter infolge der Ein-
wirkung anderer Faktoren nicht überall so deutlich wie
in Bamberg zutage tritt. Hier wurde streng darauf gesehen, daß nur die Schlösser abgetan wurden, die in des
Stifts „Oberkeit" und auf Bamberger Grund und Boden
lägen, „unangesehen der lehen, weß herrn die seyen", daß
dagegen Bambergische Lehn in anderem Gebiet nicht an-
getastet wurden. Daraus ergaben sich zahlreiche Konflikte.
Casimir wie Nürnberg hatten mehrere Male Veranlassung,

---

[1]) Vgl. den Bericht aus dem Kloster St. Clara, der jedoch mit der
nötigen Vorsicht zu benutzen ist (Koldes Beiträge I).
[2]) So Bezold, Reformation 484.

sich über Angriffe auf ihre Lehen zu beschweren. Schreiben
solchen Inhalts wurden regelmäßig mit dem Hinweis auf
den Beschluß der Bauern beantwortet. Nur einige Festen
an der Grenze, z. B. der Marlofstein im Amte Neunkirchen,
blieben infolge davon unbeschädigt. Sonst sorgten die
Haufen, die die Grenzwacht bildeten, daß diese nicht verletzt wurden. Wie die Bamberger sich keine Übergriffe
auf fremden Grund und Boden gestatteten, so duldeten sie
solchen auch von keiner anderen Seite.

Mehr als einmal trat an die Aufständischen die Ver-
suchung heran, ihre Waffen mit denen der Würzburger zu
vereinigen, um in gemeinsamem Kampfe gegen den Schwäbischen Bund das Erreichte zu verteidigen.[1]) Es entsprach
dem partikularistischen Charakter der Bewegung, daß es
zu einem solchen Bündnis hier so wenig kam, wie in Oberschwaben und im Schwarzwald. Die Bamberger bildeten
sich ein oder ließen sich einbilden, daß in den Zusagen des
Bischofs die genügende Sicherheit für den Bestand der
Reformation in ihrem Stift gegeben war. Auch auf dem
großen Schweinfurter Landtage vom 1. Juni 1525, an den
sich zum letzten Male die Hoffnungen aller Aufständischen
knüpften, kamen die Bamberger den andern keinen Schritt
entgegen. Indem sie auf der landschaftlichen Abgeschlossen-
heit der ganzen Bewegung fest bestanden, machten gerade
sie diesen Landtag zur Totgeburt.[2]) Sieht man auf den
gesamten Verlauf des Bauernkrieges, der vor der Entsetzung

---

[1]) Vgl. den Vortrag der Bambergischen Abgesandten auf dem
Schweinfurter Landtage vom 1. Juni bei Fries I 315. Ein Schreiben
der Heidingsfelder und Würzburger Versammlung vom 21. Mai habe
ich in den Anlagen abgedruckt.

[2]) Vgl. Fries I 315. — Übrigens hatten sich die Bambergischen
Städte nur durch die Bauern zu seiner Beschickung bewegen lassen.

des Unserfrauenberg trotz aller siegreichen Fortschritte der
Reaktion nördlich des Main durchaus noch nicht zu Un-
gunsten der Bauern entschieden war, so hat die Haltung
der Bamberger wesentlich dazu beigetragen, daß der Bauernkrieg für die Bauern einen unglücklichen Ausgang nahm.

Dem Vorgehen gegen die Schlösser und Klöster ward
erst dadurch ein gewisser Einhalt getan, daß sich der Rat
von Nürnberg zur Vermittlung anbot. Schon bald nach
dem 11. April war die Reichsstadt, für deren Handel alle
diese Unruhen ja die größte Störung brachten, mit einem
Angebot dieser Art an den Bischof herangetreten. Weigand
hatte sie damals ablehnen können, weil die „Verfassung"
vom 15. April in den 18 Zusätzen bereits für eine andere
Beilegung der strittigen Punkte Vorsorge getroffen hatte.
Das Gesuch, das Nürnberg am 19. Mai nach Bamberg
richtete — an Weigand, an die Stadt Bamberg wie an
die „Hauptleut und Verordenten Gemeiner Landtschaft und
Bauerschaft im Stift Bamberg" —, hatte mehr Aussicht
auf Erfolg.[1] Bereits am 20. nahm Weigand die Vermittlung lebhaft dankend an.[2] Nicht eben so rasch konnten
sich die Städte und die Bauern entschließen. Die Städte,
soweit sie gerade in Bamberg vertreten waren, wollten
nicht ohne die übrigen vorgehen. Zudem hielt sie von
einer Zusage wohl die ausgesprochene Absicht der Landschaft ab, erst die Schlösser und Burgen im Stift sämtlich
niederzubrechen. In diesem Sinne ging am 23. Mai vom
Lager Bamberg ein Schreiben nach Nürnberg ab.[3] Da
griff Weigand ein. Das Resultat seiner mündlichen Ver-

---

[1] B. I. S. VI 6, VII 11, 12. Das Schreiben an die Hauptleute etc.
hat Kamann abgedruckt 48—50.

[2] B. I. S. I 29.

[3] Abdruck desselben in den Anlagen.

handlungen am 24. Mai und der getrennten Beratungen der
Städte und der Landschaft, die am 25. daraufhin statt-
fanden, war, daß am 26. auch diese sich mit der Vermittlung Nürnbergs einverstanden erklärten.[1]) Ein „friedlicher
Anstand" wurde beschlossen. Weigand mußte sich noch
einmal im Interesse seines Landes zu einem Amnestieerlaß
verstehen. Der Schritt wird ihm schwere Überwindung
gekostet haben. Aber wollte er nicht wieder sein Land
weiterem Unheil preisgeben, so blieb ihm keine Wahl.

In dem Anstand vom 26. Mai war alles auf die Vermittlung der Nürnberger Ratsherren gestellt, die alsbald
eintrafen. Es waren Martin Tucher, Bernhard Baumgärtner
und Stephan Zollner. Sie kamen ihrer Aufgabe mit an-
erkennenswertem Eifer nach, so daß sie jedenfalls die Ver-
dächtigungen nicht verdienten, mit denen die Bauern auch
sie nicht verschonten.[2]) Ihrer Überredungskunst ist in der
Hauptsache zu danken, daß die wenigen Schlösser, die noch
standen, nicht abgebrochen wurden. Der Hinweis auf die
Türkengefahr mußte dazu dienen! Daß die Schlösser
anderen Feinden keinen nennenswerten Widerstand mehr
leisten könnten, hatte das Vorgehen gegen Sickingen und
seine Freunde im Jahre 1523 allerdings gezeigt. Die
Nürnberger sorgten weiter dafür, zusammen mit Weigand
und den Vertretern der Städte, daß sich das Lager vor
Bamberg in den ersten Tagen des Juni auflöste. Da das
Bundesheer siegreich bis Würzburg vorgedrungen war, so
schenkten alle die, die sich nur halb freiwillig an dem Vorgehen gegen die Klöster und Schlösser beteiligt hatten, nur
zu gern der Vorstellung Gehör, mit der die Nürnberger

---

[1]) Die Akten dazu in den Anlagen.
[2]) Vgl. hierzu B. II. S. VIII.

an erster Stelle zu wirken suchten, wie groß die Unkosten bei solchem Lager infolge von Soldzahlungen, Ankauf von Proviant und anderem seien, wie jedermann zu Haus das Seine versäume und die ganze Landschaft dadurch werklos werde. Nur die Hallstadter ließen sich nicht bereden. Aber vergeblich versuchten sie noch einmal größere Massen um sich zu sammeln, die andern Haufen an sich heranzu- ziehen, daß sie „zu Rettung des Worts Gottes und ihrer aller Ehre und Gut, auch Eid und Gelübde bedenken sollten, die sie einst zusammen geschworen, und dann ver- eint der Gerechtigkeit Beistand leisteten".[1]) Der Schrecken, der dem Bunde vorausging, war zu groß, um an einen Widerstand ihm gegenüber zu denken. Die Männer, die wacker bis zuletzt der Sache treu blieben, die sie für die rechte hielten, mußten schließlich allein gelassen ihr Heil in der Flucht in die Fremde suchen. So hatten die Nürn- berger den Frieden heraufführen helfen, bevor das Bundes- heer eintraf. Sie hatten gemeint, daß ihr Werk den Zug des Bundesheeres nach Bamberg überhaupt unnötig mache. Als sie sahen, daß Weigand anderer Ansicht war, verließen sie die Stadt noch vor der Ankunft desselben und mit ihnen hunderte von Bamberger Bürgern.

Weigand hatte von Anfang an zu der Nürnberger Vermittlung das geringste Vertrauen gehabt. Nicht des- wegen, weil er von der Ehrlichkeit derselben nicht über-

---

[1]) Das Ausschreiben, bezeichnenderweise nicht mehr mit Namens- unterschriften versehen, d. bei Hallstadt 4. Juni, in den Anlagen! Vgl. auch B. I. S. IV 32: Schreiben an das Lager zu „erebach". Ein Abmahnschreiben von Bürgermeister und Rat der Stadt Bamberg samt dem verordneten Ausschuß der Städte und Landschaft daselbst ver- sammelt an Dorfmeister und Gemeinde zu Gußbach vom „andern Pfinns- tag 1525" (5. Juni) im German. Museum in Nürnberg: Acta, Bürger- meister und Rath der Stadt Bamberg betr. im Bauernkrieg 1525.

zeugt gewesen wäre. Aber nach allem Vorangegangenen konnte er einen Erfolg derselben nicht mehr erwarten. Wenn man gesagt hat, daß nur die kurze Dauer des Bauernkrieges die vorhandenen kommunistischen Ansätze nicht zu voller Geltung habe kommen lassen,[1]) so ist daran soviel richtig, daß die Unruhen mit ihren wirtschaftlichen Begleiterscheinungen die untersten Schichten der Bevölkerung für die Idee des Kommunismus reifgemacht hatten.[2]) Weigand hatte schon bisher mit seiner Politik der Versöhnlichkeit Schiffbruch erlitten. Man darf ihm daher nicht verdenken, daß er im Angesicht der drohenden Anarchie an der selbständigen Durchführung seiner landesherrlichen Aufgabe verzweifelte. Wenn von Recht und Unrecht bei solchen Gelegenheiten überhaupt die Rede sein kann, so war jedenfalls nicht er derjenige, welcher gegen die Abreden vom 15. April verstoßen hatte. Aus allen diesen Gründen war in ihm der Entschluß entstanden, dem Beispiel seines Würzburger Nachbarn zu folgen und sich ebenfalls dem Schwäbischen Bund in die Arme zu werfen. Aber er tat das, als er zum ersten Mal am 21. Mai deswegen an seinen Bruder, Christoph von Redwitz, den Pfleger zu Giech,

---

[1]) Bezold 490—491.

[2]) Die Träger der Bewegung vom 11. April waren, um das noch kurz zu berühren, Leute aus allen Schichten der Bevölkerung, vorzugsweise Handwerker gewesen. Meine Beobachtungen stimmen insofern vollständig mit denen von M. Lenz in der historischen Zeitschrift N. F. XLI 397 überein. Auf dem Lande gingen zuweilen die Beamten den Bauern voran. Nach dem Bauernkriege dachte Weigand deshalb z. B. an die Hinrichtung seines Kastners zu Cronach, Contz Dietmann (B. I. S. III b 27), der sich dann mit 800 fl. davon loskaufen mußte. Bei der Besetzung des Schlosses Thurnau war ein Prediger einer der Führer. In Burgkunstadt und in Hochstatt zettelte den Aufruhr vom Mai ein Hans Stendlein an, dessen Bruder Prior in Kulmbach war (vgl. B. I. S. II 277—300).

schrieb,[1]) nicht bedingungslos. Der Bund war berüchtigt wegen der Praxis, die er während dieses Krieges in dem besetzten Lande befolgte. Da ihm seine Mitglieder die verschiedenen Anlagen, die er des Feldzuges wegen hatte ausschreiben müssen, zum großen Teil nicht mehr bezahlen konnten, so war der Bund zu unbarmherzigen Brandschatzungen übergegangen, sobald sein Heer nach Württemberg einrückte, in der ausgesprochenen Absicht, damit eine treffliche Summe Geldes zu machen.[2]) Weigand knüpfte darum die Bundeshilfe an die Bedingung, daß die Nürnberger Vermittlung ergebnislos bleibe. Auch in allen weiteren Schreiben blieb er auf diesem Standpunkt stehen.[3]) Es kam die Zeit, daß das Bundesheer nach der Niederschlagung des Aufstandes im Würzburger Stift sich zur Rückkehr in die nur notdürftig beruhigten Gebiete des Südens anschickte. Der Hallstadter Haufe hatte sich nur mit Mühe zertrennen lassen, der um Ebermannstadt war noch beisammen.[4]) Die Nürnberger Ratsherren waren an der Arbeit, in der Frage des Zehnten, die der Ausschuß der Bamberger Städte und Landschaft neu aufgerollt hatte, diesen auf das Gutachten des achtzehner Ausschusses zurückzuführen, das

---

[1]) B. I. S. VII 16.

[2]) Vgl. Artzts Schreiben nach Augsburg vom 22. April 1525 Nr. 249 (VII 290).

[3]) Schreiben vom Montag nach Exaudi (29. Mai) an Christoph von Redwitz (B. I. S. IV b 15), vom selben Tage an den Bund (B. I. S. I 55) (Regest bei Artzt Nr. 436 [IX 23] falsch), vom Mittwoch nach Exaudi (31. Mai) an Christ. v. R., Bastian von Kyndsberg (den Domdechanten) und andere von Adel (B. I. S. I 57), vom Samstag den hl. Pfingstabent (3. Juni) an Christ. v. R. (B. II. S. VIII) und an den Bund (nicht erhalten), schließlich ein undatiertes an Christ. v. R. (B. I. S. I 60) etwa vom 8. Juni (ob abgegangen?).

[4]) Das geht aus Weigands undatiertem Schreiben an Christoph von Redwitz und dem Schreiben an diesen und Philipp Lochinger vom 13. Juni 1525 hervor (s. oben).

sie als außerordentlich günstig für die Untertanen bezeichneten. Der Ausschuß blieb auf seinem Verlangen bestehen, den Zehnten noch weiter zu mäßigen, die Verhandlung rückte nicht vom Fleck. In diesem Moment — noch war nichts entschieden, jene Unterhändler wie das Land waren der Zuversicht, daß das Bundesheer von Schweinfurt nach Süden abschwenken werde, ohne das Stift zu berühren — faßte Weigand den Entschluß, das entscheidende Gesuch an den Bundesfeldherrn zu richten. Es war am 10. Juni 1525, daß er seinem Bruder und dem Amtmann Philipp Lochinger die Credenz und die Instruktion dazu ausstellte.[1]) Man muß diesen Moment als den tragischen in Weigands Leben bezeichnen. Bald nach dem 10. Juni waren alle Aufrührer zerstreut, der Ausschuß hatte sich verloren, eine kleine Truppenmacht in Bamberg hätte genügt, jeden neuen Versuch der Empörung sofort im Keime zu ersticken. Weigand bemühte sich daraufhin, den Zug des ganzen Heeres nach Bamberg rückgängig zu machen (13. Juni).[2]) Er ritt selbst dem Heere nach Haßfurt entgegen. Mit „zährenden Augen" soll er dort dieses Gesuch erneuert haben.[3]) Es war alles vergeblich. Jörg Truchseß, aber nicht minder Casimir von Brandenburg, der sich an den Bamberger Untertanen wenigstens so zu rächen gedachte,[4]) drängten vorwärts. Am 17. Juni zogen sie mit

---

[1]) B. I. S. I 64, 78.

[2]) Schreiben an Christoph von Redtwitz und Philipp Lochinger (Konzept. — B. I. S. I 66).

[3]) So N. A. Vgl. auch die Notiz des Rother Stadtbuches in dem 38. Jahresbericht des Historischen Vereins für Mittelfranken [1871 bis 1872] 149.

[4]) Vgl. das Schreiben Casimirs vom 14. Juni an Hans von Leineck, Hauptmann auf dem Gebirg etc. (B. C. S. II 24), womit das Schreiben vom 18. (B. C. S. II 32) zu vergleichen ist.

den Bundesräten in Bamberg ein, um hier acht Tage mit dem Heere zu rasten. Der Bamberger Bauernkrieg hatte damit sein Ende gefunden.

Die Zeit des Bauernkrieges hatte in Bamberg das Evangelium gepredigt werden dürfen. Uns ist in den Bamberger Bauernkriegsakten sogar „eine Christliche Ordnung" erhalten, „wie man die neuberuffenen Kirchendiener nach Gottes Wort in ihr Amt, vor der christlichen Gemeinde ehrlich einsetzen und ihnen dasselbe befehlen soll".[1] Da das Evangelium hier in Bamberg seinen Einzug zugleich mit soviel Erleichterungen materieller Natur hielt, so hatten sich an die Zukunft die größten Hoffnungen knüpfen können. Es versteht sich von selbst, daß der Bund sie vollständig vernichtete. Am 20. Juni etwa mußten die Untertanen den im Aufruhr mit dem Bischof eingegangenen Austrag und Kompromiß und alle daraus entstandenen Folgen als kassiert und weiter erklären, daß sie sich in die Reichsordnungen fortan fügen würden.[2] Es ist für Bamberg vielleicht zuviel gesagt, was die Nürnberger sich von allen Bischöfen erzählten, daß sie „alle christennliche prediger und die verkundung des Euangeliumbs und wortt gottes gantz weck geschafft, abgethan und alle altte Irrsalen und unordennliche gottlose mißpreuch scherpfer denn hieuor ye auffgerichtt haben".[3] Daß aber fortan der ordnungsgemäßen Verkündigung der neuen Lehre

---

[1] B. I. S. VII 73.
[2] B. I. S. VII 38 (art. 3).
[3] Schreiben des Nürnberger Rates an Martin Tucher und Bernhard Baumgärtner vom 13. Juli 1525 (Kgl. Kreisarchiv zu Nürnberg. Ratsbriefbuch 102, 103 f.).

weniger wie je Raum blieb, und daß deshalb diese sich mehr
und mehr der Lehre der Wiedertäufer näherte, ist gewiß.
Auch sonst sorgte natürlich der Bund dafür, daß von
dem, was im Aufruhr durchgesetzt war, nichts bestehen
blieb. Die alten Einrichtungen kehrten zurück. Wo es
nötig schien, wurden die Burgen wiederaufgebaut. Weigand
befleißigte sich auch dabei der größten Milde. Man wird
auch die Verhältnisse nach dem Bauernkriege hier für
günstigere halten dürfen als anderswo, z. B. im Bistum
Würzburg. Vor allem war es auch Weigands Bemühen,
bei dem Bunde wie beim Adel auf Ermäßigung der Schaden-
ersatzansprüche zu dringen. Wenn man hört, daß allein die
Stadt Würzburg 8000, Rothenburg 4000, Schweinfurt sogar 5000 fl. dem Bunde bezahlen mußte, während das ganze
Stift Bamberg nur 12000 (oder 13000) fl. zu erlegen hatte,
so ersieht man daraus, daß Weigand erfolgreich war.[1]
Daß der Adel nicht so leicht von seinen Ansprüchen
zurücktreten konnte, wird man verstehen. Weigand setzte
hier wenigstens durch, daß nur die Schuldigen zu der
Vermögenssteuer herangezogen wurden, und daß die Hintersassen des Adels dabei keine Ausnahme machten. Wer
sich in der Literatur über die Folgen des Bauernkrieges
unterrichten will, wird der Ansicht, daß sie für den Bauernstand wie für die armen Leute der schlimmsten Art
gewesen seien. Nichts weist daraufhin. Hatte wie ich
bereits mehrfach andeutete, der Bauernkrieg für alle die,
die nicht über ansehnliche Barmittel verfügten, die
traurigsten wirtschaftlichen Folgen, schon um deswillen,
weil wer sich dem Haufen gesellte für seinen Unterhalt

---

[1] Vgl. Artzt Nr. 511 (für Bamberg die Anm.) (X 334—335). Nach
N. A. forderte der Bund 50000 fl.

der Barmittel bedurfte, ohne doch zugleich etwas verdienen zu können,[1]) so lag es in dem wolverstandenen Interesse der Landesherren, deren Einnahmen ja gerade hier in dem Gebiet der Reichsstädte im wesentlichen aus der Kultur des Grund und Bodens durch den Bauernstand erwuchsen, daß sie diese wirtschaftlichen Folgen nicht verstärkten. Das Domkapitel wünschte, um die Ansprüche des Adels auf einmal zu decken, daß schon 1525 der zehnte oder sogar der fünfte Pfennig von dem noch vorhandenen Vermögen genommen würde. Weigand verfügte, daß in jedem Jahre bis zur Deckung der Summe nur der zwanzigste einzutreiben sei. Aber dabei wurden die ganz Armen verschont. Im übrigen aber änderten sich die Verhältnisse hier so wenig wie sonstwo.[2]) Nach einigen Jahren des Notstandes waren die wirtschaftlichen Folgen des Bauernkrieges überwunden.

Wieviele von denen, die an dem Aufruhr teilgenommen hatten, mit dem Leben dafür büßen mußten, entzieht sich meiner Kenntnis. Zwölf, deren Schuld ein langes Verhör

---

[1]) Eben hieraus ergibt sich, daß alle die Angaben über Vermögen etc. der Bauern nach dem Bauernkriege nur mit äußerster Vorsicht, besser garnicht zu benutzen sind. Gerade mit ihnen und mit Stimmen über die wirtschaftliche Lage der Bauern nach 1525 ist der ärgste Mißbrauch bei der Schilderung der Lage des Bauernstandes vor diesem Jahre getrieben worden. — Des öfteren werden übrigens auch, bei dem Namen einzelner Bauern, Söldner genannt, die diese für kürzere oder längere Zeit bezahlten! (Vgl. das Verzeichnis in B. II. S. I). In den Vermögensangaben der Aufrührer aus der Zeit nach dem Bauernkriege werden besonders oft die teuren „lundischen Tücher" erwähnt.

[2]) Heute, da die Wissenschaft sich um die Aufhellung der Rechts- und Verfassungsverhältnisse in den verschiedenen Gegenden Deutschlands bemüht hat, ist nicht mehr nötig, ausdrücklich darauf hinzuweisen, daß alle jene Verschlechterungen in der Lage des Bauernstandes, die man früher als Folgen des Bauernkrieges aufzählte, Einführung der Erbuntertänigkeit, Beschränkung der Freizügigkeit etc. gerade die Gegenden nicht trafen, die den Bauernkrieg erlebten.

ergab, das die Bundesräte am 20. Juni mit den Ratsherren und den 43 Vertretern der Bürgerschaft aus der ersten Phase des Aufruhrs, mit jedem einzelnen für sich anstellten, wurden durch den Bund am 22. Juni hingerichtet.[1]) Es waren darunter Mitglieder jener Versammlung im Zinkenwörd vom 10. April, von der die ganze Bewegung in dem Stift ausgegangen war. Den Bader Hans Hartlieb, der sich nach Nürnberg geflüchtet hatte, ereilte erst am 24. Oktober 1528 sein Schicksal.[2]) Wenn Ranke nach Müllners Annalen berichtet, daß es gerade die Evangelischen waren, die das Gericht traf, so mag er recht haben, so falsch die Nachricht sonst ist.[3]) Denn eben sie trugen die Schuld an alledem, was geschehen war.

---

[1]) Die Namen und Heimatsorte bei Erhard, Reformation 55. Außerdem wurden nach dem unvollständigen Verzeichnis der Strafverfügungen Weigands in B. I. S. IV 41 fünf in Holfeld (davon einer Namens Hartmann aus dem Rate Holfelds) und vier in Cronach hingerichtet.

[2]) So Heller, Reformationsgeschichte 90.

[3]) Ranke, Reformationsgeschichte (7. Aufl.) II 160. Müllner verwechselt in seinen Annalen, da er von der Hinrichtung neun der reichsten Bamberger Bürger erzählt, die Hinrichtung jener zwölf mit etwas anderem, worüber ein Schreiben des Nürnberger Rates an Christoph Creß vom 19. Juni berichtet (in den Anlagen abgedruckt). Jene neun dort erwähnten Bürger sind später teilweise, z. B. Hans Sayler, vom Bunde sogar gegen den Bischof in Schutz genommen worden (vgl. z. B. das Schreiben des Bundes d. Ulm 11. Juli 1525 in den Bundesakten, Bamberger Serie IX).

Anlagen.

I. 1525 am grün Donnerstag (13. April).

Ausschuß von der Stadt und Landschaft begehren an meinen gn. Herrn:

Das sy alle sembtlich wie die vnd vfm land mögen sprechen Das sy keinen andern hern Dan got vnd m. g. h. prelaten monch pfaffen Nunnen alles ausgeschlossen, allein die vom Adel nit vnd das m gn h der pfaff monch vnd closter leut In pflicht neme vnd ob m g h anders verpflicht bey einem capitel, soll kein hindernis sein Sonndern wollen alle m. g. h. darzu handthaben schutzen vnd schirmen.

Als mein g. h. sollichs abgeschlagen haben sy gebeten Sy Ir pflicht ledig zu zelen oder sy wollen die aufgesagt haben.

Hat m. g. h. geantwurt Sein gnad wolle Ir nit ledig zelen, noch die pflicht aufsagens annemen wo sie aber von andern gedrungen würden, darIn wolt es s. g. vngeuerlich halten, doch das sie es dergleichen auch getreulich vnd vngeuerlich hilten.

Darauf haben sy gesagt, Sy wollen alle Ir pflicht aufgesagt vnd Ir eer bewart haben.

Gleichzeitige Aufzeichnung.   Bbg. I. S. III b 7.

II. 1525 Freitag Parasceve (14. April).

Stadtschreiber (von Weißmain) Diethmann Maseñkornn vnd reinlen geschickte zu Bamberg nach Weißmain.

Vnnser frd. dinst zuuor gunnstigenn herrn vnnd freundt Ratte vnnd gemein Nachdem Ir vnns geschickt habt Innder auffrurigenn sachenn habenn wir anndernn Rate vnnd Erkundigung nit bekomenn Mogen dann vff heut Datum, Sein wir vor eine Rate, daruntter dy hauptleut der muntat vnnd alle stendtt zu Bamberg sein, Erschinenn, Sy gebettenn Nachdem sich dy emporung vnnd Leufft ettwas schwindt veranlassenn wie gesehenn, vnd wir dermassenn, verlassenn, hilff, vnnd her los sindt vnns daruntter zu Ratten wes wir vnns halttenn sollenn, Damit wir

Ettwa schadenns, vnnd konnfftigs nachteils verkomenn bliebenn,
etc. mit ferrern Annzeigung, Darauff vnns Sigmundt Kebitz Ann
stat eines Erbarenn Rats vnnd der hauptleut vnnd eines außschus,
diese Anntfurt gebenn. Nachdem wir gebettenn vmb hilff vnnd
Rate So wollenn sy vnns aus Nachttbarlichenn, vnnd guttenn
willen Anstat gemeiner Stat vnuerhalttenn lassen Das, nit allein
sy vonn dennen, soe m. gn. hern vonn Bamberg vnntterworffen
Sonnder alle muntat, vnnd annder, meinen gn. h. vom Capittl,
zustenndig, vnnd dy ganntz Lanndttschafft dem selbenn meinem
gn. h. furgehalttenn haben vnnd anngezeigt das sy annders nit
gedencken dann Ine zu einem einigen herrenn vnd fursten A
zu habenn vnnd gebetten, Sy also annzenemen, vnnd wollenn
sich darauff versehenn, Das sy, sein fl. g. dermassen annemen were,
vnnd darumb wes vnns hier Inn zuthun, guettbedunkt sollenn
wir denn Rat zu vnns selbs Nemeñ, vnnd denn mantel kerenn
wo der wint her geet, Daraus guett zuuermuettenn, Das, wo wir
vff vnnser manung vnnd fernner, vnuersucht bliebenn, Das Inn-
kurtz der hauffenn bey vnns sein wurd, vnnd ymassen vnuser
herrenn Angrieffenn wordenn, Do wir gesehenn, Das Ine dy hoff
zum mererunnten Auffgestossenn, geplundert, dy fennster zu
schlagenn, dy truehenn behaltten vnnd ladenn eines beim anndernn
zehawen zu schlagen vnnd dy bucher zu Ruessen, Das vff der
gassenn, bey denn hoffern ligt wie ein schnee, inn kurtz zu-
schreibenn, Dann Ich grundt vnnd noturfft annzuzeigenn nit Zeit
gehabbt, Aber Ein Rat vnnd dy hauptleut, habenn sich annders
nit vernemenn lassenn, dann yderman sol deshalbenn In aide
vonn Ine zutretten vnngenott sein, Aber wir besorgenn vnnd
habenns vonn vielenn gehort, ßo wir nit añgesucht, vnnd Inn
kurtz nit dar zu thun, wollen, das, wir darob schadenn, leidenn
mussen, darumb solchs zuuerkomenn, damit ir ßo mein herrn
vonn Kapitl verwanndt, des ann schadenn seinn mogt, So wollenn
wir euch solchs Impestenn nit pergenn, sambtt vnnserenn guett-
bedunckenn, das Ir Inn eyl anngesichts des brieffs, solchs einer
gemein fur halttet. vnnd zum aller furderlichstenn, bei tag
vnnd nacht Eurnn beschlues vnns herein schickt Dann wir vonn
einem Rate vnnd denn hauptleuten denn Abschied habenn, wir
sollenn darunter nit feyrnn, vnnd wo ir beschlossenn wert, Das
Ir beim hauffenn steenn wolttet, wer guet, das der alttenn, einer
oder zwenn hinnenn werdenn, vnd huldung thettenn. Dann wir
besorgenn, wo wir annders vnn vberzogenn vnnd bey dem
vnnsernn bleiben wollenn wir mussenns thun, vnnd sonnderlich
zeigt denn Edelleut, Armenn Leutenn Anv, das, sich diese versamlung gar nichs Ann sie kerenn wollenn, Dann wir mit
guettenn willenn zu Ine tretten wollen Darumb sollenn dy [ein-
sehen?] habenn, Aber das sich ein yder mit dennselbenn seinenn

heren vntter Rede vnnd Rate suche, wes sie sich halttenn sollenn,[1] Dann sy der auch an schadenn sein möchttenn, vnnd bittenn gantz guettlich wollet keinenn verzug, hier Inn gebrauchenn, Sonnder wo anngezeigt, vonn Stundann verfuegenn wollenn wir vnns genntzlich versehenn. Dat. Inn eyl Freitag parasceue Anno 25to. b. Vnnd last euch meines Nerrischenn schreibenns nit befielenn Dann es Inneyl gescheen ist vnnd lest nach dem A. b. vntenn verzeichennt.

a. in Bbg. I. S. I 7; b. in Bbg. I. S. II 4.

III. 1525 am heiligen Karfreytag (14. April).

Amnestieerlaß Weigands.

Wir Weigandt von gottes gnaden bischoue zu Bamberg Nachdem sich etlich zwittracht von den vnsern Statgerichtern vnd Muntettern zu Bamberg Auch etlichen vnsern vnterthanen auß der Landtschaft dise tag begeben Also das sie sich zusamen rottirt vnd gehauft, etlich anbringen bey vns thun lassen Auch angriff vnd tat gevbt haben, Bekennen wir vnd thun kunt offenlich fur vns vnd vnser nachkomen dweil gedachte vnser vnterthane, auff vnser handlung gnedige antwort vnd erpittung, von solcher zwittrechtigkeit vnd tate abgestanden, das wir darauf solche zwitrechtigkeit vnd gevbte tat vnd alles das So darauß gevolgt, Sich darvnter verlauffen vnd begeben hat, gegen Inen, vnd allen den Jhenigen So der sachen verdacht vnd verwandt sind, In gemein vnd sonderheit Auch gegen Iren nachkomen vnd erben gnediglich begeben vnd nachgelassen haben, Gereden auch hiemit fur vns vnd alle vnser nachkomen In craft dits brieffs solchs alles gegen Ine, denen des Rats, Gemeind, Muntettern, Auch denen von der Landtschaft vnd allen iren erben, nymermer zu ewigen zeitten, zu antten, zu effern noch zu rechen, noch nyemants von vnsern wegen zuthun gestatten noch verhengen getan werden In kein weiß Sonder solle also, zwischen vns vnd Ine, Auch vnsern vnd Iren nachkomen vnd Erben ein gerichte, geschlichte vnd vertragne sach sein vnd pleiben Auch In iren beswerungen vnuerzogenlich ein furderlicher schlewniger außtrag furgenomen vnd gemacht werden. Zu vrkund haben wir vnser Secret. Insigel gehangen an disen brieff, der geben ist in vnser Stat Bamberg am heiligen Karfreytag Nach christi gepurt 15c vnd Im 25 Jar.

Bamberger Landschaftsverhandlungen ad 3¹/₂. 5.

---

[1] Das Folgende schlecht zu lesen, weil gebrochen.

IV. 1525 Charfreitag (14. April).

Verordnete Hauptleute und Befehlhaber zu Bamberg an die Ritterschaft.

„günstiger Junckher, Nach dem Ir hieuor neben anndern
von der Ritterschafft zu ainem sonnderlichen ausschus von den
dreyen Stennden als Prelaten Ritterschaft vnnd von stetten verordnet, dweil wir dann Inn den gemainen auch Inn ettlichen
sonnderlichen geprechen bey vnnd mitteinander mit vnnserm gn.
herrn von Bamberg gehanndelt vnnd noch bis anhere kain außtrag erlanngt, so wir aber yetzt auß betrangter not mit seinen
fl. g. zu Irrung vnnd widerwertigkait komen, so ist er ye vnnser
Landtfurst gedencken auch noch keinen anndern Herrn zuhaben
dann den so vnns von gott gegeben vnd der wellt erwölt, Souer
wir voriger vnnd zugefallner beschwerd außtreglich abwendung
bey seinen gn. finden vnnd erlanngen mögen, vnnd souer es euch
auch fur nutz vnnd not ansicht, mogt Ir andere von der Ritterschafft der sachenn wissent machen, sich auch darnach haben zu-
richten, darauff vnnser dienstlich bitt Ir sampt den anndern von
der Ritterschafft, so zu nechst gehalten Landttag zu Bamberg
versamelt gewest, den wir auch hiemit geschriben, sich hieher
vffs aller Ehest vnd peldest zufugen, den wir notturfftige
sicherung vnnd verglaittung hie zu Bamberg vff ewer antzaigen
vnnd herein schreiben bey den Hauptleutten wollten erlanngen
nachmals mit vnserm gnädigen herrn vff zimlich leidlich wege
hanndlung furzunemen, damit wir der sachen zu friden möchti
gepracht werden, In ansehung des gantzen Stiffts Furstenthumbs
Lannd vnnd Leutt vnnd vnnser aller verderben vnnd Inn disen
nöttenn nit setzen oder weichen." Bitten um Antwort.

Abschrift.   Bbg. II. S. 9
(Beilage zu Hans Saylers Kriegsbefestigung).

V. 1525 Sonntag Cantate (14. Mai).

Vortrag in den Bamberger Hauptmannschaften und bei den Hallstadtern.

Auf das Ausschreiben der Hallstadter in die Ämter, ihnen
mit allem zuzuziehen, was zum Kriege gehöre, „wurdt Durch
ettlich von der Ritterschafft vnnd des Raths zu Bamberg, Auch
ettlicher Zusetz der Lanndtschafft ein schrifft gemacht, vnnd mit
des Fursten willen, Auch mit seiner besserung, Auch mit Hilf
des Canntzlers wie hernach volgt, vnd am Suntag Cantate In
allen Haubtmanschafften Ihn Bamberg dem volck vorgelesen.

Nachdem sich yetzund die Cammerdorffer Wider zusamen
gethan, vnd ettlich aus Inen herein gen Bamberg verordent, mit
befelhl, nach dem erschollen, Das der Marggraf ein grosses volck
zu Streitberg, vnnd die Hertzogen von Sachssen zu Koburgk auch
vil Leut hetten, Deßgleichen auch der Bischoff von Wurtzburg
vil volcks bewerben solt, Dadurch zu besorgen, Das dieselben ein
gemeine Lanndtschafft mechten vberfallen, vnd gegen Inen tathlichs
furgenomen werden, Zu dem, Das Ihnen von den Frenckischen
Herren, were zuentpotten worden, Das die Lanndtschafft hie, Die
Clöster vnnd Schlösser solten einreissen, Da mit Inen gehanndelt
vnnd in vff obgemelt Ir anbringen vngeferlichen nachuolgender
mas antwort gegeben haben.

Vnd Erstlich Das die Clöster solten Eingenumen vnd abgethan werden, Geben die von der Ritterschafft fur sich vnd die
andern Zwen stende, Inen beuolhen, zuerkennen, Das Ir der dreyen
stende meinung nit were, Das solche Clöster dermassen wie biß
hyeher geschehen, solten in wessen bleiben vnd behalten, noch
Das Ihnen solt gestatt werden, Ir einkumens, vnnd was sy haben
vnzimlich zuuerthun, sonnder die Fursten Closter, Als Munch-
spergk, vnd Lanckheim, vnd Panntz, solten eingenumen, Ire haab
vnd gutter, vnd was sy hetten Inuentirt vnd gemeinem Landt
zu gut erhalten, In der gestalt, ob etwas fur vil, es wer von
Keiserlicher Mayestat, oder so sich krieg begebe, oder wie sunst
dem stifft ein Noth angieng, Das man nit souil als wie bißher
beschehen, steuren dörfft, sonnder Das man sich deßhalb an die
nutzung solcher Clöster hielt, vnnd zu solcher noth angrif, soweit
die Reichten, Damit das arm gemein volck dest weniger gesteuret
vnnd beschwerdt wurden,

So were auch der ordens Leuth, als der Pettl-Munch halb
dauon geredt, derselben Clöster, Eins oder Zwey für sich zu-
nemen, vnd darin geschickt gelert Leut zuordenen, die einen
sondern fleiß haben, vnnd thun solten, Damit dem gemeinen
volck Im Stifft allenthalben Das Wort Gottes, das allein Ein
speis der seelen ist, Pur, Lauter vnd Clar gepredigt vnnd
verkundt wurdt, Dabey auch ein schul zu Ordnen Darlnn gelert
vnnd frume Leuth zum Predigen vnd gemeinen nutz zu gut, von
Jugent auf erhalten vnd erzogen wurden, Jedoch was munch in
den gemelten Fursten vnd Pettel orden Clöstern, Die aus den
Clöstern zukomen begerdten, die solten daraus mit einem Leyd-
lichen abgefertigt werden, aber die Andern solt man dar In ab-
sterben lassen, Doch Das sy Ir Lebenlang Ir Zimlich vntherhaltung
vnd versehung haben solten, vnnd Das keiner Mehr aufgenumen
wurd.

Der versamlung halben so die Fursten, Als Sachssen,
Branndenburg vnd ander anstossende Herrn hetten, were nit an

Die drey stendt gelangt, Das gemelte Fursten Leut zu Inen vorderten, Das geschech Irer Leut halben, Die sich auch gegen Inen entpörten, vnnd wer Eigentlich Ihr Mainung nit, Ichts gegen vnnserm gnedigen Herrn vou Bamberg, seiner gnaden Stifft Landt vnd Leuthen furzunemen, vnnd dörffen sich Derhalb, Die stiffts verwanndten, gar keines vberzugs oder Nachteils besorgen, vnnd Sunderlich Dieweil vnnser gnediger Herr vnd sie die von Stetten, vnnd der Landtschafft vertragen, vnd der mangel vnd gebrechen halben zu außtrag verfast wer, DarInn on allen Zweyuel Andere Herrschafften, bey vnnserm gnedigen Herren, kein begerung suchen wurden.

Vnnd Dieweil auch neben anderm der bericht vnd vertrag darauf wer gestelt worden, Das der ganntzen Ritterschafft, Dern von Stetten, vnnd der Landtschafft, vnnser gnediger Herr von Bamberg einiger Furst vnnd Herr sein solte, Wie dann auch das sein Fl. gnade angenumen, vnd Bewiligt het, Damit Das dester Stattlicher sein möcht, Wer auch souil ghandelt, Das die Herrn des Cappittels sein Fl. gnade der Pflicht, Damit sie, sein Fl. gnade, bißhero Ihnen verwanndt gewest were, Ledig gezelt hetten, In dergestalt, Das sie Die von Dreyen stenden vnnserm gn. Herren, selbst ein Leidliche Pflicht begreifen, vnd furhalten solten, Die seiner Fl. gn. Dem stifft, vnd gemeiner Landtschafft allenthalben zuerhaltung Nutz vnd gutt, kumen möcht.

So kundt sich auch ye Niemandt bemelts austrags, als wolt er verzogen werden, beschweren, Dann die Nidergesetzten aller theil Zusetz, piß her alle tag verhöre gehalten, vnnd weren noch in fleissiger embsiger vnnd steter vbung, was noch vngehört, Dasselbig noch von tag zu tag zu hören, vnnd Darynnen vfs Ehest als muglich entschyd zu thun, vnd nit zu feiren, wie dann algereit Des wort Gottes vnd ettlich anderer sachen halben, ettliche erkentnus gschehen wer.

Zudem so het auch vnnser gnediger Herr bewilligt, das Ein ordnung Im Stifft furgenomen vnnd furderlich aufgericht werden, Dergestalt, Das von allen dreyen stenden, ettlich Personen geordent werden sollen, Damit allenthalben frid vnnd Recht, auch gutte ordnung Erhalten, vnd vbrige Kostung Damit Der gemein Man sonst beschwerdt, abgeschnidten werden möcht.

Bey dem allem ist in sonnderheit von den verordneten Der Ritterschafft des abreisens halben Irer Heuser, gesagt, Das meniglichen wissen, Das sy Die vonn der Ritterschafft, mit den von der Landtschafft, numals bey Dreyen Jarn In allenn Iren mengeln vnd geprechen in Hanndlung geweßen, vnnd bey Inen gestannden weren, vnd noch Inen Irer geprechen halben außtrag helffen zuerlangen, hetten sich auch Allweg erpotten, vnd weren Das noch vrbittig, Ir Leib, Leben, Ehr vnd gutter zu Inen zusetzen,

bey Inen zu Lassen, NachDem die sich erkennten, Das sie nicht
wenniger Dann sy die von stetten, vnnd Der Lanndtschafft zum
Stifft gehörtten, Das den[n] von den Stetten, vnnd der Lanndtschafft zu freundtlichem Danck von Ihnen were angenomen
worden, Dagegen von den Stetten vnnd Der Lanndtschafft gegen
Inen auch ersuchen geschehen, widerumb Leib, Ehr vnd guther
zu Inen zusetzen, des vnnd keins andern Sy die von der Ritterschafft sich vertrösten, vnd möchten Leyden, vf das frid, Recht
vnnd Einigkeit dester Stattlicher Erhalten. Vnnd Iren halben
aller guter will gespurt wurdt, Das man von einem vertrag redet,
vnd auch den auffrichtet wie Jeder theil gegen dem Andern
stehen solt, welcher Daruber es were einer vom Adel, Purger
oder Pauwer, Jemandts weitter wider Recht vnd die Pillichkeit
beschediget, beuhedeth, oder beschweret, Das Derselbig von den
andern Stenden nit geschutzt oder geschyrmet, sonnder one Mittel
nach seinem Leib, Haab vnnd Guttern getracht, Damit der zu
gnugsamer straff Char vnnd abtrag gepracht wurd.

Darumb vnnd auch Dieweil meniglich wissend vnd Land-
kundig were, wie getrewlich Sie die von Der Ritterschafft vormals
Ir Leib, Haab vnd Gutter, gegen des Stiffts widerwertigen
feinden vnnd beschedigern Dargestreckt, vnd den Stifft dermassen
mit hilff des Allmechtigen erhalten hetten, weren sie der tröst-
lichen Zuuersicht, sie die von der Landtschafft wurden sie mit
Iren Leib, Haab vnd guttern Dermassen vnuerschuldt vnd vn-
uerdient von Inen nit Dringen noch verJagen, in ansehung Das
sie noch vrpittig wern, wie dann vor auch gemelt, Leib vnd
guth bey gemeiner Landtschafft zu lassen, vnnd insunderheit In
allen noth sachen, Ire Heuser In nötten den Anstossenden Nacht-
paurn, Des stiffts vnderthanen vnd verwanndten Darein zufliehen,
In zuuergunnen, vnd ob Inen als Frumen vom Adel, Alles Ires
vermugens getrewlich zuhalten.

Vnnd Dieweil die sachen allenthalben wie vor auch gemelt
vertragen, vnnd zu Außtrag verfast, vnnd von allertheil wegen,
sollicher bericht vnd verfassung angenumen, vnnd zuhalten zugesagt vnnd globt worden, auch Meniglich west vnnd sehe, wie
Embsiglich die verordenten Zusetz der sachen oblegen, vnnd der
vffs erst als muglich entschafft zumachen begerten, so were Der
verordneten Aus der Ritterschafft auch Der von Stetten vnnd Der
Lanndtschafft Guttlich vnnd freundtlich gesynnen vnd bitt, Das
ein Jeder solchen vertrag vnnd Außtrag nochmals zuhalten, Dem
getrewlich nachzukumen, Sich auch fridlich halten, vnd weitter
nit mehr zu aufrur vnd entpörung bewegen lassen wolt, Sunderlich
in bedacht, wie das zugesagt vnnd gelobt ist, Auch was wolfart
treflichen auffnemen, Nutz, Frid, vnd Einigkeit, on allen Zweiffel
ganntzer gemeiner Lanndtschafft daraus volgen werdt.

Welcher nun bey dem wort Gottes der verfassung In der
versicherung außgeruffen vnd Angeschlagen begriffen, vnd aller
Erbarer Handlung so in diser sachen von den Dreyen Stenden
gemeiner Lanndtschafft zu gut furgenumen, Vnd darbey bleiben
vnnd halten will, Der sol Dasselbig zusagen vnnd zuerkennen
geben, Damit man wiß, wes man sich zu einem Jeden versehen soll.

... Die obenangezaigte schrifft ward bey stattlicher Pottschafft gen Halstatt zu Derselben auffrurigen samlung geschickt.

Aus der „Beschreibung der geschicht, so sich in der
Paurn aufrur Ao 1525. Im stifft Bamberg zwischen der
oberkait vnd vnterthanen daselbst, Auch dem Schwebischen
Pundt zugetragen hat". Blatt 223—227.

VI. 1525 Sonntag Cantate (14. Mai).

Ausschreiben der Hallstädter.

Vnnser freuntlich dinst zuuor Ersamen vnd weysen gunstigen
herren vnd besondere gute freundth — wir fugen euch gutlich
wyssens Das sich ytzt etlich volck mit vnd pey vns, aus etlichen
beweglichenn vrsachenn, gehaufft, zusamen gethann vnd noch.
zu zeucht Ist derhalb an euch vnnser freuntlich pit vnd begere
In christlicher lieb, wo euch liebt, vns hilf vnd peistant zuthun
vnd euch nach aller noturft mit wagen, hauen vnd schaufell,
auch Speis vnd andernn so zu einem feltzyehen gehort, rusten
wie wir dan Jungst Im felde zusamen geschworen, wie starck ir
mugt, vns von stunden an zu ziehen vnd solchs euer Lanndt-
schaft vnnd nachtparn vnd verwanten vmb euch der maßen auch
zuwissen thun Das wollen wir vmb euch in der gleichen vnd
mererm beschulden, Auch pey euch erh, gut, leib vnd lebenn
lassen, mit amgeheffter pitt vmb schriftlich Antwort Actum vff
Sonntag Cantate Anno etc. Im 25. Jare.

Vnd euch das schreyben der Haubtleut von Bamberg nit ver-hindern lassen.	Hans Schultes vnd Jacob Wilhelm verordente Oberst Haubtleuth Auch Burgermeister Rate vnnd gemein zu Halstat.

Ausfertigung (nach Ebermannstadt).   Bbg. I. 8. II 10.

VII. Dienstag nach Cantate (16. Mai).

Fridrich Kreitner an Markgraf Casimir.

Gnediger furst vnnd herr Ich hab ewer fl gn nit eygent-
lichen wissen anzutreffen So wolt sich nit fugen im land hyn

unnd wider zu rythen Aber von Karlespurg uß gib ich E fl. gn. zu erkennen Das die leut zu Bamberg In der stat unnd Im Stifft sich mit allem erbieten unnd mer dann uberflussigem nachlassen gar nit haben wollen stillen lassen es sy dan das alle closter styfft vñd edelmans heuser abgethan unnd zerryssen syen. hatt dannach noch nyemant versteen machen ob sie daran genugig syen oder nit. Unnd sich offenlich vernemen lassen wo wir die geordnete zusetz etwas machen wurden das In nit glych wol gefiel das sie unns aben zu den fenstern herab werfen wolten. [Es langt auch an, wie das E. f. gn. etlich schryfft von den herrn von Sachsen zu geordnet unnd durch ein buwernleger zu halstat nach by Bamberg gelegen nyder gelegt sy mit den brieffen was sie aber Inhalten hab ich eygentlich noch wises nit erfaren megen dann das Ir fl gn. etlich Irer uffrurigen underthan treffenlich gestrafft hab[1])] Damit wolle der almechtig E. f. gn. seligklich pflegen. Datum etc.

E. f. gn.
diener
Fridrich Kreitner.

Eigenhändig.   A. S. T. I 235.

VIII. 1525 Mitwoch nach Cantate (17. Mai).

Burgermeister, Rat und Gemeinde der Stadt Cronach samt der Landtschaft im Amt daselbst — an Burgermeister, Rat und Gemeinde zu Teuschitz.

. . . „Wir haben vns semptlich entschlossen vnd beratschlagt, dieweil sich die Jungst auffrur als wir bericht der mererteil der Edelleut hewser halben bewegt, Das wir dieselben mit Iren leyben haben vnd gutern zu vns schriftlich fordern, vnd sie Erscheynen alßdan oder nit, Nichs desterweniger, damit das entport gesindt, nit hirauffer zyhe, plutuergissen vnd ander Nachteil zuuerkomen, wollen wir Inen Ire hewser, so laut Irem erpiten zu Bamberg gescheen hie oben vmb vnd bey vns selbst abrechen". . . . Das haben sie nach Hallstadt ins Lager geschrieben. Sie bitten, wenn sie dazu Hülfe und Beistand brauchen, sie damit nicht zuverlassen, und versprechen ihnen das gleiche. Sie raten ihnen, „solichs auch furnemt, Damit wir vns vnd andern frembden leuten vnd gesten derwegen nit weiter besorgen dorffen, Es wirt doch sunst von andern furgenomen, Das vns mocht zunachteil reichen".

Ausfertigung.   .Bbg. I. S. II 13.

---

[1]) Wol die erste Kunde von der Schlacht bei Frankenhausen am 15. Mai.

IX. 1525 Sontag Vocem Jocunditatis (21. Mai).

**Verordente Rathe beder Versamlung zu Heidingsfelt vnnd
wurtzburg — vnnsern Christlichen liben hern brudern vnd
Freunden, Burgermeister Rathe vnd gemeind der Stat
Bamberg vnd auch gantzer versamelter landschaft des
Furstenthumbs daselbst.** [1]

... Nach dem willen des Almechtigen haben wir vns nit
on mercklich ansehenliche vrsach, gegen dem Vnncristlichen vnd
vnnmenschlichen leben wesen vnnd sonderlichen den widerstrebenden des gotlichen worts Auch von wegen der hohen beschwerung Die Nun lange Jar here gemenem armen man, von
der geistligkeit vnd Iren anhang ye lenger ye vnguttigklicher
vnd heftiger gestalt vf den Rucken geladen, Abzuwenden, zusamen gethan" etc. Sie hätten nun auch ihre „bruderlich vnd
Christlich handlung neben vns bescheen gehort." Jetzt nun wäre
der Bund, wie sie gehört hätten, im Anzuge gegen sie, der Bund
gegen den „Ir vnnd wir vnns vnd vnnser leib hab guter, weib
vnd kinder Inn hohe vnngnad not vnnd Ferligkeit" gesetzt
hätten. Dieser wolle sie schlagen, und sich dann gegen die
Bamberger wenden. Deshalb bitten sie, sie möchten sich „mit
sterckster macht mit feld vnnd anderm geschutz wol gerust den
negsten gegen der Neustat an der Aysch vnd darnach vf ort
dahin wir euch ferner bescheiden werden, eilends zu zihen vnd
vnns zu widerstant des bunds euer bruderliche hilf leisten".

Ausfertigung.   Bbg. I. S. VII 17.

X. 1525 Montag nach Vocem Jocunditatis (22. Mai).

**Verordente Hauptleute und bevelhaber Itzo bey Bamberg
Im leger etc. an Bürgermeister und Rat zu Cronach.**

Auf das Anbringen der Cronacher Gesandten teilen sie ihnen
mit, daß das Schloß bei Cronach [der Rosenberg] bis auf weitern
Bescheid stehen bleiben soll, doch keiner vom Adel „darauff noch
darein", sie sollen das in Verwahrung nehmen. Wenn Georg von
Schaumberg [Hauptmann zu Cronach] sich bei ihnen in der Stadt
„erhalten woltte", so mögen sie ihn unter der Bedingung, daß
er wie ein anderer Bürgerspflichten thue, bleiben lassen. Die
Schlösser, die in des Stifts Bamberg „Oberkeit" und auf Bamberger
Grund und Boden liegen, sollen sie, „unangesehen der lehen weß
herrn die seyen" abbrechen und einreißen, auch, wo das ohne

---

[1] Vgl. dazu Fries I 258, 311/2, 404.

Schaden geht, ausbrennen. Wenn sie das thäten, so brauchten sie ihnen keine Leute zuzuschicken, ausgenommen die „geschickten vonn Rats wegen bei vnns zu behaltten". Wenn sie aber Leute bedürfen, so sollen sie etliche schicken, wie sie das für sich auch versprechen.

Ausfertigung (nach einer gleichzeitigen Notiz: von Seubolts Hand).

Bbg. I. S. IV 16.

XI. 1525 Dinstag nach Vocem Jocunditatis (23. Mai).

Verordente hauptleut vnd ausschuß der Stet vnd Landschaft des Bambergischen Stifts ytzo Im leger bey Bamberg — an die von Nürmberg.

Fursichtig hochachtpar, Erbern vnd weysen genstig lieb herrn, von E. F. W. ist vns ein cristenlich bruderlich, vnnd der gestalt ein schreyben zukomen, darauß wir anders nit versteen mogen, dann das Ir zu abstellung der erhoben auffrur, zwischen dem hochwirdigen fursten, vnserm gn. herrn von Bamberg, vnd vns, nit allein zu gutlicher handlung sonder furnemlich geneigt weret, den nachteyl zuuerkomen, den gar ein cleiner, vil ein grossern schaden, vnd nachteyl verursachen möcht. Söllichs E. W. schreyben haben wir nit mit geringer, sonder mit sollicher Innprunstiger lieb, vnd freud empfanngen Das wir zu got hoffen, darauß alles vnnsers anfangs, dester besser gluck, vnnd außgang zuerlangen.

Dann zuuorderst ist got vnuerporgen, auß was vrsachen wir vns empört, vnd dise kriegssachenn angefangen, nit zu nydertruckung vnsers gn. fursten, herrn vnnd oberkeit, vns von got dem almechtigen geordent, Sonnder zu abstellung der gantz manigfaltigen mißbreuch vnd beschwerung, vnß von den geistlichen vnd andern bißhere begegent,

Sind auch noch nit wider einen fursten vnd herrn zuhaben, vnd demselben gemeeß dem heyligen evangelio, auch sonsten zuraichen vnd zugeben das dem geburt,

Aber E. f. W. schreyben, Christlichem bruderlichem vnd freuntlichem begern nach gutlicher handlung zu wilfaren, konnen wir auß nachgemelten vrsachen wiewol wir sollichs vnsersteyls, vnd als vil vnser yetzo in disem leger versamelt sind zethun gewilt weren, nit zuschreyben,

Dann wir von den Stetten des loblichen Stifts Bamberg sind nit beyeinander noch gemechtigt, Sonder der merer teyl anheimsch, also das wir vns entlicher antwort nit entschliesen

mögen, Sonder gepurt vns, wes an vns gelangt, vnser mituer-
wandte zum furderlichsten zuuerstendigen, wie wir auch von
stundan thun wollen, des verhoffens Sie werden nit weniger
dann wir zum friden geneigt, vnd E. F. W. alls loblicher Cristen-
licher vnd berümbster reichs stat gutlicher vnderhandlung auch
nit wider sein dermas das das heylig ewangelium vnd wort gottes
vnsers seligmachers, nit allein mit vnsernn mundt, vnd worten,
Sonder auch durch sein gotliche kraft vnd wurckung In vnnsern
hertzen gegrundt vnd bekreffigt, vnd wir armen Cristenmenschen
bekert werden sollen

    So sind wir von der landschaft vnd pawrschaft des loblichen
Stifts Bamberg des entlichen entschlossen, kein Slos, noch sitz
darauß vnnsere voreltern, wir vnd die vnsern, Auch Ir vnd die
ewrn beschedigt worden sind, oder noch beschedigt werden
möchten steen zulassen, Sonder dieselben alle ab, vnd einzureyssen,
oder zuuerprennen vnd so das alles also beschehen, ist, vns nit
wider E. F. W. gutlicher vnnderhandlung zuuerfolgen dann wir
die von Stetten vnd der landschaft des Stifts Bamberg sind euch
zu bereyter dinst wilfarung alle zeyt gantz willig, wolten auch
E. F. W. sollichs auff derselben schreyben dinstlicher meinung
nit verhalten, wes vns auch von vnsern mituerwandten, den von
Stetten hier Inn In antwort begegent solle euch auch vnuerporgen
bleyben, datum auß dem leger bey Bamberg, am Dinstag nach
vocem Jocunditatis Anno 1525.

    Konzepte.   Bbg. I. S. I 42 und Bbg. I. S. VII 19.

XII. 1525. Mittwoch nach Vocem Jocunditatis (24. Mai).

Verhandlungen Weigands mit seinen Untertanen.

    Weigand hat am Nachmittage bei den verordenten Haupt-
leuten und etlichen von den Städten und der Landschaft nachfolgende Meinung angebracht:

    Als er vor einiger Zeit bei der Landschaft um Geleit ge-
beten, um mit ihnen zu verhandeln, habe er die Antwort erhalten:
er müsse sich noch ein wenig gedulden, da die Städte noch nicht
da wären.

    Dann sei ihm geschrieben worden, er solle eine Stunde
nennen, „dy sey gescheenn heut vmb syben hore“:

    Er sähe, was sie thäten, täglich und jeder Ehrliebende
stimmte wol mit ihm darin überein, daß, was sie täten, nicht
recht wäre. Er wüßte bis heute nicht, warum sie das täten.
Wenn er dazu Ursache gegeben hätte, so hätten sie es ihm nur
sagen sollen; er hätte sich gnädig darin gehalten, wie er das

Zeit seiner Regierung seinen Untertanen gegenüber immer getan habe. Wenn aber anderer wegen die Sache angefangen wäre, so hätten sie es ihm ebenfalls nur sagen sollen.

Nun habe er darüber nachgedacht, ob sie vielleicht an ihm persönlich ein Mißfallen hätten; dann hätte er andere Wege gesucht, damit solche Handlung „verkomen werden mocht", selbst wenn er vom Regiment hätte abtreten müssen, er hätte es getan. Ja er würde es noch tun, wenn er der Empörung damit noch „furkomen" könnte, und „den, so einen anndern fursten zuwelen haben, heymstellen".

So bäte er, den Sachen nachzudenken, wie Friede hergestellt werden könne. Er werde gerne dazu helfen, so viel ihm möglich und „leydlich" sei, damit das Land nicht mehr verwüstet werde, auch gerne mit ihnen deswegen in Unterhandlung treten.

Nach einigem Bedacht antworten darauf die Städte und die von der Landschaft:

Sie geben an, daß dasjenige, was bisher gegen die Schlösser vorgenommen sei, nicht „seinen gnaden zuwider" geschehen wäre. Sie hätten auch „seiner f gnaden Regirung halb kein manngel gehabt, auch noch nit". Daß sie so vorgegangen, hätte andere, große Ursachen, die sie ihm mit der Zeit anzeigen würden.

Sie wollten ihm auch nicht verhalten, daß sie jetzt vom Haufen eine Botschaft gehabt, gegen die andern Schlösser auch „furzufaren" und nicht stillzustehn, und sie seien der Hoffnung, es soll „seinen gnaden vnnd Inen allen zu gutten reychen".

Aber daneben hätten sie auch Bedacht, ihn soviel wie möglich zu verschonen, und haben von Altenburg und Rosenberg gehandelt, der Meinung, wo die zwei Schlösser mit denen von Städten und der Landschaft besetzt würden, „diser zeit damit Ruehen, vnnd dauon hanndeln lassen, ob dy solttenn steeñ bleyben oder abgethan werden." Da sie noch gegen einzelne Schlösser handeln wollten, bäten sie, ihneñ etliches Geschütz von Altenburg zu leihen.

Wenn Weigand ihnen die Besetzung der beiden Schlösser zugeständе und ihnen Geschütz liehe, dann wollten sie in die gütliche Handlung der von Nürnberg willigen,

Daneben sich auch mit ihm unterreden, wie ein beständiger Friede und Aufrichtung eines guten Regiments gemacht werden könne; ihretwegen sollte dabei kein Mangel sein.

Sie bitten Weigand schließlich, er wolle das bedenken und seinen Räten mitteilen.

Antwort Weigands:

6 Punkte seien ihm in ihrer Antwort als wesentlich erschienen:

1. Daß das Einbrechen der Schlösser nicht ihm zuwider geschehen sei. Das „konnt sein gnad nit bedenncken", es müßten ihm andere Ursachen angezeigt werden.

2. Daß sie seiner Person wegen kein Mißfallen hätten — was ihn freue.

3. Besetzung der Schlösser Altenburg und Rosenberg. „Soltt der ausschus seinenn gnaden genntzlich glawben souil seinen gnaden ymmer moglich Das es sein gnade gerenn thun weltt, Aber des hett sein gnade Ein beschwerd dann Alttenpurg were Eins Bischoffs Residentz der sich da enntthaltten soll, darumb bettenn sein gnad dauon abzusteen."

Daß das Schloß Cronach mit „ettlichen aus der Statt" besetzt sei, möge er wohl leiden, „doch das es dermas besetzt wurd mit leutten dy be[?] sind geschee".

4. Des Geschützes wegen. Ihnen solches zu leihen, müsse er abschlagen, da sie es wie gegen ihn so gegen andere umliegende Fürsten gebrauchen könnten und es ihnen allen wie ihm dann „gegen key. Maj. vnnd andern" zum Schaden gereichen würde. Daß es zum Nutzen des Landes gebraucht werde, das wäre auch ganz seine Meinung.

5. Die Unterhandlung der von Nürnberg sehe er gerne; er habe ihnen auch zugeschrieben. Wenn sie zustande käme, dann würden sie seinen geneigten Willen wohl sehen.

6. Vom Regiment und Frieden werde er auch gern mit ihnen handeln.

Wenn sie aber bitten, Weigand solle ihnen in der Sache „gerattenn sein", so müsse er erwidern: „wo sy im annfang der sachen bey seinen gnaden Ratt gesucht hettenn, wolt s. f. gnad vleys furgewenndt haben, das dy hanndlung vnnderkomen blyben were;" er bäte sie noch einmal dringend, von ihrem tätlichen Vornehmen abzustehn und Wege einzuschlagen, die „leydlich, thunlich vnd treglich" wären.

Der Städte und Landschaft „annzeigen":

Die von der Landschaft hätten im Beschluß vernommen, daß er begehrt habe, auf Frieden zu denken. Sie hätten sich darauf besprochen und den Sachen also nachgedacht:

Zur Annahme des Friedens oder der Unterhandlung wäre notwendig, daß sie versichert seien, daß sie sich keines Überfalls besorgen dürften. Dazu wäre also Geschütz notwendig, das sie nicht gegen ihn noch die Landschaft oder sonstwen aus dem Stift gebrauchen wollten, das sie auch nicht mißbrauchen wollten, „dann sie dasselbig nit gar Sonnder alleyn zum theil begern, vnnd gepettenn Inen der bit nit abzuschlahenn, dann sie sein gnad fur Iren eynigen fursten vnnd herren erkennen."

.

Der Besetzung der Altenburg wegen machen sie den Vorschlag: er solle einige Leute von den Städten und der Landschaft in die Besatzung verordnen. Dann wäre ihm „nichts benommen, vnnd wurd desterpas bey den andern mogenn erlangt werden."

Das wären ihrer Meinung nach die zur weiteren Besprechung notwendigsten Punkte. Die Handlung zu fördern wäre ihr Wunsch an ihn.

Antwort Weigands:

Sie hätten die zwei Punkte wegen der Altenburg und des Geschützes halben wieder angeregt und ihm

ad 1 „vermercktt, das sie In sein gnade ein mißtrawen setzttenn, woltten sein gnade beuelhen, wie es vor auch beuolhen sey, gegen nymant vnuervrsacht furzunemen, vnnd sonnderlich dorfften sie kein mißtrawen Inn sein gnade noch die seinen setzen, Sonnderlich dieweyl dy guttlich vnnderhanndlung von seinen gnaden bewilligt sey."

ad 2 seiner Meinung nach brauchten sie kein großes Geschütz, weil die Häuser im Stift schon zum größten Teil abgebrochen seien. Er bäte darum, von diesem Begehr abzustehn.

Aber dazu erböte er sich, wenn sie zur „befrydung der Statt vnnd Ir" ein Feldgeschütz brauchten, so wolle er ihnen das gerne leihen. Doch dürfe es nicht gegen ihn gebraucht werden.

Verordente:

Die Hauptleute und der Ausschuß hätten ihn weiter gehört, und weil sie daraus vermerken, daß es ihm nicht gelegen sei, wollen sie das an die andern gelangen lassen.

Weigand bittet darauf, sein Anbringen dem Haufen „pas" zu erkennen zu geben. Ferner zeigt er ihnen an, wie er bedacht habe, „das aus dem furgeschlagenn mittel allerley nachteyls volgenn mocht der besatzung halb", er sey deshalb willens, „wo sy ye vermeintten das sie des Schlos halb vnsicher sein soltten, So wollt Ine s. f. gnade ein Versicherung gebenn, Inn der zeyt man zuhanndeln furnemen solt."

Der Schultheiß, der Hauptmann[1]) hat „geredt":

Die von den Städten und der Landschaft besorgten sich, es möchte ihnen ein „loß" gelegt werden, wie am Karfreitag.

„Zum anndern habenn sie gutt vrsachenn gehabt, der emporung halb, des Evangeliumbs halb"

und gebeten, er möge die Besatzung nicht abschlagen.

---

[1]) = Hans Schultes.

Darauf Weigand: wer ihnen angezeigt habe, daß er am Karfreitag oder sonst irgend etwas gegen sie habe vornehmen wollen, der habe unrecht gesagt, „werdt sich nit erfinden".

Er habe für seine Person auch das Evangelium zu predigen nicht verhindert, und gebeten, sie möchten ihn „enntschuldigt habenn vnnd bey anndern enttschuldigen".

Gleichzeitige Niederschrift.   Bbg. I. S. VII 21.

XIII. 1525. (25. Mai).

Bedenken der Untertanen auf Weigands Vorschlag.

Vff die hanndlung, die mein gnediger herr von Bamberg mit den hauptleuten vnnd außschuß der Stete vnnd lanndschafftenn gesternn gehapt hat, Solle beratschlagt werdenn, Ob besser sey, Das man den von Nurmberg, vff Ir Cristeñlich vnnd getreue er-Innderung, ermanung, vnnd ansuchenn, gutlicher vnterhandlung gestatte, vnnd mit meinem gnedigenn herrn von Bamberg etliche tage einen fridlichen anstande anneme, vnnd mitler zeit desselben anstands gegen dem Sloss Altenburg stillstee vnnd nichts furneme, Oder ob man solichs abschlaheñ solle

Auf dem allem Ist anfenngklich not zubedencken, dieweyl der mererteyle des Stiffts Bambergs Slosser vnd hewsser abgethan sind, wie man aller solicher sachenn halb einerliche bericht, vnnd bestenndigenn fride erlañgenn möchte, damit die Stete vnnd Lanndschafftenn, kunfftiges vberfalles, angriffs, pluetvergiesenns vnnd verderbenns mochtenn sicher sein, vnnd gemeyner Stete vnnd lanndschafftenn beswerdenn vnnd menngel vff Zimlich, leydlich mittel vnnd wege erledigt werdenn,

Nach dem dann einem yedem, der mit kriegenn beladenn ist, nichts nutzers, vnnd pessers ist, dann das dieselbenn vor allen dingenn das ennde des kriegs, was daraus guts zuhoffen oder schedlichs zu besorgenn stee, betrachten, Auch ob er ein soliche gute gerechte sache habe, Das Ime gegenn gott vnnd der welt nutzer sey, Sein sterben vnnd verderbenn darauff zusetzenn, Oder ein erliche bericht vnnd vertrage anzunemen

So mochte demnach besser sein denen von Nurmberg gütlicher vnnterhanndlung zu gestattenn, Dann sollt Inen dieselbe abgeschlagenn werdenn, So mochte man dafur achtenn wollenn, Die Stete vnnd lanndschafften hettenn so gar unpillich gehanndelt, Das sie darumb scheuhe trugenn, die sachenn zu verhore komen zulassenn, vnnd mochtenn sich darumb villeicht die von Nurmberg vnnd anndere dester ehe wider die Stete vnnd lanndschafftenn bewegenn lassen

Dieweyl sich dann zuuersehenn ist, Das die von Nurmberg
Ir vnnterhandlung, wo Inen das bewilligt wurde, Inn wenig
tagen furnemen, So konnt man den fridlichenn anstannde, darInn
von Altenburg aus vnnd sunst gegenn den Stetenn vnnd Lanndschafftenn vnnd hinwiderumb die Stet vnnd lanndschafften gegen
meinen gnedigenn herrn von Bamberg vnnd dem Sloss Altenburg
nichts In vngutem furnemenn vnnd handeln soltenn, dester
kurtzer machenn, damit sich nyemannds des verzugs beswerenn
bedörffe

Wurde dann den Steten vnnd lanndschaftenn durch der von
Nurenberg vnnterhanndlung begegnenn, das Inenn erlich, leydlich,
vnnd annemblich, So were die sache hingelegt vnnd vertragenn,
vnnd bedorfft sich nyemannds keines weyternn vberfalles, oder
angriffs besorgenn

Wurde aber die sache nit hingelegt vnnd vertragen, So
stunde die wie yetzo vnnd were damit nyemannd nichts gebenn
noch benomenn

Das alles wolle ein yeder Cristennlich bedencken, vnnd zu
hertzenn furenn, wie beswerlich das einem yedem sein wurde,
der diesem kriege anhanngenn, vnnd des keynn ende wissen,
darzu seines leybs, lebenns vnnd guts vnsicher sein, vnnd sein
weyb vnnd kynnde Im ellennde verlassenn solte.

Bamberger Landschaftsverhandlungen Nr. 3 ¹/₂ 161/2.

XIV. 1525 am heyl. Auffartstage (25. Mai).

**Protokoll der Beratungen der Städte und der Landschaft
über den Vorschlag Weigands.**

Der Stat Bamberg vnnd der andern des Bambergischen
Stieffts Stette ytzo Im leger bey Bamberg Antwort vf
meins gn. herrn von Bamberg bescheen furschlag vnnd
eins Erberen Rats zu Nurmberg schreiben.

Sie mögen Nürnbergs Unterhandlung in allen „furgefallen
Irrungen" wohl leiden. „Findt man dann auß sollicher vnterhandlung, das die noch steenden Slosser, im Stiefft Bamberg, gar,
aber zum theile sollen abgethan werden", so soll das geschehn.
Wenn aber aus der Unterhandlung folge, daß die noch stehenden
Schlösser „gar oder zum theile gemeiner Stette vnnd Lanntschaft
zu gut" sollen stehn bleiben, so soll das ebenfalls geschehn. Doch
sollen dieselben mit Leuten aus den Städten und der Landschaft und mit „keinem vom Adell" besetzt werden. Sie wollen
auch nicht anders, denn „ob einer erlichen bericht vnnd be-
stendigem vertrage Ere leibe vnnd gut lassen".

Act. im Lager etc.

„Die von der Lanndtschafft habenn sich der annttwort vff
meins gnedigen herrenn furhalltten vñd der vonn Nurmberg
schreybenn entschlossen,

Wo Ine das geschutz zum theyl aus alttenburg zugesteltt
Oder das altenburg von dreyen theylen als von meins gn.
herrn, den Stetten vnnd Lanndtschafft wegen besetzt wurde,

Auch das das Zuschreyben der gutlichen vnnderhandlung
mit wissen anzunemen nit allein Einem Ratt zu Nurmberg,
Sonnder Einem Ratt vnd gemeynd mitteinander zugeschryben
wurde

Alßdann wolten sie der gutlichen vñderhandlung von Rat
vnd gemeynd wegen zu Nuremberg mit wyssen gewartend sein
vnd das man sy dy copey solcher schrifft zuuor horen lassen solle
ehe man dy gen Nurmberg schicke".

„Meine herrn die gesannten vnnd gefolmechtigten vonn den
Stetten des Stieffts Bamberg sind" alle entschlossen, die gütliche
Unterhandlung der von Nürnberg „dem Ewangelion und der
pilligkeit gemeß" zuzulassen. Es ist der Städte „Gutbedünken",
solches morgen denen von der Landschaft „entlich" anzuzeigen,
weil der größere Teil von ihnen heute „dergleichen auch gewilligt, wolten sie dann morgen ye einen andern wege vnnd vn-
pillichen außzuge suchen, das muß man got beuelhen".

Wenn sie aber diesen Vorschlag annehmen wollen, soll alsdann beim Bischof um verbriefte und versiegelte Versicherung
gehandelt werden, wie sich ja der Bischof dazu in seiner Antwort
erboten hat.

                                „act. im Leger bei Bamberg."

Protokolle.   Bbg. I. S. VII 22 und
Bamberger Landschaftsverhandlungen Nr. 3¹/₂ 123/4.

XV. 1525 Freitag nach dem heilig. Auffartstag (26. Mai).

Friedlicher Anstand zwischen Weigand und seinen Untertanen.[1]

Wir Weygannd etc. . . . Als sich, durch etliche vnnsere
vnderthanenn vonn der Landtschafft zum andern mal auffrur vnd
emporung zugetragen, dergestalt, das sie sich zusamenn gehaufft
Rottirt vnnd etliche vonn vnnsernn Steten zu Inen pracht, neben
denen sie vns den meysten theil vnnsere Slos, Closter vnd heuser vff
dem landt, zerprochen vnd verprennt haben, Bekennen wir vnd

---

[1] Vgl. hierzu noch Bbg. I. S. VII 25: Beschluß der Gesannten und
Bevollmächtigten von den Städten des Stifts Bamberg am Freitag nach
Ascensio.

thun kunth offenlich fur vnns vnnd vnser nachkomen, das vff vnnsere
In aigner person bey Irem geordentenn ausschus gehabte handlung,
alle, solche vnnsere auffrurische vnderthan, vonn Irem furnemen
abgestandenn vnnd sich mit vnns in einen fridlichen anstandt
begebenn, vnd gutliche handlung fürzunemen gewilligt haben
Also das wir vnnd sie den Ersamen weysen vnnsern besondernn
liebenn Burgermeistern Rat vnnd gemeind der stat Nurmberg vff
derselben an vns auch an vnnser stat Bamberg, vnnd die vnsern
vonn vnnsern Steten vnnd Landtschafft Im leger bey vnser stat
Bamberg versamlet, bescheenn ersuchen begerenn vnnd bitt gutt-
licher vnuerpuntlicher handlung mit aller theil wissenn zuuerfolgen zugeschriebenn vnd darauff gepetenn haben zum furderlichstenn etlich aus Inen hiehere zuverordnenn vnnd dieselben
furzunemen Demnach gereden vnnd versprechenn wir fur vnns
vnnd vnsere nachkomen In crafft ditz briefs, solche itzige zum
andernn mal begebene auffrur, auch was sich darInn vnnd
darunther verlauffenn vnd begebenn hat, gegen den vnnsernn vnnd
allen den Jhenigen so der sachenn verdacht vnnd verwandt sind,
In gemeind vnd sonderheit Auch gegen Iren nachkomenn vnnd
erben gnediglich zubegebenn vnd nachzulassenn.   Solchs auch
gegen Inen allen gemeinlich vnd sonnderlich, derselben erben
vnd nachkomen In ewigen Zeitten nymermere, zuanden, zueffern,
noch zurechen, noch nymands vonn vnsernn wegen zuthun gestatten, noch verhengen gethan werden In kein weyß, vnd so
also durch die bewilligten vnderhandler mittel vnd wege fundenn,
Das die sachen vertragen, vnd durch die vnnsern gegen vnns
vnd vnserm Stifft weyther nichts furgenomen vnd gehandelt
wirdet, So soll zwischen vns vnd Inenn ein ewiger frid vnnd
eynigkait sein vnnd pleibenn, vnnd von vns gegen Inen. oder
vonn Inen gegen vnns mit der that oder vngutem nichts furgenomen noch gehandelt werdenn, wie sie vnns dann Irenhalb
auch verbrieffte vnnd versigelte vrkhundt zugestelt habenn.
Demnach zu vrkundt vnnser Secret an diesen brief lassen hencken,
der gebenn ist In vnnser Stat Bamberg am ...

Konzept.   Bamberger Landschaftsverhandlungen
Nr. 3½, 132/3.

XVI. 1525 (26. Mai).[1])

**Burgermeister, Rat und Gemeinde der Stadt Bamberg, und
die verordenten Hauptleute, Räte und Befehlhaber desselben**

[1]) Die Abschrift Bbg. I. S. I 50 gibt das Datum: Freitag nach
Ascensio domini.

Stifts, Städte und der Landschaft im Lager bei Bamberg — an Bürgermeister, Rat und Gemeinde zu Nürnberg.

Definitive Antwort auf das Anerbieten Nürnbergs, zu vermitteln.

Nach Verhandlungen zwischen den einzelnen Städten und der Landschaft teilen sie den Nürnbergern mit, daß sie ihre „gutliche vnuerpuntliche handlung" gern annehmen. Sie bitten sie demnach, sich „Got zu lobe, Auch vnns vnd vnsernn nachkomen zu nutz, ere vnnd gute, mit der muhe vnnd arbeit zu beladenn, damit wir durch verleyhung götlicher gnadenn, von kriegswiderwertigkeit, hader. vnnd zannck gewendet vnnd dem teuffel. der seinen pösen willen vnd vorhabenn durch etlich zuuerursachenn vnd zuuolpringen angefangenn vn̄d eingepflannzet hatt durch gutenn fride vnnd einigkeit begegnet werde." Sie bitten um möglichst baldige Entsendung von Abgeordneten.

Konzept.   Bbg. I. S. I 46.

XVII. 1525 Montag nach Exaudi (29. Mai).

Das Bamberger Lager an die Bauerschaft in Neustadt a. A.

Antwort auf die Bitte der Neustädter, ihnen Geschütz und Leute zuzuschicken.

„Vnnd woltten gantz gern vernemen, Das Ir widerumb In friden vnd aynigkeit on plütvergiesenn, vnnd Nachtheil anderer leut komet, In betrachtung, Das auffrur vnnd zwitracht, auch alle thetliche handlung wider die lieb des negsten, auch dem heiligen Euangelion vnd wort gotes wider vnnd entgegenn ist".

Darum hätten sie sich in einen friedlichen Anstand mit dem Bischof begeben „laut Inligends abtrucks".

Nach demselben dürften sie gegen andere umliegende Fürsten und deren Unterthanen nicht vorgehen. Deshalb müßten sie die Bitte der Neustädter abschlagen.

Und auch ohne dem hätten sie nicht soviel Geschütz und Wehre, daß sie davon fortgeben könnten. „Dan vnnser nottorft erfordert vnser sach noch teglich In gueter acht vnnd auffsehenn zuhabenn."

Sie bäten sie darum, von ihrem Vorhaben abzustehn, ihre Nächsten unbeschädigt zu lassen „und [zu] bedencken, ob Ir gleich ein Zeit lang euern willen gepraucht, was nachteylliges daraus eruolgen werde".

Konzept.   Bbg. I. S. IV 25.

XVIII. 1525 Heiliger Pfinsttag (4. Juni).[1]

Schreiben der verordneten Haubtleute etc nach Geysfelt, Lomdorf, Neyssa und Podelndorf.

Unser freuntschafft zuvor erbern guten freundt vnd pruder in cristo vnser aller bevelh vnd maynung ist daß ir zu retthunge des Wort Gotts vnd eurer aller ehre vnd gutt auch aid vnd gelub bedencken vnd den halben theill aus euer gemeind mitverwanten aus beweglichen hefftigen vrsachen von stundan es sey bi tag vnd nacht zu vns ins leger schicken vnd sie mit wegen schaufeln vnd hauen mit prophant speis vnd anderm so zu einem feldzug gehort versehen vnd ververtigen vnd pis zum austrag der sachen pey vns pleyben die gerechtigkeit helffen steuern vnd hanthaben auch ein Ider In eigner person selbs erscheynen oder wo einer ye vnvermuglich wäre ein redlichen personlichen man an seiner statt schicken vnd auch die von Bamberg nach nymants mit nichten lassen abwentig machen wollen vns also zugescheen zw euch verlassen datum eylens am heyligen Pfingstag anno 1525 Jare.

Verordent haubtleut
bevelhaber und die
Versamlung der
gantzen landschafft
ytz im leger zw Halstatt.

Ausfertigung.   Urkunden, Bauernaufruhr betr. II, 1.

XIX. (Mitwoch nach dem heiligen Pfingsttag [7. Juni]).

Vrsach, warumb die noch steenden Slosser mit denen vom Adel nit sollen besetzt werden.

Furnemlich, sey die Slosser vngezweiffelt auß schickung des Almechtigen zerprochen worden, Solten nu, die nachsteenden Slosser, mit den vom Adel besetzt werden, So wer zubesorgen auch nichts gewisers, dann das sich dieselben vom Adel, auß sulchen beuestigten heusern Ires empfangen schadens wolten ergotzen vnd Rachsal gegen den Armen suchen vnd furnemen.

Zum andern Betrachten die von der Landtschaft wie hoch mancher piderman hieuor vor zerprechung der Schlosser auß denselben an leib vnd gut beschedigt worden, Das nu furhin noch mer zubesorgen were, wo Edelleut darInn wonnen solten,

Zum dritten, Das die vom Adel grosse beschwerliche verlegung vnd besoldung haben mussen Auch mit grossem vihzug

---

[1] Vgl. dazu Bbg. I. S. II 22: Schreiben des Hallstadter Lagers nach Ebermannstadt vom 6. Juni.

In die Jungen Schrot oder schleg treiben der armen leut wunn
vnd waid vnd sunsten das gehultz in ander weg verossen, das
Ires achtens dem fursten vnd der Landtschaft mer nachteilig
dann nutz ist.

Zum vierdten das der Schlösser zugehörungen vnterthan von
den vom Adel mit vbermessigen vnd vntreglichen fronen vnd
teglichen dinsten beladen das vngezweiuelt bey einem geringers
stands nit geschehe.

Zum funfftenn, Das die vom Adell mit vil vnpillichenn
straffen gegenn des Stieffts armen vnterthanen mit gevencknus
vnnd andernn freuelich vnd yezuzeittenn aus neitt, vmb gantz
geringe handlung hefftige straff furgenomen vnd so sie die vom
Adel gefangen gehabt auß neitt vnnd an verschuldt, sich hin-
wege gethann, vnd also des Stieffts arme vnterthanen gefangene
dester lenger ligen mussen

wurden aber andere pessere vnd nutzlichere weg furgehalten
dauon wolten sie auch reden lassen.

Bamberger Landschaftsverhandlungen Nr. 3¹/₂ 154.

XX. 1525 (Freitags nach Pentecoste [9. Juni]).

Erkenntnis der Nürnberger Unterhändler inbetreff der Besetzung der Schlösser.

Nachdem auf Veranlassung der Nürnberger Unterhändler
von den Städten und der ganzen Landschaft bewilligt ist, daß
alle noch stehenden Schlösser, Klöster, Häuser u. Kemnaten, die
dem Stift Bamberg zugehörig sind, stehen bleiben und nicht zer-
brochen werden sollen, . . .

„Aber souil besetzung der Sloss betrifft, Nachdem die von
den Stetten vnnd laādtschafft für beschwerlich Achten, Das Sloß
hinfuro mit denen vom Adel besetzt werdenn, Aus vrsachen, die
sie derhalb, den vntherhandlern zugestelt,¹) Aber dagegenn, vnser
gnediger herr bericht, Das die Slosser mit denen vom Adel besetzt
werden etc, Solchs alles habeā die vntherhandler Erwegen vnnd
Achtenn, aus guten treffenlichenn vrsachenn vnd bewegknussenn,
fur gut vnd nutz, Das hinfuro der hochwirdig furst vnnser
gnediger Herr von Bamberg Als lanndsfurst, die Sloss zum Stifft
geherig, mit fromen redlichen geschickten Ambtleuten, oder
pflegern besetzt, on vntherschied, Sie seyenn vom Adel Oder nit,
doch Das den selbenn So zu Ambtleuten angenomen werden, In
Ir amptspflicht eingebunden werde:

¹) Vgl. Nr. XIX.

Das sie des Stiffts verwandten oder vnthertanen, noch nyemandt anders Aus den Slossernn, So sie Innen habenn, keinerlei weiß beschedigen, das sie auch nyemandt, were der sey, Ire freund noch andere, So dem Stifft desselben vnthertanen, oder andern, Sie seyenn were sie wollenn, schedlich gewest, Oder sein mochten, kein offnung, durch oder vntherslaiff gebenn, die nit einlassen, halten, noch Inen hilff oder furschubt hun, In kein weiß, Sonnder das sie daraus des Stiffts vnnd desselbenn vnthertanen zu gut vnnd nyemant zu nachteil, handeln, schutzen, schirmen, Rettenn vnnd nacheylen sollenn, on alle geuerd. Es soll auch vnser gnediger herr von Bamberg mit denselben Ambtleuten Ernstlich verschaffen, vnnd darob halten, das die Ambtsverwandten durch sie die Ambtleut mit Newer fron, viehtrieb, noch andernn wider altherkomen nit beschwerdt werden wie sich dann sein fl. g. selbst gnediglich In dem vntherricht,[1] den vntherhandlern zugestelt, erpoten hat.

Protokoll.　　Bamberger Landschaftsverhandlungen
　　　　　　　Nr. 3¹/₂ 159—160.

XXI. 1525 Freitag 9. Juni.

Der Rat zu Nürnberg
an Martin Tucher und Bernhard Paumgärtner.

Ihr Brief an die „ellttern" ist eingetroffen, worin sie anzeigten, „wie verzugig sich die sachen eur vnderhandlung ereugen, was ir euch auch konfftigs vertrags halben bei den Irrigen partheien zuuor bei dem Bischoff zu fursehen habtt". Auch ihnen will die Sache etwas weitläuftig erscheinen, und sie glauben nicht, daß die Sachen zu schleunigem Austrag kommen werden. Denn ihres Erachtens hat der Bischof einen Trost, daß ihm in Kürze vom Bunde mit der Tat mehr und stattlichere Hülfe, denn durch einen endlichen Vertrag, kommen werde. Darum sehen sie, aus viel Ursachen, für das minder Beschwerliche an, wenn sie nunmehr einen glimpflichen Abschied nähmen. Wie aber dieser Abschied am füglichsten beschehen möge, dazu geben sie ihnen zu erkennen, daß ihr Abgesandter beim Bundesheere ihnen nach seiner Ankunft mitgeteilt hat, daß das Bundesheer von seinem Kriegsvolk vor Würzburg einen reisigen Zug sofort in das Stift Bamberg senden und die ungehorsame und „abfellige" Landschaft strafen wolle, ohne einen Vertrag anzusehen. Der Abschied möge also so gegeben werden: Sie, die Abgesandten

---

[1] Vgl. Nr. XII S. 246—247.

Nürnbergs wären nun schon 10 oder 12 Tage zu Bamberg und hätten sich redlich bemüht, diesen Aufruhr und diese Irrung zu vertragen oder zum wenigsten durch einen Kompromiß zu verfassen. Aber das Glück oder Unglück hätte das bisher verhindert. Sie sollen dann den Befehl Nürnbergs kundgeben, ihnen das Vorhaben des Bundes anzuzeigen, damit sie durch ihre Unterhandlung und den langen Verzug „In ainich wege nitt genachtheillt wurden". Sie wären auf Nürnbergs Befehl erbötig, fürderlich zu arbeiten, die irrigen Teile in einen endlichen Kompromiß zu verfassen, obwohl sie wüßten, daß ein solcher gegen den Bund unverfänglich sei. Jedoch würde Nürnberg es an alledem, was ersprießlich und zuträglich sei, „Nichzitt erwinden". Der Bischof wird nun allerdings, wie sie glauben, den Kompromiß im Vertrauen auf den Bund nicht annehmen.

„Yedoch ist daß vnnsern halben ain glimpff vnd mögen die gutten leutt sehen, das wir fur vnnß selbst gern das peste thetten." Sie sollen dann ihnen auf Nürnberg's Befehl raten, daß sie sich nun selbst auch zum Besten darein schicken und soviel möglich vor Schaden bewahren und, wenn der Bund komme, ihm entgegen schicken, ihre Not etc anzeigen, zugleich den Bischof bitten, beim Bunde ein gnädiger Förderer zu sein, der Unschuldigen zu verschonen. Wenn der Kompromiß nicht angenommen wird, so sollen sie Abschied anheims nehmen; sich als Kompromissarier zu verwenden, schiene ihnen zu weitläuftig und aus allerlei Ursachen beschwerlich, sie sollen auch ja ihren Diener nicht zum Bunde abfertigen, wie die Bamberger begehrt, und ihnen als Ursache anzeigen, daß das keinen Erfolg habe, wie die Würzburger Mission zeige, sondern auch Nürnberg noch „allerley Unlusts beim Bunde eintrage." „Waiß gott, die fromen leutt zw Bamberg wissen woll, daß Inen diese auffrurn nitt allein nitt gefallen, sonder gantz wider gewest sein, Aber wir wissen es fur vnnser person Ir nitt zu pessern, Achten dofür, daß der Bischoff Inen zu gutt hierInn der pest furderer sein mochtt."

Der Bund liegt vor Würzburg. In der Stadt liegen nach dem Berichte von Hans Hassler von gestern 8000 Bauern. Damit ist das ganze Frankenland wieder errettet.

Zettel: als sie eben den Brief abschicken wollten, kam ihnen nachm. [?] „eur anderwaitt schreiben mit anzaigg eurs gutbedunckens vnd ansuchens vmb verordnung ainer pottschafft neben den Bambergischen zw dem Pundtischen kriegshere" zu. Wenn sie das auch für unfruchtbar halten, so wollen sie doch zum Trost der Bamberger ihren Pfleger zu Schwarzenpruck, Heinrich Knöden abfertigen, der morgen nach Bamberg kommen und von dort mit den Bamberger Gesandten zum Bundesheer reiten soll, dort anzuzeigen die gütliche Unterhandlung und den bewilligten Anstand. Ihres Erachtens brauche das Heer nicht mehr in das Bamberger Stift zu ziehen, da alles beruhigt, das Lager zertrennt sei etc.

Kopie.   Kgl. Kreisarchiv zu Nürnberg.
             Nürnberger Ratsbriefbuch 102. 28—30.

XXII. 1525 Eritag 13. Juni.

Der Rat zu Nürnberg
an Martin Tucher, Bernhard Paumgärtner, Stephan Zollner.

Ihr Schreiben und Unterrichtung, auf ihr letztes Schreiben übersendet, und daneben des Bischofs, der von Bamberg und des verordneten Ausschusses Ansuchen „eur person halben" an sie gelangt, haben sie gelesen. Wie sie die Sachen jetzt bedenken müssen, so „kan" der Bischof von Bamberg „villeicht auch bei Ime bewegen, waß vortheilß Ime vnd seiner Landschafft, die straff gemeins pundß bringen vnd nitt zw einem kleinen verderben vnd schaden deß Stiffts raichen mag". Ihres Erachtens würde das Frankenland den Bundeszug in vielen Jahren nicht verwinden; denn der nehme alle Flecken nur auf Gnade und Ungnade an, mit denen wird dann ernstlich genug gehandelt. So hat Würzburg alle Waffen abliefern müssen, so hat sofort Georg Truchseß auf einem Zettel 65 Personen verzeichnet, unter denen einzelne gar nicht am Aufruhr teilgenommen haben, sondern blos deshalb, weil sie Anhänger des Evangeliums sind, aufgeschrieben wurden; diese sind dann im Beisein des Fürsten ohne Gnade enthauptet worden, bis zu 15 der reichsten Bürger wurden gefangen auf das Schloß geführt, die enthaupteten „vff die greden" gelegt und blieben dort 3 Tage liegen. In derselben Weise wird überall im Stift gehandelt. In stärkster Weise werden die Untertanen gebrandschatzt. Dem scheine also der Bischof von Bamberg entgehen zu wollen. Bei dieser Sachlage wünschen sie, da ja immer der Friede ihr Bestreben gewesen ist, daß ihre Gesandten zu Bamberg verharren, doch aber St. Zollner anheims fertigen, und allen Fleiß aufwenden, die Irrungen helfen zu vermitteln und zu vertragen, und dem Bischof als wie sich selbst, getreulich raten, daß er sich dieser Bundesstrafe nicht so hoch vertröste und darum auf allen Beschwerden mit dem Wildbret, kleinem Zehnten und anderm, woraus der Aufruhr entstanden ist, „beharrt". Denn es sei zu besorgen, daß „dieser ernst alle künfftige beschwerliche vnd auffrurige Zufell nitt gantz abschneiden werde"; es sei auch besser, beständiger und fürstlicher,

17*

mit Liebe als mit Furcht zu regieren. Sie sollen auch, weil es ein gut und christlich Werk ist, alles vornehmen, was den guten frommen Leuten zu Bamberg förderlich sein könne, und besonders die Unschuldigen „entschutten"; sie sollen dazu keinen Fleiß und keine Mühe sparen. Wenn der Bund herauf ins Bamberger Stift ziehe, wie es noch die Meinung sei, so werde die Förderung der Unschuldigen zu nicht geringem Teil bei dem Bischof und ihnen stehen. Dann werde man vielleicht die Sache gnädiger tragen. Aber die niederländischen Reiter verschonen niemand, nehmen jederman und lassen den Hauptmann „sehr zornig" sein; sie sind als Freunde schädlicher, denn die Feinde. Sie sollen in Bamberg anzeigen, daß sie sich Bescheid in Nürnberg geholt und diesen Befehl empfangen haben, alles zu tun was der Landschaft und dem Stift an allen Orten zu Förderung und zum Guten gereiche.

Kopie.   Kgl. Kreisarchiv zu Nürnberg.
                      Nürnberger Ratsbriefbuch 102. 39—41.

XXIII. 1525 Montag 19. Juni.

Der Rat zu Nürnberg an Christoph Creß (im Lager vor Bamberg).

Gestern ist ihnen glaublich angezeigt, daß auf Befehl der Bundeshauptleute 9 Bürger zu Bamberg, Hans Seiler, Erhard Starck etc. und andere angenommen und derselben Häuser Hof, Hab und Güter ihrer fünf, nämlich Dietrich Spetten, Georg v. Streitberg Dr., Michel Ott Zeugmeister, Peter Schern und Jorg Truchseß' Sekretär übergeben seien. Es wäre zwar sonst ihre Sache und ihr Wille nicht, Unschuldige zu verteidigen; aber es habe sie nichts höher beschwert, als daß der Bund so mit der Sache umgehe, und jene nach Gefallen, so wie es in der Türkei Gebrauch ist, Personen übergebe, sich daraus ihren Vorteil zu suchen. Denn das wüßten sie, daß unter diesen Personen mehrere sind, die absolut unschuldig sind, denen es sogar der Bischof zu verdanken hat, daß er nicht vertrieben und daß sein Schloß Altenburg und sein Hof nicht erobert wurden. Diese haben trotz aller Warnungen nicht fliehen wollen und sich auf ihre Unschuld verlassen. Nun sind eben die die reichsten und vermöglichsten Leute in Bamberg. Wenn sie schuldig seien, so solle doch ihre „Schatzung, Hab und Güter" nicht „Finanzern", sondern dem Bunde zu Gute kommen. Der Bund solle solche Nachrede nicht auf sich laden. „Neben dem Achten wir auch dafur, die Thumbherrn die itzo gar vnsinnig worden sein, werden nitt feiern." Wenn nun diese Personen alle ums Leben gebracht werden,

allein darum, weil sie vorlang dem Evangelio angehangen hätten,
so wäre das Nürnberg als Bundesglied sehr beschwerlich, zuvor
weil sie einer „schuldigen Handlung In dieser auffrurn nitt vber-
wunden sein." Creß soll diesen Leuten zu gut handeln, damit
nicht also geschwind mit ihnen umgegangen werde. Wenn er
das aber nicht verhindern könne, so solle er doch keines Falls
dabei sein, sondern eher fortreiten und sich nicht unschuldigs
Bluts teilhaftig machen.

Kopie.   Kgl. Kreisarchiv zu Nürnberg.
Nürnberger Ratsbriefbuch 102. 59—60.

XXIV. S. d. [1526].

Aussage des Ewald Seuferdorfer, Huter zu Bamberg.

In vergangnen Tagen ist ihm durch seine Hausfrau ein
Geleit von Weigand gegeben worden. Er sagt dafür Dank.
Dasselbe besagt, daß er am Dinstag nach Angnete (23. Jan.) zu
rechter Tagzeit vor Weigand oder dessen Räten erscheinen solle.
Das sei geschehen.

An dem genannten Tag sei er befragt worden um 2 Artikel.
Auf den ersten hin hätte er geantwortet so, daß es genügend
gewesen sei. Den 2. aber habe er nicht nach Notdurft beantwortet.
Er habe darum sein Gewissen seither erforscht und wolle nun
„Der warheit zu steuer" gründlichen Bericht davon geben. Er
bittet um geneigtes Gehör.

Auf den 1. Artikel, wie er zu der Hauptmannschaft gekommen
sei, habe er dahin geantwortet: der Rat und der Ausschuß, der
zu der Zeit bei dem Rat saß, habe ihn, wiewohl er „sy durch
gotteß willen bat vmb meyner vngeschickten vnd vnverstendigen
weiß willen solten mich des erlassen, (mein bit half mich nit,
donach gelt ich alß ein gehorsamer)" dazu genötigt „vnd eß
ist gescheen an dem tag, doe dy bauere auf den monchberk
zugen".[1]

Den anderen Artikel, wer ihnen befohlen habe, Briefe auszuschreiben, man solle die Schlösser zerbrechen, und diese mit
seinem Namen zu unterzeichnen, habe er seiner Zeit dahin beantwortet: er wisse nicht, „eß mochten brief außgangen sein an
mein wissen, wan ich bin am tag vil auf dem rathauß in der
stat gewest, aber das weiß ich, doe dy bauern von halstat auf
den monchberk zugen, doe wart karl schwertzer vnd ich noch der
bauern hauptleut geschickt, Daß sy solden auf das rathauß rab

---

[1] 17. Mai.

her komen, Das ist gescheenn. Doe sy kamen hieß man sy nyder
siczen in der rathstuben, Doe fraget sy der bürgermeister waß
sy dor mit gemeynden Das sy im landt solhen grossen schaden
vbden, eß wurt dem ganczen landt zu nachteil komen.“ Darauf
hat Hans Schulteß geantwortet: sie wollten nicht warten, bis
„ir ausgerat zu Bamberk, man schickt buchsen vnd bulfer hynauß
eß weiß nyemant vber wenn, vnd hanß sueß¹) ist hynauß kumen,
hat der gemeyn begert, Dorauß ist das gefolgt das sy zusamen
sein gelauffen vnd der hauff groß worden ist von dem sturmen
leuden vnd haben beratschlagt vnd beschlossen, das kein schloß
kein kloster im landt wollen lassen sten, vnd aldyweil daß nich
vollendt sey“, soll keine gütliche Handlung mehr angenommen
werden. Das sei im ganzen Haufen beschlossen worden. „Solten
wir harren biß der groß hauf auf dem francklandt kemen vnd
verderbten vnß mit den edelleuten, neyn, vnd ir von bamberk
schreibt auß in dy stedt vnd ampt, eß sol nyemant auf sein, eß
wert im denn geschriben von den dreien stenden (Steczen ab ich
radcz euch mit Dreuen) ir verhindert vnß daß volck daß es vnß
nicht zu zeucht, wert ir nicht zum creuz gefallen eß wer an
euch außgangen.“ Diese Worte habe Hans Schultes in offnem
Rat, vor dem Ausschuß gesagt, und Jakob Wilhelm habe dem
Hans Schultes zur Seite gesessen „daß eß beratschlagt vnd beschlossen sey, ee sy auf den monchberck getzogen sein“.

Die Unterschrift habe er damals darauf zurückgeführt: viel
ehrbare Jungfrauen und Frauen, denen die Bauern garnichts
gelassen hatten, seien gekommen und hätten gebeten, ihnen ihr
Gut z. T. wiederzugeben. Eine Schrift, die ihnen darauf zur
Präsentation im Bauernlager gegeben worden sei, hätte nichts
genützt: das hätte auch irgend wer anders schreiben können,
habe man gesagt. Das wäre der eine Grund zur Unterschrift
gewesen. Der andere sei der: Fuhrleute aus Hessen mit Gütern
hätten „paßbart“ aus dem Lager Bildhausen mit der Unterschrift
der Hauptleute gebracht, und um ebensolche Paßpart gebeten.
Als man sie an den Hof gewiesen, hätten sie gesagt: darauf gebe
niemand zur Zeit etwas.

Diesem Bericht habe er nun bisher noch einmal nachgedacht.
Dabei sei ihm eingefallen, er habe erstlich nicht daran dedacht:
„Eß ist eyner komen von dem hauffen erebach⁹) vor mittag inß
leger dy person het weiß an der sich nennet mülner seines dauf-
names hab ich vergeßen“, der habe ihnen angezeigt, wieviel
Schlösser sie verderbt hätten, und begehrt, „wie er vnd sein
hauf sich verner halden solt“. Darob habe er einen großen

---

¹) Aus Memmelsdorff. S. über ihn oben S. 214.
²) Im Ebermannstadter Tale.

Schrecken empfangen. „Doe antworden im die baueren haupleut,
eß wer yezunt esses zeit er solt mit in czu disch geen dornach
wolten sy im antwort geben Doe wir assen saget der mulner
wie sy im hauffen sich vneinden vnd ein yeclicher wolte machen
noch sein synn, etlicher wolt greufen weyter den waß bambergisch
wer, etlicher nicht." Darauf Hans Schultes: „es ist also on-
gefangen eß muß alzo hynaus geen eß soll einem geschee alß
dem anderen al dy weyl ein kroenest im landt stet so ist keinß
auf." Nach Tisch sei Schreiber dann aufs Rathaus gegangen und
habe es öffentlich in den Ratsstuben gesagt. Darauf der Bürgermeister: „eß sey im ein gedreuliches leidt wir konnens nicht weren,
hat doch der hans schultes im radt offentlich geredt es sey zu
halstatt beschlossen kein schloß noch kein claster im landt lasse
stann Auch ein weil kein gutliche hanlung nicht annemen.
Dorauf ich wider geantwortt, daß gott erbarme, daß ich mit dem
ampt beladen bin, vil liber wolt ich meiner filczhut warden wider
ich bey den erschrockelichen dingen sol o sein, vnd dy weil ich
in der stat waß, ist der obgemelt mülner abgefordiget worden
ich kan wol gedencken, daß zu der zeit mein nomen mit
den anderen nomen sey vnterschriben worden wye auf alle
poßbart."

Er berichtet weiter, wie ein Krämer von Hochstat, Wiselmann gen. zu ihm gekommen sei, als er allein war. Der habe
ihn gefragt, wie er sich mit seinen Verwandten in Hochstat
halten solle, und habe eine Schrift gezeigt. Er habe ihm darauf
gesagt, er solle warten, bis auch die anderen Hauptleute, die
jetzt Gemeinde hielten, zu ihm kämen, und ferner „eß haben
dy bauern ein boß spyl angefangen mit den schlossern vnd
wollen nicht auf hören, dy weil einß im landt stedt, hat er mir
darauf geantwortet dy hosteter haben keim nichß gethan wan
an eim ort ist ein witwe gesessen dy hat dy hat dy von hostet
gebeten", daß sie ihre Güter nach Hochstat führten, „aber wir
haben es nicht genommen", „ir eygen baueren wolden irß gut
nemen, dorüber bat sy dy von hostet sy wer sunst durum komen."
Darauf hat Schreiber ihm geantwortet: „eß wersen(?) eyner von
beyden vertragen daß gut czu nemen vnd das hauß zu prechen
vnd saget eß wurt warlich ein alter nemen." Indes kamen die
Hallstädter Hauptleute; diesen habe er das Begehr des Mannes
gesagt. Da antworteten beide, Hans Schultes und Jakob Wilhelm:
„ich west vor wol wie sy eß hylden vnd sagten Ir bamberger
walt stetz aussen vmbher geen wolt nicht recht dorann, wenß
der hauffen west, so beschyß euch der deufel ir solt wol ein
gelayt machen in dy stat, stetzen ab ich rath euch." Da mußte
er still schweigen. Wiselmann erhielt darauf ein Schreiben,
welchen Inhalts weiß er nicht, und mit ihm eine Menge Leute.

„E. f. g. sage ich daß fur war, ob wir schon mit der baueren
haupleut konten vber eyn komen sein, daß vil schades vnter-
wegen wer pliben, So waren andere dy vil hefftiger vnd höher
vuß zu redeten, daß wir irs gefalles haben müssen thun, wan
wir yne nicht noch hossen wolden So wolden sy dy haupleut
erstechen oder erschissen daß ist mir oft nohe gewest, also mein
leib leben gewagt vnd nichß darvonn gehabt."   Er bittet
schließlich um Gnade.

Bbg. I. S. IV 65.

Anhang I.

Verzeichnis der benutzten Archivalien und handschriftlichen Quellen.

Im Königl. Kreisarchiv zu Bamberg:

Receßbuch des Domkapitels d. a. 1519—1530 (cit. Domkapitelrecesse).

Bamberger Landschaftsverhandlungen Nr. $3^1/_2$ und ad Nr. $3^1/_2$.

Urkunden, den Bauernaufruhr betr. — 7 Fascikel.

Der Bauernkriegsakten Bamberger I. Serie — 8 Fascikel (B. I. S.).

Der Bauernkriegsakten Bamberger II. Serie — 13 Fascikel (B. II. S.).

Der Bauernkriegsakten Bayreuth - Culmbacher Serie — 6 Fascikel (B. C. S.).

Der Bauernkriegsakten Ansbacher Serie — 13 tomi (A. S. T.).

Acta, den Schwäbischen Bund betr., Bamberger Serie IX.

Im Königl. Kreisarchiv zu Nürnberg:

Nürnberger Ratsbriefbuch Nr. 101 und 102.

Beschreibung der geschicht, so sich In der Pauern aufrur A. 1525 Im stifft Bamberg zwischen der oberkeit vnd vntherthanen Daselbst, Auch dem Schwebischen Pundt zugetragen hat. = Manuskript 285 (cit. N. A.).

Im Archiv des Germanischen Museums
in Nürnberg:

Acta, betr. Bürgermeister und Rat der Stadt Bamberg.
Bauernkrieg im Fürstentum Bamberg 1525.

Im Stadtarchiv zu Augsburg:

Literalien 1524—1525.

Anhang II.

Zur Kritik der Quellen über den Bamberger Bauernkrieg.

Daß der von Georg Ernst Waldau 1790 heraus-
gegebene [1]) Anonymus, auf den sich die Darstellungen des
Bamberger Bauernkriegs auch dann stützten, wenn sie
daneben die Akten hatten benutzen können, nur mit großer
Vorsicht zu verwerten ist, habe ich bereits mehrfach hervorgehoben. Hier nur noch einige Worte über die Persönlichkeit des Verfassers.

Der Anonymus gibt selbst an (11, 99), daß er nur
„zum Theil mit und dabey gewesen" sei. Auf welche Zeit
sich diese Angabe bezieht, wird sich schwer feststellen
lassen, da der Anonymus, wie seine ganze Darstellung beweist, weder von den Einzelheiten der Handlung einen
klaren Eindruck, noch viel weniger aber von den Motiven
der führenden Personen eine bestimmte Vorstellung erhielt.
Die die ganze Bewegung einleitende Versammlung vom
10. April blieb ihm unbekannt. Infolgedessen ahnt er nichts
von den inneren Zusammenhängen der verschiedenen Ereignisse des 11. April.

---

[1]) Vgl. dazu Waldau 10 und Hellers Reformationsgeschichte 84
bis 85, Anmerkung 112. Von der dort erwähnten zweiten Handschrift
der Bamberger Bibliothek ist in B. I. S. IV 39 ein Fragment erhalten,
das bis zum zweiten Osterfeiertag reicht (17. April).

Am auffälligsten ist, daß er bei jeder Gelegenheit des Domkapitels gedenkt. Da er offensichtlich der Meinung ist, daß dessen Mitwirkung bei allen Regierungshandlungen Weigands nötig war, so erklärt er jedesmal, wenn eine solche vorliegt, daß das Kapitel sich daran beteiligt habe, auch wo das nachweislich nicht der Fall war. So behauptet er z. B., daß nicht nur Weigand, sondern auch das Kapitel die Verfassung vom 15. April angenommen hätten (32), „und wäre also den Untertanen garnicht vonnöten gewest, diese Empörung fürzunehmen, denn sie sonst Recht und Billigkeit wol [hätten] bekommen mögen". Man gewinnt den Eindruck, daß dem Verfasser die Tendenz der Bewegung vom 11. April völlig unklar geblieben ist.

Nach alledem geht man wohl nicht fehl, wenn man hinter dem Anonymus einen Beamten des Domkapitels vermutet, der sich an dem Aufruhr selbst in keiner Phase beteiligte und ohne inneres Interesse an den Fragen der Religion die ganze Bewegung, die er miterlebte, nur von dem beschränkten Horizont eines Beamten betrachtete, der in seiner Tätigkeit sich öfter mit Beschwerden der Untertanen abzugeben hat. —

Einen sehr viel höheren Standpunkt nimmt der Verfasser der von mir mit N. A. zitierten „Beschreibung der geschicht.. In der Pauern aufrur A. 1525" ein.[1]) Wie ein Vergleich mit den Akten ergibt, standen ihm die Archivalien zur Verfügung, die Weigand bei seinem Umzuge durch das Land nach dem Bauernkriege überall hatte

---

[1]) Die „Beschreibung" nimmt in dem Manuskriptband 285 des Königlichen Kreisarchivs in Nürnberg die Blätter 207—279 ein. Wie mir von Herrn Professor Chroust mitgeteilt wurde, hat die Gesellschaft für fränkische Geschichte ihre Herausgabe für das Jahr 1908 ins Auge gefaßt.

sammeln lassen, und ebenso wol die, die sich danach im Ratsarchive befanden.[1]) Ob er nun durch das Studium der Bewegung zum Anhänger Luthers ward, dessen Größe und Stärke er eben hierbei kennen lernte, ob ihn seine eigenen Beobachtungen während und nach dem Bauernkriege dazu bestimmten, oder ob er schon vorher Neigungen derart hatte, sicher ist, daß er ein Mann war, in dem sich mit feinem Unterscheidungsvermögen für die Geister, die die Tat Luthers entfesselt hatte, eine starke Dosis Sympathie für den Reformator verband. Seine „Beschreibung" beginnt er mit den Worten: Nachdem die Lehr Doctoris Lutheri sich Ettwas weyt außgebrayt, vnnd bey manchem Man grosser missuerstandt Dardurch Erwachsen, darauß auch bey vieln geuolget hatt, vngepurliche verhaltung mit Leib vnnd gut, verachtung aller schuldigen gehorsam vnnd guter Ordnungen, Als wider die Obrigkeit zureden, Zins abzubrechen, den Zehendt zuwaigern, Die Geistlichen zu verschmehen, vnnd sonnst mancherley mutwilliger vbungen, Darumb Dann der hochwurdig Fürst vnnd Herr, Herr Weiganndt Bischofe zu Bamberg, seiner Ritterschafft geschriben hat (folgt das Ausschreiben vom 5. April).

Es ist schwer zu sagen, wo der Verfasser nicht gut unterrichtet war. Die Akten, andere Quellen, — über die noch ein Wort zu sagen sein wird, — die innere Wahrscheinlichkeit, alles das stimmt so vortrefflich zu seiner Darstellung, daß man ihr den höchsten Grad von Zuverlässigkeit zubilligen muß. Man könnte auf die Vermutung kommen, der Verfasser sei ein Mitglied des Rates der

---

[1]) Dafür scheint mir die Tatsache zu sprechen, daß er mit den Strömungen im Rate gut Bescheid weiß. Vgl. dazu jedoch meine weiteren Bemerkungen oben im Text, aus denen erhellt, daß das nicht unbedingt notwendig war.

Stadt gewesen. Über die Vorgänge in demselben, z. B. am
13. April, weiß er immer trefflich Aufschluß zu geben. Wie
seine Ausführungen über die Beschuldigungen beweisen,
die nach dem Bauernkriege gegen den Rat erhoben wurden,
und die zu verschiedenen Zusammenstößen mit dem Bischof
führten, stand er auf der Seite des Angeschuldigten, den
er und zwar mit Recht zu verteidigen sucht. Da der
Bischof trotz der Nürnberger Vermittlung die Truppen des
Bundes ins Land berief, macht er ihm den schweren Vorwurf, sich „des Unfrieds unterfangen zu haben". Man
könnte weiter auf diesem Wege fortschreitend, den Verfasser
in Marx Halbritter suchen, der, wie wir wissen, des öfteren
die Aufgabe hatte, zwischen Fürst und Volk zu vermitteln,
und der, wenn er auch kein Vertrauensmann der beiden
Bürgermeister war, doch das Vertrauen weitester Kreise
augenscheinlich genoß. Mitten innestehend in den Ereignissen konnte er sich gewiß die besten Kenntnisse von
ihrem Gange wie von den Gesichtspunkten der Persönlich-
keiten verschaffen, die in ihm die Führung hatten. Ferner
konnte vielleicht niemand so gut die hochdramatische Szene
beschreiben, die sich am 21. Oktober (Samstag, dem Tag
Ursulae) zwischen Weigand und der Abordnung von Rat
und Gemeinde abspielte, als Halbritter, der als Sprecher
der Abordnung in beredten Worten für die Ehre seiner
Vaterstadt um die Tilgung d e s Passus in der Verschreibung
der Stadt an Weigand ersuchte, in dem Mit- und Nachwelt
die Selbstbezichtigung der Stadt erkennen mußte, zu dem
Aufruhr wesentlich beigetragen zu haben. Wer in Halbritter den Verfasser sehen wollte, hätte dann nur noch
festzustellen, ob er der Mann dazu war, die einleitenden
Worte zu schreiben, er hätte überhaupt über die Persönlichkeit, seine Stellung im Rate und unter den Erbaren, wie

über seine Erlebnisse nach dem Bauernkriege die genaue Kunde beizubringen, die uns noch fehlt. Doch, ich glaube, die Bemühungen in dieser Richtung wären unnütz. Nicht notwendigerweise braucht man trotz alledem, was ich anführte, den Verfasser unter den Mitgliedern des Rates zu suchen.[1]) Jene Äußerungen über den Rat, die Stadt, den Bischof können ebensogut als Äußerungen eines Mannes aufgefaßt werden, der sein Vaterland liebt und darum voll Bitterkeit über den Schaden, der diesem so oder so erwuchs, Worte des Unmuts gegen die gebrauchte, die ihn heraufführen halfen. Vom Bambergischen Patriotismus aber darf man in Erinnerung an die große Zeit eines Georg von Limburg wohl sprechen (vielleicht wäre auch die eines Heinrich Groß von Trockau 1487—1501 hier zu erwähnen). Der Kreis der Leute, die als Verfasser unserer „Beschreibung" in Betracht kämen, erweitert sich also damit. Aber wie ich gleich hinzusetzen möchte, ich meine: nicht hoffnungslos.

Wer der Bambergischen Geschichte gedenkt, gedenkt mit Vorliebe der ausgebreiteten Familie der Kammermeister, deren bedeutendsten Sproß ich, wenn ich nicht irre, als Mitglied des achtzehner Ausschusses zu erwähnen hatte. Ich habe keine bestimmten Anhaltspunkte dafür, die „Beschreibung" mit dieser Familie in Zusammenhang zu bringen. Doch will ich kurz anführen, woher mir der Gedanke kam. Zuerst etwas Äußerliches: ein Hieronymus Kammer-

---

[1]) Dagegen spricht vielleicht die Tatsache, daß der Verfasser von der Plünderung der Burg am 13. April nichts berichtet, wo doch ein Hans Sayler mäßigend oder hemmend einzugreifen suchte. Oder hielt ihn die Scham zurück davon zu schreiben? Überhaupt geht er merkwürdig rasch von der Verhandlung des Bischofs mit seinen Untertanen am 13. April auf den Frieden über, der am 15. April geschlossen wurde.

meister war in diesen Jahren Kanzler des Bischofs, also
einer oder der höchste Beamte desselben. Ein anderes
Mitglied der Familie, der Vater von Joachim, Johann
Kammermeister war Mitglied des Rates der Stadt Bamberg
(als solches 1527 †). Wir sehen also 1525 drei Angehörige
dieser Familie in Stellungen, in denen sie über alles sich
ausgezeichnet unterrichten konnten. Ein Weiteres betrifft
ihre geistige Disposition zu einer solchen „Beschreibung"
des Bauernkrieges. Joachim Camerarius verließ 1526
Bamberg, um fortan sein Leben fern von der Heimat zu
verbringen. Man darf vermuten, daß ihm, dem Freunde
Melanchthons, die Luft im Bistum zu drückend ward.
Hieronymus Kammermeister, wol sein Bruder,[1] bat 1527
um seine Entlassung aus dem Dienste des Bischofs, angeblich
seines geringen Gehaltes wegen. Das Domkapitel „benutzte
die Gelegenheit, ihm seine evangelische Überzeugung auf-
zurücken".[2] Er soll im Verdacht gestanden haben, an dem
Aufruhr des Jahres 1525 nicht unbeteiligt gewesen zu
sein.[3] Der Vater Joachims kommt wegen seines baldigen
Todes nicht in Betracht. Ist nach diesen Notizen nicht
zu bezweifeln, daß eine Hinneigung zur Lehre Luthers
nicht nur bei Joachim vorhanden war, so darf man nach
der Vergangenheit der Familie auch daran keinen Zweifel
hegen, daß die Kammermeister auch trotz aller Erfahrungen in
der Heimat eine lebhafte Liebe zu dieser nie verließ. Wenn man
Worte liest, wie die:[4] „Nutzlich wer den von Bamberg
so sie frum Leut hetten, Die Erbarkeit liebten, vnnd Den

---

[1] Nach Kolde in Herzogs Realenzyklopädie, 3. Aufl., Band III, 688.
Vgl. auch J. Camerarii de vita Melanchthonis narratio (rec. G. Th. Strobel,
Halle 1777) 215.
[2] Erhard, Reformation 59, Anm. 1.
[3] Erhard a. a. O. oben.
[4] Blatt 258—259.

von Bamberg guts gunthen, Das sie dieselben fleißig In Ehren
Hielten, vnd so der einer oder mer ettwas guts vbten, Das
soliches Dannckparlich gegen Inen erkenndt wurd, Denn
vndannckparkeit vmb empfanngene gutthatt zegeben, ist
ein Zusammenruffung kunfftiger vngluck, Darumb Bamberg
schaw in spiegel Der Ehrlichen Nutzbarkeit," meint man
einen Mann zu hören, der nur mit bitterm Weh im Herzen
seines geliebten Vaterlandes gedenken kann.

Leider ist mir nicht möglich, die Vermutung, die sich
nach dem Angeführten wohl aufstellen läßt, daß wir nämlich
in Hieronymus Kammermeister den Verfasser der „Beschreibung" vor uns haben, noch weiter etwa durch eine
Reihe von Daten aus seinem Leben zu erhärten. Daß
er in den dreißiger Jahren wegen seiner Hinneigung zu
Luther in Bamberg verfolgt ward,[1]) ist das einzige, was ich
aus der Literatur über ihn noch beibringen kann, für die
vorliegende Frage immerhin nicht ohne Bedeutung.

Für die Zeit der Abfassung ergibt sich aus der „Beschreibung" auch nicht der geringste Anhaltspunkt.[2]) Daß
sie nicht allzu lange nach dem Bauernkriege geschrieben
ist, scheint mir sicher.[3]) Die Tatsache von Nachträgen
am Rande bei der Verschreibung der Stadt Bamberg (Blatt 271
bis 277) spricht noch deutlicher als alles andere dafür, daß
dem Verfasser die Akten bei der Abfassung vorlagen.

---

[1]) Kolde a. a. O. Vgl. auch Melanchthons vita a. a. O.

[2]) Mit der Angabe (Blatt 220'), daß Markgraf Friedrich der Jüngere
von Brandenburg „damals" Dompropst von Würzburg war, läßt sich
nichts anfangen, da er diese Würde bis zu seinem Tod im Jahre 1535
beibehielt, ebenso wol auch nichts mit der (Blatt 211, oben S. 185 Anm. 1),
daß Hier. K. „damals" Kanzler in Bamberg war, da er einige Tage darauf
nicht mehr als solcher erscheint.

[3]) Inbetr. der Hand glaube ich, daß sie die eines Schreibers, nicht
die des Verfassers selber ist. Vielleicht weist die Notiz zu dem Namen
Cargas von Rosna (Blatt 212'): schau, ob es nit Eucarius von Aufses gewest
daraufhin, obwohl sie von derselben Hand zu stammen scheint.

Mit diesen Bemerkungen nehme ich Abschied von
dieser schönen Quelle über den Bamberger Bauernkrieg,
die, wie ich übrigens noch anfügen will, außerordentlich
sorgsam gefaßt ist. Vielleicht gelingt es der nachfolgenden
Forschung, die Frage nach dem Verfasser zu glücklicher
Lösung zu bringen.[1]) —

Mit der „Beschreibung" läßt sich keine der weiter
uns vorliegenden Quellen über den Bauernkrieg vergleichen,
wenn sie auch an einzelnen Punkten natürlich noch einige
Ergänzungen bringen.

Die „Kriegsbefestigung" Hans Saylers, von mir
H. S. zitiert, ist nur eine Verteidigungsschrift, die als solche
weder den Anspruch macht noch auch machen kann, die
ganze Bewegung gleichmäßig ausführlich darzustellen. Die
Angaben, die wir in ihr finden, stimmen mit denen der
Akten und der sonstigen Quellen überein; Hans Sayler
brauchte eben nicht zur Verdrehung von Tatsachen zu
greifen, um seine Sache als gerechte zu erweisen. Wir
dürfen daher die Kriegsbefestigung auch da benutzen, wo
alles andere Material schweigt.

---

[1]) Vielleicht führt die Forschung die Untersuchung der Frage
weiter, ob die mit der Beschreibung in einem alten Lederband ver-
einigte, ihr vorangehende „Historia von Der Zwitracht vnnd Vneinigkeyt
so sich zwischen Dem ... Herrn Friederichen Bischouen zu Bamberg,
Auch einem Ehrwurdigen Capitel vnnd dann einem Erbarn Rath Da-
selbsten Balde nach der Hussen Rais zugetragen vnnd begeben hat, den
Baw der Gräben vnnd Thurnen, Auch den Gerichtzwang der Muntheten
belanngende" zu ihr eine gewisse nicht nur lokale Beziehung hat. Die
Historia scheint mir von derselben Hand geschrieben, nur daß der
ductus hier sehr viel flüchtiger ist. Leider war mir die Veröffent-
lichung der Gesellschaft für fränkische Geschichte über den Bamberger
Immunitätenstreit, die wohl auch diese Historia enthält, nicht zugänglich.
— Noch möchte ich auf das gewiß seltene Wort „Char" aufmerksam
machen („zu genugsamer straff, Char vnnd abtrag gepracht"), das wir
auf Blatt 226' (s. S. 241) finden, und das einen Anhaltspunkt abgeben könnte.

Der Bericht der Äbtissin von St. Klara in Bamberg an einen Geistlichen, der in Koldes Beiträgen zur Bayrischen Kirchengeschichte Band I 180—189 abgedruckt ist, schildert die Ereignisse, wie sie hinter den Mauern des Klosters erschienen, und ihre Folgeerscheinungen in denselben. Da das Klarakloster im Zinkenwörth lag, kann dieser Bericht uns natürlich manche Einzelheit von Interesse bringen. Vor allem über die Behandlung der Klöster, die nicht von Anfang an dieselbe war, erfahren wir nirgendswoher sonst soviel Wissenswertes. Wo die Äbtissin aber über allgemeineres schreibt, ist ihr Bericht mit Vorsicht zu benutzen.

Schließlich befindet sich in B. II. S. VII noch eine Darstellung der Geschichte des Bauernkrieges, die, nach dem Schreiber zu schließen, dessen Hand ich in den Konzepten der Schreiben Weigands wiederzuerkennen glaube, aus der unmittelbaren Umgebung des Bischofs stammt. Über die Vorgänge am 11. April bringt sie einige Daten, die sich sonst nicht finden, die eben darauf schließen lassen. Von andern nicht überliefert ist, daß das Begehren der Volksmenge am 11. April, wie dem Bischof mitgeteilt wurde, sofort weniger die Rückberufung Schwanhausens als vielmehr die klare und lautere Predigt des Wortes Gottes und des heiligen Evangeliums gewesen sei. Im übrigen erschien mir diese Darstellung nicht weiter beachtenswert.

Verzeichnis der angeführten Literatur.

Altmann, A., Der Staat der Bischöfe von Bamberg (Protokolle der Generalversammlung des Gesamtvereins etc. Berlin 1906) 143, 144.

Anshelm, Valerius, Berner Chronik, Bd. VI (Bern 1833) 4.

Archiv für Kunde österreichischer Geschichtsquellen. Bd. VIII s. Höfler, Bd. LXXVII s. Loserth.

Artzt, Ulrich, s. Vogt, Wilhelm.

Barge, Hermann, Andreas Bodenstein von Karlstadt, Bd. II (Leipzig 1905) Zusatz zu S. 140.

Bauer, Wilhelm, Die Anfänge Ferdinands I. (Wien und Leipzig 1907) Nachtrag zu S. 34 und 41.

Baumann, Franz Ludwig, Akten zur Geschichte des deutschen Bauernkriegs aus Oberschwaben (Freiburg i. Br. 1877) 3, 4, 5, 10, 12, 15, 20, 33, 37, 40, 45, 49, 50, 51, 52, 53, 54, 55, 56, 57, 58, 65, 70, 72, 106, 210.

—, Quellen zur Geschichte des Bauernkrieges in Oberschwaben (Tübingen 1876) (= Bibliothek des Literar. Vereins zu Stuttgart, Bd. 129) 6, 10, 59, 66, 69, 70, 79.

—, Quellen zur Geschichte des Bauernkrieges aus Rothenburg o. T. (Tübingen 1878) (= Bibliothek des Literar. Vereins zu Stuttgart, Bd. 139) Zusatz zu S. 140.

—, Die Eidgenossen und der deutsche Bauernkrieg (Sitzungsberichte der Kgl. Bayr. Akademie etc. München 1896 und 1899) 8, 20, 30.

—, Die oberschwäbischen Bauern im März 1525 und die 12 Artikel (Kempten 1871) 88, 107, 113.

Baumann, Franz Ludwig, Die 12 Artikel der oberschwäbischen Bauern 1525 (Kempten 1896) 59, 64, 65, 66, 71, 79, 86, 88, 90, 94, 102, 113, 118.

—, Geschichte des Allgäus, Bd. II (Kempten 1884) 104, Bd. III (Kempten 1895) 120.

— in der Oberrheinischen Zeitschrift N. F. Bd. III 118.

— in der Zeitschrift des Historischen Vereins für Schwaben und Neuburg Bd. IV (1878) 66.

Baumgarten, Hermann, Geschichte Karls V. 34.

Beger, Lina, Studien zur Geschichte des Bauernkrieges (Forschungen z. deutsch. Geschichte Bd. XXI [1881]) 31.

Bensen, H. W., Geschichte des Bauernkrieges in Ostfranken (Erlangen 1840) 49.

Bezold, F. von, Geschichte der deutschen Reformation (Berlin 1890) 20, 69, 78, 221, 226.

Bossert, G., Sebastian Lotzer und seine Schriften (Memmingen 1906) 87, 90.

Bucer, Martin s. Stern, Alfred.

Bullinger, H., Reformationsgeschichte (Frauenfeld 1838) 8.

Camerarii, J., De vita Melanchthonis narratio (rec. G. Th. Strobel, Halle 1777) 276, 277.

Caspar L., Stiftungsbuch v. St. Blasien, s. Mone, Quellensammlung.

Cornelius, C. A., Studien zur Geschichte des Bauernkrieges (Abhandlungen der Kgl. Bayr. Akademie etc. Bd. IX [1862]) 64, 88, 113.

Druffel, A. v., Die Bayrische Politik im Beginn der Reformationszeit (München 1885) 60.

— in den Göttingischen Gelehrten Anzeigen 1884 58; 1885 35, 38, 75, 78.

Egli, E., Aktensammlung zur Geschichte der Zürcher Reformation 1529—1533 (Zürich 1879) 8, 20, 100.

Elben, Arnold, Vorderösterreich und seine Schutzgebiete im Jahre 1524 (Stuttgart 1889) 3, 5, 9, 10, 12, 13, 17, 20, 22, 27, 34, 37, 38, 41, 43, 49, 50, 56, 69.

Erhard, Otto, Die Reformation der Kirche in Bamberg unter Bischof Weigand 1522—1556 (Erlangen 1898) 154, 155, 157, 158, 160, 161, 172, 194, 204, 205, 232, 276.

—, Johannes Schwanhausen, der Reformator Bambergs (in Koldes Beiträgen zur Bayrischen Kirchengeschichte Bd. III [Erlangen 1897]) 156.

Falckenheiner, W., Landgraf Philipp der Großmütige im Bauernkriege (Marburg 1887) Nachtrag zu S. 97.

Fellner, Robert, Die fränkische Ritterschaft 1495 — 1524. Hauptsächlich nach Quellen aus dem Hochstift Würzburg (Berlin 1905) (= 50. Heft der Historischen Studien, veröffentlicht von E. Ebering) 146, 147, 151.

Förstemann, Neues Urkundenbuch zur Reformationsgeschichte Bd. I (1842) 202.

Friedensburg, Walter, Der Reichstag zu Speyer 1526 (Berlin 1887) 46, 60.

Fries, Lorenz, Die Geschichte des Bauernkrieges in Ostfranken. Hrsg. von Aug. Schäffler und Theod. Henner. Bd. I (Würzburg 1883) 170, 174, 182, 202, 219, 220, 222, 244.

Furrer, Rudolf Collin, Ein Characterbild aus der Schweizerischen Reformationsgeschichte (Halle 1863) 7.

Georg, Truchseß zu Waldburg, Schreiber des, s. Baumann, Quellen aus Oberschwaben.

Gnodalius, Petrus, Rusticorum tumultuum in Germania etc. . . . Historia (bei Schardius redivivus vol. II, 1673) 46.

Götze, Alfred, Sebastian Lotzers Schriften (Leipzig 1903) 90.

— in Seeligers Historischer Vierteljahrschrift IV. Jahrgang 1901 88, 90, 102; V. Jahrgang 1902 88, 108; VII. Jahrgang 1904 108.

Gückel, Martin, Beiträge zur Geschichte der Stadt Forchheim im 16. Jahrhundert (Programm des kgl. Neuen Gymnasiums in Bamberg, Bamberg 1898) 161, 166.

Haggenmüller, Geschichte der Stadt etc. Kempten Bd. I (Kempten 1840) 66.

Harer, Peter, Beschreibung des Bauernkrieges (Halle 1881) 79.

Hartfelder, Karl, Akten zur Geschichte des Bauernkrieges in Süddeutschland (Oberrheinische Zeitschrift Bd. XXXIX [1885]) 44, 48, 52, 54, 57.

—, Zur Geschichte des Bauernkrieges in Südwestdeutschland (Stuttgart 1884) 3, 28, 51.

Haupt, Hermann, Die religiösen Sekten in Franken vor der Reformation (Würzburg 1882) 154.

Heerwagen, Heinr., Die Lage der Bauern zur Zeit des Bauernkrieges in den Taubergegenden. Dissertation Heidelberg (1899) Zusatz zu S. 140.

Heller, Joseph, Reformationsgeschichte des Bistums Bamberg (Bamberg 1825) 143, 156, 232, 271.

Herrmann, E., Johann Freiherr zu Schwarzenberg (Leipzig 1841) 23.

Heyd, L. F., Ulrich, Herzog zu Württemberg (Tübingen 1841) 26, 31.

Höfler, Constantin, Fränkische Studien (in Archiv für Kunde österreichischer Geschichtsquellen Bd. VIII [1852]) 179.

Hug, Heinrich, Villinger Chronik von 1495—1533 (Ausgabe von Christian Roder, Tübingen 1883 [= Bibl. des Literar. Vereins zu Stuttgart Bd. 164]) 4, 22.

Jäck, H. J., Bamberger Jahrbücher 1517—1522 143.

Jahresbericht, 38., des Historischen Vereins für Mittelfranken (1871—1872) 228.

Jörg, J. E., Deutschland in der Revolutionsperiode von 1522 bis 1526 (Freiburg 1851) 37, 39, 52, 87.

Kamann, Joh., Nürnberg im Bauernkrieg (Jahresbericht über die Kgl. Kreisrealschule zu Nürnberg 1877/78) 161, 165, 223.

Kaser, K., Politische und soziale Bewegungen im deutschen Bürgertum zu Beginn des 16. Jahrhunderts (Stuttgart 1899) Zusatz zu S. 140.

Keim, K. Th., Die Stellung der schwäbischen Kirche zur zwinglisch - lutherischen Spaltung (Theologische Jahrbücher, herausg. von Baur und Zeller, Bd. XIII [1854]) 69, 87.

Kessler, Johannes, Sabbata. Herausg. von Egli und Schoch (St. Gallen 1901) 10, 23, 89.

Kiener, Fritz, Zur Vorgeschichte des Bauernkrieges (Zeitschrift für Geschichte des Oberrheins, N. F., Bd. XIX [1904]) 9, 138.

Klüpfel, K., Urkunden zur Geschichte des Schwäbischen Bundes, Bd. II (Stuttgart 1853) 37, 38, 58.

Knapp, Theodor, Gesammelte Beiträge zur Rechts- und Wirtschaftsgeschichte vornehmlich des deutschen Bauernstandes (Tübingen 1902) 101.

Kolde, Theodor, Beiträge zur bayrischen Kirchengeschichte, Bd. I (Erlangen 1895) 184, 194, 198, 221, 279; Bd. III (Erlangen 1897) s. Erhard; Bd. VI (Erlangen 1900) 197.

— in Herzogs Realencyklopädie, 3. Aufl., Bd. III 276, 277.

Lehnert, Karl, Studien zur Geschichte der 12 Artikel vom Jahre 1525 (Hallenser Dissertation 1894) 95, 96.

Lenz, Max, Florian Geyer (Preußische Jahrbücher, Bd. LXXXIV [1896]) 80.

— in der Historischen Zeitschrift, N. F., Bd. XVI (1896) 226, Zusatz zu S. 140.

Lettsch, Andreas, Chronik, s. Mone, Quellensammlung.

Looshorn, Joseph, Geschichte des Bistums Bamberg, Bd. IV (Bamberg 1900) 97, 143, 147, 150, 155, 163, 164, 175, 176.

Loserth, J., Die Stadt Waldshut und die vorderösterreichische Regierung von 1523—1526 (Archiv für österreichische Geschichte, Bd. LXXVII [1891]) 13, 15, 17, 27, 58, 97, 98, 105, 116, 118.

Melanchthonbriefwechsel, Herauszugeben von Nik. Müller. Nachtrag zu S. 164.

Merx, Otto, Thomas Münzer und Heinrich Pfeiffer (1523—1525). (Göttingen 1889) 141; außerdem 181, 196, 211.

Mone, Quellensammlung zur Badischen Landesgeschichte (Karlsruhe 1854) 3, 10, 11.

Müller, Ludwig, Beiträge zur Geschichte des Bauernkrieges im Riess und seinen Umlanden (Zeitschrift des Historischen Vereins für Schwaben und Neuburg, Bd. XVI) 169.

Oberrheinische Zeitschrift, Bd. XXXIX, s. Hartfelder.

Pfeuffer, Benignus, Beiträge zu Bambergs topographischer und statistischer, sowohl älterer als neuerer Geschichte (Bamberg 1792) 143.

Planitz, Hans v. d., Berichte aus dem Reichsregiment in Nürnberg 1521—1523 (Leipzig 1898) 155.

Prössl, Joseph, Die Beschwerden der bischöflich-bambergischen Untertanen im Bauernkriege 1525 (Münchener Dissertation 1901) 143.

Ranke, Leopold von, Deutsche Geschichte im Zeitalter der Reformation. 7. Aufl. (Leipzig 1894) 232.

Riegel in den Schriften des Vereins für die Geschichte des Bodensees, Bd. VII 118.

Riezler, Sigismund, Geschichte Bayerns, Bd. IV (Gotha 1902) 58, 74.

Ropp, Goswin Freiherr v. d., Sozialpolitische Bewegungen im Bauernstande vor dem Bauernkriege (Marburg 1889) 13.

Roth, Friedrich, Die Einführung der Reformation in Nürnberg (Würzburg 1885) 210.

—, R., Beiträge zur Geschichte der Universität Tübingen. I. Aus dem Jahre 1519 (Tübingen 1867) 70.

Sander, Hermann, Vorarlberg zur Zeit des deutschen Bauernkrieges (Mitteilungen des Instituts für österreichische Geschichtsforschung. Ergänzungsband IV [1893]) 61.

Scheel, Willy, Johann Freiherr zu Schwarzenberg (Berlin 1905) 144, 146, 147, 148, 167, Nachtrag zu S. 23.

Schornbaum, Karl, Die Stellung des Markgrafen Casimir von Brandenburg (-Kulmbach) zur reformatorischen Bewegung 1524—1527 (Erlanger Dissertation 1900) 158, 159, 202.

Schreiber, Heinrich, Der deutsche Bauernkrieg. Gleichzeitige Urkunden (Neue Folge des Urkundenbuches der Stadt Freiburg i. B.) (Freiburg i. B. 1863 — 66) 3, 4, 6, 7, 10, 12, 16, 17, 18, 19, 20, 21, 27, 33, 35, 50, 53, 55, 64, 106.

—, Balthasar Hubmaier (Historisches Taschenbuch für Geschichte und Altertum in Süddeutschland [1840]) 26, 116.

Schubert, Michael Heinrich, Historischer Versuch über die geistliche und weltliche Staats- und Gerichtsverfassung des Hochstifts Bamberg. (Erlangen 1790) 143.

Städtechroniken, Deutsche, Bd. XXV (Augsburg V) 76.

Stälin, Chr. F. v., Wirtembergische Geschichte, Bd. III 51.

Stern, Alfred, Über die 12 Artikel der Bauern (Leipzig 1868) 5, 13, 46, 86, 91, 92, 94, 95, 96, 97, 99, 100, 118.

—, Die Streitfrage über den Ursprung des Artikelbriefes und der 12 Artikel der Bauern (Forschungen zur deutschen Geschichte XII. [1872]) 96. 101.

—, In den Göttingischen Gelehrten Anzeigen (Jahrg. 1871) 107.

Stolze, Wilhelm, Zur Vorgeschichte des Bauernkrieges (Schmollers Staats- und sozialwissenschaftliche Forschungen. Bd. XVIII, Heft 4 [Leipzig 1900]) 2, 146, 149.

—, Die 12 Artikel von 1525 und ihr Verfasser (Historische Zeitschrift, Bd. 91 [1903]) 35, 57, 69, 89, 90, 108, 117.

—, Zur Geschichte der 12 Artikel von 1525 (Historische Vierteljahrschrift 1905) 89, 108, 109, 114.

Strickler, J., Die eidgenössischen Abschiede aus dem Zeitraum von 1521—1528 (Brugg 1873) 8, 18.

—, Aktensammlung zur Schweizerischen Reformationsgeschichte I (Zürich 1878) 26, 34, 97, 106.

Strobel, Georg Theodor, siehe Nachträge zu S. 205.

Ströle, Das evangelische Element im deutschen Bauernkrieg (Deutsch-evangelische Blätter, XXV. Jahrg. [1900]) 80.

Vierteljahrschrift, Seeligers Historische, s. Götze und Stolze.

Vochezer, H., Geschichte des fürstlichen Hauses Waldburg in Schwaben II (Kempten 1900) 31, 34, 43, 48, 50, 54, 55, 57, 58, 70.

288   Verzeichnis der angeführten Literatur.

Vogt, Wilhelm, Die Correspondenz des schwäbischen Bundeshauptmanns Ulrich Artzt von Augsburg aus den Jahren
1524—1527 (Zeitschrift des Historischen Vereins für
Schwaben und Neuburg, Jahrg. VI, VII, IX [1879—1882])
34, 35, 37, 38, 39, 40, 51, 55, 56, 64, 66, 68, 70, 71,
72, 73, 74, 76, 79, 117, 202, 210, 227, 230.
—, Die bayrische Politik im Bauernkriege und der Kanzler
Leonhard von Eck, das Haupt des schwäbischen Bundes
(Nördlingen 1883) 40, 58, 64, 74, 78, 192, 202.

Walchner, K., Geschichte der Stadt Ratolphzell (Freiburg
1825) 15.
—, In den Schriften der Gesellschaft für Beförderung der
Geschichtskunde zu Freiburg i. B., Bd. I 118.
— und Bodent, Biographie des Truchsessen Georg III. von
Waldburg (Konstanz 1832) 27, 49, 51, 52, 54, 55, 117.
Waldau, Georg Ernst, Beytrag zur Geschichte des Bauern-
krieges in Franken, besonders im Bisthum Bamberg
(Nürnberg 1790) 182, 185, 186, 188, 193, 197, 200,
201, 202, 210, 211, 271—272.
Weller, E, Repertorium typographicum 102.
Wrede, A., in der Historischen Zeitschrift Bd. LXXX (1898) 102.

Zeitschrift, Historische, Bd. 91, siehe Stolze, Die 12 Artikel.
Zimmerische Chronik, ed. Barack. 2. Aufl., Bd. II (Tübingen
1882) 4.

Register.

*

**

Berichtigungen, Nachträge und Zusätze.

S. 13 Z. 1 v. o. statt beaesicht — beabsichtigt zu lesen.

Zu S. 23 Anm. 1 vgl. noch die Worte, die Schwarzenberg 1526 in Polen äußerte, bei Scheel, Schwarzenberg 156.

S. 31 Z. 14 v. o. statt erlassen — entlassen zu lesen.

Zu S. 34 Anm. 1 ist jetzt die Arbeit von Wilhelm Bauer, die Anfänge Ferdinands I. (Wien und Leipzig 1907) 224 und 227 zu vergleichen, ebenso

Zu S. 41 Anm. 2 dieselbe Arbeit 226.

S. 45 Kolumnenüberschrift zu lesen: Adel — das Hauptcontingent.

S. 74 Z. 1 v. o. statt Ulrich Müller — Hans Müller.

Zu S. 97 Anm. 1 ist noch zu notieren, daß auch bei W. Falckenheiner, Landgraf Philipp der Großmütige im Bauernkriege (Marburg 1887) 91 die 12 Artikel die der Schwarzwaldbauern genannt werden.

Zu S. 140. Was Hermann Barge, Andreas Bodenstein von Karlstadt, Band II (Leipzig 1905) 331 ff. über den Rothenburger Bauernkrieg beibrachte, kann mich schon um deswillen nicht von meiner Anschauung über diese Erhebung abbringen, weil er von der neuesten Literatur über die Voraussetzungen desselben (namentlich Heerwagen und Lenz) nur das sehr unkritische Buch von Kaser benutzte. Ob Karlstadts direkter Einfluß sehr groß war, ist eine Frage, die auch ich verneine. Trotzdem habe ich von den Bemerkungen im Text nichts zurückzunehmen. Über die Motive zur Erhebung im Rothenburgischen geht aus Thomas Zweifel, Rotenburg an der Tauber im Bauernkrieg (Quellen zur Geschichte des Bauernkrieges aus Rotenburg an der Tauber. Hrsg. von Fr. L. Baumann = 139. Publ. des Literarischen Vereins in Stuttgart 1878) 42 hervor (vgl. auch die Einleitung zu der Klagschrift 76), daß auch sie des Evangeliums wegen entstand. Nach Barge 302 ist eine persönliche Verbindung des eben vom Würzburgischen Bischof excommunicierten Rothenburgischen Predigers Deuschlin

(wann ward derselbe wieder aus dem Bann getan? Zweifel 26)
mit Hubmaier sehr wahrscheinlich. Hervorgehoben mag
werden, was bisher so gut wie unbemerkt blieb, daß die Erhebung sich zunächst gegen die Deutschherren richtete, die
ob ihres Reichtums (Barge 299) und der Zwecklosigkeit ihres
Ordens (man denke an Preußen), das Übelwollen der Rothenburger wol schon lange genossen, und deren Komtur zudem
wol das Edikt des Rats gegen Karlstadt vom 27. Januar 1525
veranlaßt hatte, und weiter gegen den Bischof von Würzburg,
dessen Fiscal etwa Anfang März Deuschlin in den Bann getan
hatte. Vom 13. März datiert dessen Protestation, am 21. März
brach der Aufruhr aus. Die erste Gewalttat war ein Angriff
auf den Johanniterkommenthur und 2 Deutschherrenhäuser
(Zweifel 87 und 164). Von Rothenburg ward der Aufruhr
zu den Bauern Zeisolfs von Rosenberg getragen (nach A. S.
T. XI [Rothenburg c/a Zeisolf von R.] f. 263 sprach man von
den „Schwetzern", die ihnen auf Ostern zu kommen zugesagt)
und ins Würzburgische. Man sieht aus diesen wenigen
Notizen, daß auch diese Bewegung mit den Ereignissen im
Süden im Zusammenhang steht, wenn die Artikel der Bauern
hier, im Gebiet der Reichsstadt, auch keinen Einfluß der
12 Artikel verraten.

Zu S. 164 füge ich noch das Postskript eines Schreibens von Michael
Roting und Joachim Camerarius an Melanchthon, d. Bamberg
31. Januar 1525 (Konzept) hinzu, das mir Herr Professor Nikolaus
Müller in Berlin aus seinen Kollektaneen zur neuen Ausgabe
des Melanchthonbriefwechsels mitteilte: Hec cum scriberem ad
ignem a uigilibus est conclamatum, Is tamen extra urbem in
pago quodam exortus esse postea est cognitum. Solent autem
circumquaque fere singulis noctibus horrea paganaeque aedi-
culae incendi praesertim eorum qui decimas conductas habent
quiue procurant. Item Monachorum nostrorum et Eboracensem
Rustici suos dominos hostiliter impetunt, Ista uidentur et
feruntur, Vis diuinem quid futurum sit? (Folgt ein vielfach
korrigierter, unleserlicher Satz. Dann zum Schluß:) (prin-
cipes) nunc etiam succenduntur, Necesse est nimis quam
sapiant si se inflammationi eripere uelint.

Zu S. 203 seien hier noch einige Worte aus dem Schreiben Melanchthons an Camerar vom Die Veneris post Cantate 1525 (19. Mai)
angeführt (Liber continens ... epistolas Phil. Melanchthonis
... ad Joach. Camerar. Pabep. ... Lipsiae [1571] 27), die mir
zu beweisen scheinen, daß Camerar damals noch in Bamberg
war: Video animum tuum vehementer angi non modo publicis
malis, sed conscientiae morbis. Maior opinione est Christi
bonitas, mi Joachime, nec tu aspernere vocantem ad se omnes

qui sunt onerati. ... Michaelem (Roting) saluta et hospitem
eius. De vestris rebus [doch wohl in Bamberg?] nihil iam
certi habemus. — Dasselbe geht wol aus dem folgenden
Schreiben hervor, vom 5. Juni, wo es gleich im Eingang heißt,
daß sich Camerar in der größten Gefahr befände, und daß er
dieser am besten dadurch entginge, daß er das Elternhaus
verlasse. S. 29 heißt es in demselben Schreiben weiter, als
ob Camerar über die eigenen Vorwürfe beruhigt werden
solle, an der Änderung der Staatsverfassung beteiligt zu sein,
daß solche Veränderungen überall, bei den Israeliten, Griechen,
Römern vorgekommen seien: haec in his malis, quae certe
graviter afficiunt me, tamen leniunt saepe dolorem et levant
animum.

Zu S. 205 Anm. 1 bemerke ich, daß schon Georg Theodor Strobel
das Mandat vom 4. Mai abgedruckt hat und zwar in den
Miscellaneen Literarischen Inhalts. 1. Sammlung (Nürnberg
1778) 97/8, und in den Beyträgen zur Litteratur besonders
des 16. Jahrhunderts. 2. Bandes 1. Stück (Nürnberg und
Altdorf 1786) 85.

S. 214 Z. 2 v. u. statt N. A. f. 251 — f. 252—253.